Fritz Molden

»Vielgeprüftes Österreich«

Meine politischen Erinnerungen

AMALTHEA

Besuchen Sie uns im Internet unter
www.amalthea.at

© 2007 by Amalthea Signum Verlag, Wien
Alle Rechte vorbehalten
Schutzumschlaggestaltung: Kurt Hamtil, verlagsbüro wien
Umschlagabbildung: Privatarchiv Wolfgang Pfaundler, Alpbach 1956
Lektorat: Helga Zoglmann
Herstellung: Franz Hanns
Gesetzt aus der 13/15 pt Centaur MT
Gedruckt in der EU

ISBN 978-3-85002-614-7

Inhalt

	Vorwort	7
1. Kapitel	Aufbruch	13
2. Kapitel	Wiedervereinigung	25
3. Kapitel	Am Ballhausplatz	39
4. Kapitel	Kalter Krieg	57
5. Kapitel	Der Weg zum Staatsvertrag	76
6. Kapitel	Ungarn-Aufstand: Die Neutralität bewährt sich	85
7. Kapitel	Proporzokratie	101
8. Kapitel	Probleme bei den Schwarzen: Raab löst Figl ab	110
9. Kapitel	Zeitungskriege	120
10. Kapitel	Konflikt im roten Lager	137
11. Kapitel	Südtirol: Die gesprengten Masten	142
12. Kapitel	ÖVP-Erneuerung: Gorbach, Klaus	153
13. Kapitel	Der große »Zampano«	162
14. Kapitel	Die Affäre Waldheim: Tragödie eines Patrioten	178
15. Kapitel	Die Koalitionäre werden müde	189
16. Kapitel	Nach dem »Eisernen Vorhang« kam die EU	197
17. Kapitel	Die Zeit der Wenden	208
18. Kapitel	Blick in die Zukunft	221
	Zeittafel 1804–1945	233
	Personenregister	249

Vorwort

Dieses Buch ist ein Versuch, aus der persönlichen Sicht meiner Erfahrungen und Beobachtungen die politisch relevanten Ereignisse der Geschichte von Österreichs Zweiter Republik seit deren Geburt 1945 bis heute, 2007, zu analysieren. Es ist kein Geschichtsbuch mit Anspruch auf Vollständigkeit in Bezug auf Daten oder Fakten. Es sind vielmehr Aufzeichnungen von persönlichen Erlebnissen beziehungsweise mehr oder weniger direkten Eindrücken, die mir in dieser mehr als zwei Generationen umfassenden Periode bemerkenswert erscheinen. Besonders jetzt, wo wir – wie man fast glauben könnte – an einem Wende- oder gar Schlusspunkt stehen.

Bei Kriegsende war ich gerade 21 Jahre alt geworden, wurde aber durch eine sonderbare Verkettung von Umständen sogleich persönlich in die ersten hektischen Bemühungen, das viel zerstörte, zerschlagene, gerade erst befreite und schon wieder besetzte Österreich neu zu schaffen, hineingeworfen.

Als Augenzeuge und Mitagierender der ersten Jahre des Aufbruchs, der Wiedervereinigung und der Aufbauperiode während der zehnjährigen Besatzungszeit konnte ich als blutjunger Mitarbeiter im Zentrum der Macht – beziehungsweise sehr häufig der Ohnmacht – die unter schwierigsten Umständen agierenden Väter der Zweiten Republik, die Renners, Figls, Grubers und Schärfs beobachten und mit ansehen, wie sie diesen Staat schließlich doch wieder neu entstehen lassen konnten. In den Folgejahren war ich in diplomatischer Funktion in der Lage, das Überleben des österreichischen »Bootes mit den vier Elefanten« in den stürmischen Gewässern des Wiederaufbaus und des

Kalten Krieges mitzuerleben. Wiederum später, zuerst als Journalist und dann als junger Herausgeber der »Presse«, konnte ich den Weg zum Staatsvertrag aus der Nähe verfolgen und dabei Courage und Geschicklichkeit des Julius Raab kennen lernen.

Ab 1955 folgte das Jahrzehnt der frisch gebackenen »Neutralität«, die ursprünglich kaum einer wollte, die aber bald beim Ungarnaufstand unserem Land Gelegenheit bot, sich international zu bewähren und Mut zu zeigen.

Als zugegebenermaßen sehr kritischer Bürger und Zeitgenosse begann ich, die sich in den 50er und 60er Jahren entwickelnde »Proporzokratie« der sich schon damals zu versteinern beginnenden Großparteien ÖVP und SPÖ in der immer mehr zum Selbstzweck der Machterhaltung Großen Koalition als schädlich für das Land zu empfinden. Ich hatte die Möglichkeit, in den mir damals zur Verfügung stehenden Medien diese »Missstände«, wie ich sie sah, kritisch zu beurteilen. Das führte bald zu mannigfaltigen Konflikten mit den beiden »großen Lagern«, die mich von ihrem Standpunkt aus mehr oder weniger als Störenfried betrachten mussten. Egal ob die Mächtigen Raab, Olah, Polcar oder Pittermann hießen. Einmischung oder auch nur kritische Kommentare waren denkbar unerwünscht. In den »Zeitungskriegen« von 1958 (»Express«) und in den 60er Jahren (»Kronen Zeitung«) hatte ich Gelegenheit, die Kraft, aber auch die Gefahren unkontrollierter Politmacht aus nächster Nähe kennen zu lernen.

Ab 1970 betrat mit Bruno Kreisky die stärkste Persönlichkeit, die das Österreich der »Zweiten Republik« im Land selbst, aber auch international zu bieten hatte, die Bühne. Egal ob man mit ihm übereinstimmte oder nicht – jede Begegnung war ein Erlebnis. Aber auch ein großer Zampano wie Kreisky wird einmal müde und begeht Fehler: Die Atom-Blamage von Zwentendorf, vor allem aber seine Zwistigkeiten innerhalb der Parteispitze und schwere Korruptionsfälle, die viele seiner Kabinettsmitglieder belasteten, führten nach dreizehn Jahren zum eher traurigen Ende der »roten Alleinherrschaft«.

Die darauf folgenden Versuche der SPÖ, mit dem rechten Flügel, den Freiheitlichen, zu koalieren, waren weder sehr appetitlich noch erfolgreich. Aber erst die »Waldheim-Affäre« führte Mitte der 80er Jahre zu einer Katastrophe. Nicht nur zu einer Entzweiung des Landes im Inneren, sondern auch durch die Einbeziehung internationaler Medien, ja Staatskanzleien, zu einer Krise Österreichs in der Welt. Da ich damals von der Regierung ersucht worden war, als Sonderbotschafter international sowohl wichtige Medien wie auch Regierungen in Westeuropa und den USA aufzuklären, dass weder Waldheim selbst noch alle Österreicher Nazis gewesen wären – übrigens mit sehr begrenztem Erfolg –, konnte ich das Phänomen und die Hintergründe der Waldheim-Aufregung genau ergründen. Österreichs Wirtschaft blühte, aber das öffentliche Leben stagnierte immer mehr.

Ab 1987 ist wieder die mühevoll zusammengestrickte »Große Koalition« en vogue. Von Vranitzky/Mock und Nachfolgern korrekt geführt, kann sie aber auch nicht begeistern. Die Republik macht einen immer müderen Eindruck. Die Bürger scheinen sich lieber mit ihrem unerwartet hohen Lebensstandard und mit Sport (wo wir wenigstens beim Alpin-Ski weltweit die Besten sind) oder mit dem regen Kulturleben zu beschäftigen.

Als Buchverleger versuchte ich in den 90er Jahren und nach der Jahrtausendwende politisch relevante österreichische Autoren – ob nun Wissenschafter, Journalisten oder in größerer Zahl führende Parteipolitiker – zu Büchern über die Zukunft des Landes zu ermuntern. Etliche neue Ideen entstanden in langen Gesprächen, und eine Anzahl von Büchern sorgte damals für einiges

Interesse des Publikums. Das war es aber auch schon, denn die Akteure sahen keine Notwendigkeit einer Änderung. Geschehen ist daher wenig.

Im Jahr 2000 eine »Neue Wende«. Dieses Mal koaliert Wolfgang Schüssel mit der FPÖ Haiders. Es folgen ein Aufschrei der linken Reichshälfte, eine Unzahl von Demonstrationen im Land und bald auch »Sanktionen« der EU in Westeuropa. Diese scharfen Angriffe, besonders aus dem Ausland, festigen allerdings die neue Regierung eher, als dass sie ihr weh tut. Die zwei Kabinette Schüssel bringen in verschiedenen Bereichen etliche Fortschritte, aber die schwarz-blaue Regierung weiß nicht sie der Bevölkerung richtig zu verkaufen. Versuche einer Verfassungsreform scheitern. Trotz guter Wirtschaftslage wird der »schweigende Kanzler« Schüssel Ende 2006 abgewählt.

Die großen Schwierigkeiten beim Versuch der SPÖ – die nur knapp stärkste Partei wird, aber ohne Mehrheit im Parlament bleibt –, die ÖVP zur rechnerisch einfachsten Lösung einer neuen großen Koalition zu bringen, scheinen unüberwindlich. Es zeigt sich, dass die tiefen inneren Gegensätze der beiden alten Großparteien, die im Grunde seit mehr als 100 Jahren das politische System Österreichs beherrschen, sowie grundlegende Fehler im System der Zweiten Republik es für jede neue Regierung sehr schwer machen wird, im Parlament auf Dauer – noch dazu neben diversen Klein- und Mittelparteien – erfolgreich die notwendigsten großen Reformen durchzubringen.

Schließlich gelingt Anfang 2007 doch eine genaue »fifty-fifty« große Koalition mit Alfred Gusenbauer als Kanzler und Wilhelm Molterer als Vizekanzler, quasi als Fortsetzung des damals schwarz-roten Starts von 1945. Aber der »Geist der Lagerstraße« von anno dazumal scheint in Anbetracht der sofort erneut ausbrechenden Streitereien abhanden gekommen zu sein.

Vor 62 Jahren begann, zuerst zaudernd, ein aus allen Wunden blutendes Volk im weitgehend zerstörten Land den Versuch, wieder einen halbwegs lebensfähigen Staat zu schaffen. Kaum schien es möglich, denn weit mehr als eine halbe Million Tote durch Krieg und Verfolgung waren ebenso abhanden gekommen wie jene 500.000, die bei Kriegsende 1945 sei es in Sibirien, Texas oder Afrika als Kriegsgefangene oft viele Jahre auf ihre Heimkehr warteten. Im Land selbst begannen jene, die zu Hause geblieben oder rechtzeitig heimgekehrt waren, wenn auch hungernd und frierend in heute nicht mehr vorstellbarer Weise zusammenhaltend, egal aus welchem Lager sie kamen, sich aus der Trümmerwelt der Nachkriegs- und Besatzungsjahre wieder einen funktionierenden Staat, ja vielleicht sogar ein heimeliges Zuhause zu machen. Dass diese Sisyphusarbeit trotz aller Schwierigkeiten im Wesentlichen gelang, ist darauf zurückzuführen, dass man für etliche Jahre den ideologischen Grundlagenstreit beiseite ließ. Dann kam die endgültige Befreiung des Landes durch den Staatsvertrag, ein erstaunlich rasches Wiedererwachen des geistigen und kulturellen Lebens sowie leider auch bald den offenbar in Österreich à la longue unvermeidlichen Wiederbeginn ideologisch/politischer Streitigkeiten.

Dass gerade in den letzten zehn, fünfzehn Jahren und verstärkt seit der Jahrtausendwende trotz stetig wachsendem materiellen Fortschritt im Land und im Leben seiner Menschen eine zunehmende Müdigkeit, Gleichgültigkeit und schließlich ein fast gehässiges Auseinanderdriften der regierenden politischen Schichten festzustellen ist, kann nicht geleugnet werden. Leider kann ich es auch in diesem kritischen Bericht meiner Eindrücke über »Glanz und Elend der Zweiten Republik« nicht verschweigen. Ich versuchte daher im Zuge meiner Niederschrift, aber vor allem mit Blick auf die Zukunft, einige Gedanken und Vorschläge aufzuzeichnen, die dazu beitragen könnten, aus unserer wohl schon ermüdeten und vielgeprüften, sich aber doch oft gehässig streitenden Zweiten Republik ein erneuertes, gesundes und lebensfrohes Staatswesen – vielleicht wird man es einmal Dritte Republik nennen – werden zu lassen.

1. Kapitel

Aufbruch

Es waren wilde Tage, in denen ich von Italien, wo die Deutschen im Norden gerade kapitulierten, über den Brenner nach Innsbruck durchstieß. In einer Minikolonne von zwei Jeeps mit drei amerikanischen Offizieren, einem Sergeanten und mir. Wir kamen am 2. Mai 1945 gerade noch rechtzeitig zu Grubers Aktion, mit der er die Tiroler Landeshauptstadt befreite. Karl Gruber, ein groß gewachsener, wie damals fast alle hagerer Mann mit einem weiten offenen Gesicht und braunblondem Haar. Dieser Mann war in einer kurzen, aber entscheidenden Periode des offenen Aufstandes – des einzigen, wohlgemerkt – in der letzten Phase des bereits führerlos kollabierenden, aber doch noch in Teilen Deutschlands, Böhmens und Österreichs herrschenden »Dritten Reiches« Führer des Tiroler Widerstandes geworden.

Wir fuhren zum Tiroler Landhaus, von alters her Sitz der Landesregierung, in der Nazizeit der Gauleitung. In dem Zimmer, in dem noch vor wenigen Tagen Hitlers Gauleiter Franz Hofer amtiert hatte, erwarteten uns Gruber und seine engsten Mitarbeiter.

Ich traf alte Kollegen aus früheren Anti-Nazizeiten, als ich noch nicht einmal davon träumen konnte, dass alles einmal gut ausgehen würde. Eduard Reuth-Nicolussi, Fritz Würthle und Helmut Heuberger auf der zivilen Seite. Vor allem aber unsere »Militärs«, die in den letzten Tagen die wichtigen Kasernen in Innsbruck und Umgebung besetzt und die noch vorhandenen Reste der deutschen Generalität auf der Hungerburg festgenommen hatten: Major Werner Heine, Oberleutnant Josef Moser und natürlich der Held des Tages, Leutnant Ludwig Steiner.

Steiner hatte am 2. Mai die 103rd Rainbow Division der amerikanischen Siebten Armee, die seit Tagen an der Tiroler Grenze zwischen Mittenwald und Garmisch stand und nicht wusste, wie sie in die angebliche »Deutsche Alpenfestung«, den letzten Reduit Hitlers, eindringen sollte, kontaktiert und den US-General überredet, ihm zu folgen. Er schlug vor, in einer langen Kolonne über Seefeld und den Zirler Berg nach Innsbruck vorzustoßen. Die Amis hatten anfänglich Zweifel, dass es wirklich keinen Widerstand und vor allem keine deutsche Panzerdivision zwischen Mittenwald und der Tiroler Hauptstadt geben würde. Schließlich aber glaubte man ihm, nachdem er ja auch gerade von dort gekommen war.

Am nächsten Tag führte Steiner die US-Kolonne, ohne dass ein Schuss gefallen wäre, ins Inntal und schließlich durch eine jubelnde, fahnenschwenkende Menge ins Herz der Stadt Innsbruck, eben zum Landhaus. Lucky Steiner blieb schließlich im Wagen des amerikanischen Generals vor dem Haupteingang stehen, auf dessen Stufen der wenige Stunden zuvor vom Exekutivausschuss des Tiroler Widerstandes gewählte erste Landeshauptmann im befreiten Land, eben Karl Gruber, ihn empfing. Die Amerikaner waren völlig perplex, denn sie hatten gerade die einzige Großstadt des »Dritten Reiches« bzw. Österreichs betreten, die sich selbst hatte befreien können.

Ein paar Stunden später begrüßte Gruber bereits »normal« amtierend meine drei US-Offiziere und mich aus dem AFHQ (Allied Forces Headquarters Southern Europe) für Italien, den Balkan und Österreich in Caserta. Der neue Landeshauptmann, der gerade mit seinen frisch gebackenen Regierungsmitgliedern, die samt und sonders aus dem ein paar Stunden zuvor noch kämpfenden Widerstand kamen, Kriegsrat hielt, wirkte erleichtert, die drei US-Offiziere und mich in alliierter Uniform zu sehen. Gruber meinte lächelnd: »Wir können euch wegen eurer Uniformen und Sprachkenntnisse gut brauchen.« Wir sollten ihm gleich helfen, die aus Bayern einrückenden US-Truppen, vor allem ihren General, zu überzeugen, dass sie sich jetzt im »befreiten Österreich und nicht im noch zu besetzenden feindlichen Deutschland befänden«. Gruber fuhr fort: »Die Deutschen und die SS sind wir ja wahrscheinlich los, außer ein paar Mann'der bei der SS-Hochgebirgsschule im Stubaital und im Unterland beim Schloss Itter gibt es in Tirol keine bewaffneten deutschen Streitkräfte mehr, dafür aber haben wir jetzt Amerikaner von der Siebten Armee, die bilden sich ein, sie seien in Stuttgart.«

Gruber spielte darauf an, dass die gerade in Innsbruck einmarschierten US-Truppen ursprünglich für Württemberg bestimmt waren, weshalb es am Anfang laufend zu Missverständnissen kam.

Plötzlich betrat ein amerikanischer Offizier in einer wilden Phantasieuniform den Raum. Es war Freddy Mayer, ein schon im Februar mit dem Fallschirm abgesprungener US-Liaison-Officer, der im Ötztal die dort bereits versammelten Widerständler ausbilden sollte. Unter der Führung des Tiroler Studenten Wolfgang Pfaundler sollten sie eine »Partisanengruppe« bilden. Dort auf einer Alm bei Umhausen hatte ich Freddy Mayer sechs Wochen zuvor kennen gelernt. Wir begrüßten uns voll Freude, glücklich darüber, noch am Leben zu sein. Wir gingen in ein Nebenzimmer und berichteten einander unsere Abenteuer der letzten Monate. Ich fragte ihn, ob er Leutnant Joseph Hornegg begegnet sei, den ich sechs Wochen vorher als Ausbildungsmann für unsere »Partisanentrainingscamps« auf der Kematner Alm aus der Schweiz über Italien nach Tirol gebracht hatte. »Joe«, meinte Freddy, »natürlich, uns hat die Gestapo leider alle geschnappt, und wir sind zusammen im KZ Reichenau gesessen und sind auch gemeinsam ausgebrochen. Joe ist unten am Inn im Gasthof Dollinger, dort haben wir unser provisorisches Headquarter.« Ich dankte, ließ Gruber Gruber sein, lief die Treppe hinunter, und unten saßen etwas verlassen meine amerikanischen Freunde in den beiden Jeeps.

Sie sahen aus wie bestellt und nicht abgeholt, und mir war das Ganze furchtbar peinlich. Schließlich hatten sie mich unter Gefahr ihres Lebens hierher nach Tirol gebracht, und jetzt ließ ich sie fast eine ganze Stunde im Jeep warten. Ich entschuldigte mich mehrmals, bis Al Ulmer, unser Commanding Officer, zu grinsen anfing: »Hör doch endlich auf dich zu entschuldigen, Jerry (wie mich die Amis damals nannten), es ist doch dein Land, das du wiederbekommen hast. Vergiss uns, wir sind hier nur Staffage.« Dann klopften sie mir alle auf die Schulter, wie eben amerikanische Offiziere damals waren, jung, fröhlich und begeisterungsfähig. Begeistert und mitfühlend auch für ihren ebenso jungen Freund, den kleinen Österreicher, der nun plötzlich aussah wie ein frisch lackiertes Hutschpferd, wie man in Wien – allerdings nicht in Texas – zu sagen pflegte, und der seine Heimat wieder hatte. Sie sagten: »Was machen wir jetzt? Wir gehen feiern.« – »Ja«, rief ich, »fahren wir zu Joe, er ist im Dollinger an der Innbrücke.« –

Anmerkung zu Joe: Dieser hieß eigentlich Josef Franckenstein, stammte aus einer freiherrlichen Familie, die bei Hall in Tirol seit Kaiser Maximilians Zeiten in einem kleinen Schlössel hauste. Er hatte vor dem Krieg in Innsbruck Geschichte studiert und war ein überzeugter Anti-Nazi. Daher musste er 1938 schnell über die Grenze flüchten, gelangte schließlich nach Amerika, beendete dort sein Studium und begann an einem College zu unterrichten. Bei Kriegseintritt Amerikas im Jahr 1941 meldete er sich sofort freiwillig – weil sportlich und vom Bergsteigen begeistert – zu den Fallschirmjägern. Er sprang zuerst im Pazifik auf den Aleuten gegen Japan ab, und als es klar wurde, dass der Krieg irgendwann auch bis Mitteleuropa kommen würde, meldete er sich zur Fünften Armee zum Einsatz in Österreich. Ich traf ihn in Caserta, wo er schon übergierig auf einen Absprung in Österreich wartete. Das konnte ich ihm nicht bieten, aber ich nahm ihn bei meiner nächsten Reise nach Österreich über die Schweiz mit, weil er sich bereit erklärt hatte, eine von uns auf der Kematner Alm bei Innsbruck zum Einsatz geplante Widerständlergruppe in den Gebrauch der für sie bereits abgeworfenen Waffen und Geräte einzuführen und sie zum Partisanenkampf auszubilden. Dort wurde er dann noch zwei Wochen vor Kriegsende von der Gestapo verhaftet. – Als wir beim Tor des Gasthofs Dollinger in Mühlau stehen blieben, blickte ich nach Joe aus. In dem Augenblick machte es einen Krach und Joe war in wohl geübter Fallschirmjägermanier vom Balkon über dem Tor in unseren Jeep herunter gesprungen. Dann konnten wir endlich feiern.

So begann für mich, den gerade 21-jährigen Widerständler – nunmehr außer Dienst – »das Leben nach dem Krieg« im befreiten Österreich. Wenn auch ohne Matura, weil 1941 von allen »Oberschulen Groß-Deutschlands« relegierter Schandfleck der Jugend des Führers, aber jetzt hoffnungsfroh im ersten Frühling der Zweiten Republik äußerst gespannt, wie es weitergehen würde – und weiter ging es, fast Schlag auf Schlag.

Mein ebenfalls in Innsbruck aus dem Untergrund aufgetauchter Bruder Otto beschloss, irgendwo in Tirol seinen in langen Kriegsjahren geborenen Traum eines internationalen »College« für Studenten und angehende Wissenschafter zu verwirklichen, um diese jungen Europäer nach den Katastrophen des Zweiten

Weltkrieges wieder zusammenzuführen. – Als »Adabei« konnte ich ein bisschen mithelfen. Bald fand er Alpbach, ein winziges und völlig unzerstörtes Gebirgsdorf im Tiroler Unterland, und gründete mit dem jungen Philosophen Simon Moser das »Österreichische College«, das seit August 1945 bis heute, jetzt als »Europäisches Forum Alpbach«, jährlich stattfindet und bald zu einem prominenten Treffpunkt weltweiter wissenschaftlicher, geistiger, politischer und wirtschaftlicher Eliten wurde.

In der ersten Maihälfte 1945 saß ich gerade bei Gruber im Innsbrucker Landhaus, als dort ein erster Kurier aus dem schon seit Mitte April befreiten und von den Sowjets besetzten Wien erschien: Herbert Braunsteiner, damals Medizinstudent, später international anerkannter Internist. Braunsteiner war einer der Gründer der im Wiener Schottenstift knapp nach dem Ende der Schlacht um Wien Mitte April konstituierten Nachfolgepartei der »Christlichsozialen«, der neuen »Österreichischen Volkspartei« von Leopold Figl. Figl, KZler und Bauer aus dem Tullnerfeld, war der Obmann der »neuen« Partei, Generalsekretär war Felix Hurdes, nachmaliger Unterrichtsminister. Von Figl und Hurdes war Braunsteiner nach dem Westen geschickt worden, um der dortigen bürgerlichen Prominenz von der Gründung der »ÖVP« zu berichten, da diese keineswegs nur die ehemaligen Christlichsozialen, sondern auch alle sonst vorhandenen bürgerlich liberalen Gruppen erfassen sollte.

Herbert Braunsteiner, der mir aus dem Wiener 05-Widerstand bekannt war, und ich begrüßten uns: »Gut, dass du hier bist«, meinte er. »Ich habe einen Brief von deinen Eltern für Otto und dich.« Dann überreichte er mir ein durchnässtes, zerronnenes Kuvert. Herbert erklärte: »Es tut mir Leid, aber ich musste durch die Enns schwimmen, um nach Westen zu kommen, alles ist nass geworden.«

Während Braunsteiner begann, Gruber über die Lage im Osten zu unterrichten und dieser gespannt zuhörte, las ich den elterlichen Brief. Das waren die ersten glaubhaften »News«, die uns im relativ gut gestellten Westen erreichten. — Unsere Eltern Ernst und Paula Molden waren — das hatte ich als letzte Nachricht Anfang März erfahren — beide von der Gestapo eingekerkert worden und standen vor einem Volksgerichtsprozess (zu diesem Zeitpunkt mit sicheren Todesurteilen). Nur dank der schnellen Befreiung Wiens überlebten sie und konnten am 8. April, als die Gestapo abgehauen war, aus dem Gefängnis ins wenn auch teilzerbombte Döblinger Zuhause zurückkehren. Für Otto und mich die Nachricht des Jahres, denn wir hatten bereits das Schlimmste befürchtet.

Dann rief mich Gruber zum Braunsteiner-Gespräch dazu. Es ging darum, wie man das vierfach besetzte Land wieder zu einem Staat machen könne. In allen Zonen waren nur drei Parteien zugelassen: die Konservativen, die Sozialisten und die Kommunisten. In Wien und dem sowjetisch besetzten Osten (Wien, Niederösterreich, Burgenland und Mühlviertel) waren von der Provisorischen Regierung Renner, die schon Ende April von den Sowjets eingesetzt, aber vom Westen nicht anerkannt worden war, auf sowjetischen Wunsch alle Regierungs- und sonstige wichtige Posten paritätisch (also je zu einem Drittel) zwischen den Parteien aufgeteilt. Im Westen war es je nach dem jeweils »regierenden« Alliierten anders. Dort dominierten vielfach sofort nach der Besetzung von den Besatzungsmächten etablierte so genannte »parteifreie Fachleute«, die sich allerdings oft als ehemalige »PGs« (also Nazis) entpuppten und bald wieder in der Versenkung verschwanden. Nur in Tirol war alles anders. Karl Gruber hatte ja am 2. Mai nach der Befreiung seine Regierung nach eigenem Gutdünken zusammengesetzt, die in der ersten Fassung ausschließlich aus Ex-Widerständlern bestand. Etliche davon waren – so wie Gruber selbst – parteifrei, doch bald gründete er seine eigene »Tiroler Staatspartei«. In der Tiroler Regierung saßen auch Christlichsoziale wie Landeshauptmann-Stellvertreter Hans Gamper, der eben erst aus dem KZ heimgekehrt war, sowie zwei Sozialdemokraten, einer davon als Landeshauptmann-Stellvertreter, und als Feigenblatt ein Kommunist namens Ronczay. Dieser war übrigens einer der wenigen damals bekannten »Kummerln« in Tirol und auch brav im Widerstand gewesen.

Bei Gruber stieß Braunsteiner mit seinem genauen Bericht über die Lage in Wien, die triste Situation in der Sowjetzone und die Bemühung, eine einheitliche bürgerliche Partei zu schaffen, auf größtes Interesse und auf Zustimmung. Der Tiroler Landeschef äußerte aber auch erhebliche Zweifel an der Bereitschaft der Sowjets, einer ehrlichen und demokratischen Wahl in ganz Österreich zuzustimmen. Ebenso befürchtete er, dass die neue »Wiener Volkspartei«, trotz bester Absichten und ehrlichem Willen, dem Druck von Osten möglicherweise kaum standhalten könne. Braunsteiner bestätigte, dass er ähnliche Bedenken auch in Linz und Salzburg gehört habe. Er meinte jedoch, dass man es bei allen Zweifeln am Goodwill der Sowjets doch so versuchen müsse – denn es gäbe keine Alternative.

Gruber stimmte schließlich zu, an einer baldigen gesamtösterreichischen Konferenz aller bürgerlichen Gruppen (ehemalige Nazis waren im Jahr 1945 natürlich automatisch ausgeschlossen) in Salzburg teilzunehmen. Dort sollte womöglich die »Volkspartei« auf ganz Österreich ausgedehnt und dann baldige gemeinsame freie Wahlen im Gesamtstaat abgehalten werden. – Über die positive Resonanz seiner Mission in Westösterreich befriedigt, setzte Braunsteiner seine Reise fort.

Als ich kurz darauf Gruber mitteilte, dass ich Ende Juni meine Funktion als »Verbindungsoffizier« zu den Alliierten aufgeben werde, weil sie unnötig geworden sei, ersuchte er mich, vorher noch den »Vorteil« der US-Uniform für das hungrige Tirol zu nutzen: Es müssten aus UNRRA-Beständen in Italien dringend Lebensmittel für Tirol beschafft werden, denn hier sei bereits »Matthäi am Letzten«. Österreichische Zivilisten konnten anno 1945 keine Grenze überschreiten. Ich sollte also diese Beschaffungsaktion noch mit amerikanischer Uniform und Protektion durchführen. Ich stimmte zu, erhielt alle notwendigen Papiere, »Travel Orders« und vor allem ein sehr klares Empfehlungsschreiben des US-Generals. Auf abenteuerliche Weise fuhr ich mit dem PKW des ehemaligen Innsbrucker Kreisleiters nach Mailand. Dort gelang es nach langem Palavern mit den UNRRA-Bonzen schließlich, die Zusage für die Entsendung von drei Lebensmittelzügen zu erreichen. Diese trafen auch, im Wesentlichen mit Reis, Mehl, Kartoffeln, Fett und Cornedbeef gefüllt, fünf Wochen später in Tirol ein.

Stolz kehrte ich nach Innsbruck zurück und berichtete Gruber über die Mission. Der meinte: »Eigentlich hätte ich das Doppelte erwartet!« Zu diesem Zeitpunkt kannte ich seine Art schon ein bisschen, war aber doch eher sauer über seine Antwort und wollte wortlos sein Büro verlassen. Als ich schon bei der Tür war, sagte Gruber: »Spiel keine beleidigte Leberwurst – willst du ab 1. Juli mein Sekretär, mein Assistent oder wie immer man das nennt werden? Mit mir nach Salzburg und später wohl auch nach Wien kommen?« Ich drehe mich um: »Ich werde mir das überlegen.« Gruber darauf: »Mach doch kein Theater, studieren kannst du später auch noch, mach mit, es wird spannend.« – Nun überlegte ich nicht mehr weiter und sagte begeistert zu. Zum Studieren kam ich zwar später nicht mehr richtig, aber Gruber hatte Recht:

Die Folgejahre wurden für den 21-jährigen Lausbuben aus der Döblinger Osterleitengasse sehr spannend, in der Tat!

Vorher geschah allerdings noch ein Zwischenfall, der Gruber fast seinen Job als Landeshauptmann und wahrscheinlich überhaupt seine ganze Karriere gekostet hätte. Anfang Juli 1945 übergaben die Amis das Land Tirol (ohne Osttirol, das britisch besetzt blieb) an die Franzosen, die bisher nur Vorarlberg als Besatzungszone verwalteten. Das war typisch für die damalige Haltung des amerikanischen Präsidenten Harry Truman. Für ihn war der Krieg aus, am liebsten hätten die USA alle ihre »Boys« oder »GIs«, wie sie damals hießen, sofort heimgeholt. Vom Kalten Krieg schien man noch nichts zu merken. Die Mehrzahl der Amerikaner hielt Stalin damals noch für den netten »Uncle Joe«. Sie sollten allerdings bald durch die brutale Besetzung der gerade von den Deutschen befreiten osteuropäischen Staaten durch die Sowjets eines Besseren belehrt werden. Eigentlich hätten die Westmächte die Warnsignale erkennen müssen, als die Russen entgegen den Beschlüssen der Konferenz von Jalta die Regierung Renner in Wien einsetzten. So wie etwa Gruber und wir alle zu diesem Zeitpunkt die ersten düsteren Zeichen an der Wand erkennen mussten. Aber Truman würde Stalin erst Ende Juli bei der Potsdamer Konferenz richtig kennen lernen, um Churchills ständige Warnungen betreffend einer aggressiven Haltung der Sowjets ernst zu nehmen. – Jetzt im Frühsommer 1945 herrschte noch der »Honeymoon« nach dem Ende des Krieges und dem gemeinsamen Sieg in Europa. Im fernen Osten tobte noch der Krieg, die Atombomben auf Japan waren noch nicht gefallen.

Der Abzug der Amis traf mich persönlich nur insofern, als etliche Freunde bei den US-Forces nach Salzburg übersiedelten. Ich selbst war bereits bei Gruber tätig, der anfangs aber sehr über die bevorstehende Ankunft der Franzosen bestürzt war, denn er wusste von seinem Kollegen Ulrich Ilg, dem ersten Landeshauptmann in Vorarlberg, dass die französische Besatzungsarmee zwar die Bevölkerung sehr gut behandelte und »fraternisation« mit jedermann und vor allem mit Damen jüngeren Alters intensiv betreiben ließ. Aber die Franzosen versorgten sich voll aus dem Land und begannen – wie die Sowjets – Industrieanlagen abzumontieren und nach Frankreich zu bringen. Das Motto war: »Deutsches Eigentum« in Österreich gehört dem jeweiligen Alliierten in seiner Zone. Großbritannien und die USA hatten auf diesen Anspruch verzichtet, was etwa die Alpine Montan in Donawitz oder die VOEST in Linz (die ehemaligen Hermann-Göring-Werke) für Österreich rettete. Die Franzosen hingegen wollten nicht nur Industriebetriebe (etwa die Jenbacher Werke) beanspruchen, sondern auch aus dem Lande leben. Die Tiroler sollten alle Kosten der Besatzung voll übernehmen. Die Amerikaner hatten die Kosten ihrer Truppe, der »103rd Rainbow-Division«, selbst getragen und das Land mit Lebensmittel, Treibstoff usw. gratis unterstützt.

Diese Überlegungen veranlassten Karl Gruber Mitte Juni zu einem gewagten Schritt. Über das amerikanische Oberkommando sandte er an Präsident Truman ein geheimes Telegramm, in dem er dringlich bat, doch die amerikanische Besatzung in Tirol zu belassen und als Grund für dieses Ersuchen die oben erwähnten Befürchtungen die französische Besatzung betreffend anführte. Da ich bei der Übersetzung behilflich war, sah ich die Schärfe seiner Argumente und wies darauf hin, dass Frankreich immerhin einer der vier Österreich besetzenden Alliierten sei und man daher vorsichtig umgehen müsse. Gruber aber war überzeugt, dass nur offene und harte Worte beeindrucken würden. Etwa eine Woche später erschien ein französischer General

– wohl der Stellvertreter des französischen Hochkommissars Emile Béthouart – bei Gruber in Innsbruck und warf ihm den Text seiner Botschaft an Truman auf den Tisch. Offenbar hatte das Weiße Haus das Telegramm Grubers ohne Kommentar an die Franzosen weitergegeben. Die Lage war kritisch, weil die Franzosen anfangs unbedingt Grubers Rücktritt verlangten.

Das konnte in letzter Minute verhindert werden, weil es gelang, die Amis dazu zu bringen, unter Hinweis auf die Leistung Grubers als Befreier Innsbrucks und durch die Anerkennung seiner Bestellung zum Landeshauptmann durch die USA Béthouart zu ersuchen, Gruber quasi als Abschiedsgabe der Amerikaner im Amt zu belassen und ihn als solchen auch für die Zukunft in der französischen Besatzungszone zu übernehmen. Béthouart war ein weiser Mann, als er nachgab, denn nach einer Abkühlungsphase entwickelten sich die Beziehungen zwischen den beiden Herren bestens, insbesondere als Gruber im September nach Wien ging. Die Franzosen haben seine und damit die österreichische Politik während der Besatzungszeit stets unterstützt und übrigens relativ bald aufgehört, Maschinen usw. aus Tirol abzutransportieren. Die Franzosen waren auch die Einzigen, die in der Südtirol-Frage auf österreichischer Seite standen und anfangs sogar die österreichischen Bemühungen, Südtirol wieder in den Staatsverband der Republik zurückzuführen, unterstützten. In der Pariser Konferenz 1946 verzichteten sie zwar auf Drängen der Amerikaner und Russen darauf, die österreichische Forderung weiter in den italienischen Friedensvertrag einzufügen, halfen aber die mageren Autonomiekonditionen der Italiener für Österreich nach Möglichkeit zu verbessern. – Gegenüber der Bevölkerung des Landes Tirol verhielten sie sich genauso angenehm wie in Vorarlberg. Also ein Happyend.

2. Kapitel

Wiedervereinigung

Am 29. Juli fuhr Gruber zum Treffen der »konservativen« Politiker aus ganz Österreich nach Salzburg. Mich nahm er, wie angekündigt, als Sekretär mit. Im dortigen Chiemsee-Hof, dem Sitz der Salzburger Landesregierung, traf ich erstmals in meinem jungen Leben eine illustre Gesellschaft von allerdings nach langer KZ-Haft schwer gezeichneten Herren in dunklen Vorkriegsanzügen: Nämlich »die Crème de la Crème« der antinazistischen konservativen Berufspolitiker aus ganz Österreich. Ich hatte diese Typen noch nie kennen gelernt. Denn Karl Gruber, der junge Elektroingenieur und Dr. iuris, den Siemens im Krieg für Forschungsarbeit freigestellt hatte, der dann zwecks Widerstand nach Innsbruck ging und nach erreichter Befreiung der Stadt Landeshauptmann wurde, war damals alles, nur kein Berufspolitiker. Auch seine Innsbrucker Regierungskollegen waren mit wenigen Ausnahmen wie Gamper oder Reuth-Nicolussi alles pure Amateure, die allerdings auch keine Ahnung vom Funktionieren staatlicher Einrichtungen hatten.

Im Salzburger Chiemsee-Hof waren Gruber sowie ein knappes halbes Dutzend junger Mitarbeiter anderer Länderdelegationen und ich so ungefähr die einzigen dieser »Amateure«. Die Beamten und Politiker aus Vorkriegszeiten blickten mit erstaunten Gesichtern auf die Tiroler Delegation. Aber Gruber, in seiner zielbewussten Art, wusste sich bald im würdigen Kreis der Christlichsozialen oder der Ständestaat-Prominenz durchzusetzen. Wir lernten die abgemagerten Führer der neuen Wiener

Volkspartei Leopold Figl und Felix Hurdes kennen und bald auch in ihrer bescheidenen, aber doch eindringlich überzeugenden Art sehr schätzen. Wir erfuhren, dass sie noch während des Kampfs um Wien Mitte April im alten Schottenstift die »ÖVP« gegründet und den alten christlichen Arbeiterführer Leopold Kunschak zum Obmann gewählt hatten. Wir trafen auch die mächtigen, ebenfalls aus dem KZ kommenden Ex-Landeshauptleute Heinrich Gleißner von Oberösterreich und Josef Rehrl aus Salzburg und aus Südösterreich den früheren Minister Franz Thoma aus der Steiermark.

Alle diese Herren hatten einerseits ihre Länderinteressen zu vertreten, was in solchen Zeiten schwer genug war, aber darüber hinaus sollten die Delegierten aus West und Süd mit den Herren aus Wien und Ostösterreich eine gemeinsame Linie zuerst im »bürgerlichen Lager«, die für alle akzeptabel und verpflichtend sein würde, festlegen. Zwei Tage und Nächte wurde gearbeitet, oft auch gestritten, aber schließlich war der Beschluss, die westlichen und die südlichen »Volksparteien« zu einer Einheit mit den neuen Parteifreunden aus Wien und dem Osten zusammenzufassen, einstimmig gefallen. Ebenso wurde beschlossen, sich baldmöglichst bei einer »Länderkonferenz«, an der alle zugelassenen Parteien aus allen Bundesländern teilnehmen sollten, in Wien zu treffen. Dort würde es das Ziel sein, in Zusammenarbeit auch mit den Alliierten freie Wahlen in ganz Österreich und in der Folge eine gemeinsame Regierung, die von allen Alliierten anerkannt würde, noch im Jahr 1945 zu ermöglichen. Die Wiener Delegation mit Figl und Hurdes war verständlicherweise noch sehr skeptisch, ob sich diese Salzburger Pläne im rauen Wiener Klima, wo nicht nette GIs Kaugummi verteilten, sondern harte Sowjetfunktionäre agierten, so leicht durchsetzen lassen würden.

Ich hatte erstmals die Chance, als junger Kriegs- und jetzt Nachkriegsknabe, in die Welt der alten christlichsozialen Parteistrukturen hinein zu schnuppern. Ich lernte schnell, diese Herren aus einem früheren Österreich – vor 1938 – zu respektieren, aber auch die starken Netze, mit der sie ihre Macht zusammenhielten, wie etwa der CV (Katholischer Studenten-Cartellverband) oder der damals noch sehr starke Bauernbund, waren für mich bald unübersehbar. Ich begriff rasch, wie sie trotz schweren Leiden und Verfolgungen nach der Rückkehr aus Kerkern und KZs ihre politischen Überzeugungen schnell wieder in die Zusammenarbeit bewährter Netzwerke einfließen ließen, was sie in den Folgemonaten auch im vierfach besetzten und halb zerstörten Österreich die Rückkehr zur sichtlich bereits lang gewohnten Macht im Lande herbeiführen ließ. Wir paar Jungen aus dem Widerstand oder seinem Dunstkreis, die es zur neuen christlichsozialen/bürgerlichen Volkspartei nach Salzburg geschwemmt hatte, mussten etliches dazulernen. Schnell hatten wir zur Kenntnis zu nehmen, dass gerne Dienste für die wieder mächtigen Herren, keineswegs aber eigene Initiativen von uns gefragt waren.

Gruber war die einzige Ausnahme; er war für die Rehrls, Gleißners, Kunschaks, Raabs, ja selbst für Figl und Hurdes, mit denen er sich – der gleichen jüngeren Generation angehörend – am besten verstand, nicht wirklich durchschaubar: Gruber war als Sohn eines sozialdemokratischen Lokführers in Innsbruck parteilos aufgewachsen, studierte zuerst Technik, dann Jus, organisierte im Ständestaat die Telefonüberwachung der illegalen Nazis; aber als Techniker, nicht politisch, wohlgemerkt. Die damals übliche Nähe zur Kirche interessierte ihn kaum, sie war ihm »Jacke wie Hose«. Aber er lernte in diesen Jahren die Nazis kennen und ablehnen. Als diese 1938 die Macht auch in Österreich übernahmen, konnte er sich als fähiger Techniker zu Siemens Berlin retten. Dort überdauerte er, »kriegswichtig« beschäftigt, das Dritte Reich. Während der Kriegsjahre baute er die Widerstandsgruppe »Blumengarten« auf, dann kehrte er nach Innsbruck zurück, organisierte innerhalb weniger Monate eine effektive Widerstandsgruppe und schließlich einen erfolgreichen Aufstand. Mit 34 Jahren war er de facto selbst ernannter Landeschef in Tirol mit eigener Partei. Für seine neuen Gesprächspartner in Salzburg und bald auch in Wien war dieser energische junge Mann, der weder beim CV noch bei der Heimwehr, nicht einmal bei der Vaterländischen Front, der Pflichtorganisation des Ständestaates, gewesen war, daher ein völliges Rätsel. Als sein kleiner Adlatus merkte ich innerhalb von Tagen, wie dieser Karl Gruber, den gerade noch keiner gekannt hatte, mit großer Energie begann, in der Verhandlungsrunde der schwarzen Bosse stärker und stärker in den Vordergrund zu treten und bald sogar in vielen Bereichen die erste Geige zu spielen. Allerdings opferte er schon damals seine eigene Partei in Innsbruck; denn die Einheit des großen bürgerlichen Lagers – mit ihm vielleicht bald an der Spitze – war ihm wichtiger. Nach dem Ende der ersten Salzburger Konferenz beschloss man, sich am 20. August noch einmal zu treffen, um für die Verhandlungen mit der Regierung Renner gut vorbereitet zu sein.

Einstweilen hatte ich den Auftrag von Gruber erhalten, mich in Oberösterreich und Salzburg umzusehen und womöglich Kontakte mit Sozialisten zu knüpfen, denn mit diesen, wie er hinzufügte, würde man in Zukunft leben und arbeiten müssen. In Tirol und Vorarlberg waren die Sozialdemokraten im ersten Nachkriegssommer hoch geachtet, aber unbedeutend. Glücklicherweise kannte ich in Salzburg aus den letzten Kampfmonaten des Widerstandes zwei bewährte Sozialdemokraten, den Elektriker Franz Stichhaller und die tapfere Zenzi Svatek, die in der Getreidegasse ein Gemüsegeschäft hatte und vom dortigen Hinterzimmer aus bis Kriegsende unseren »Meldekopf« geleitet hatte. Ich besuchte beide nun in einem friedlicheren Österreich. Große Freude allerseits, dass wir noch am Leben waren. Beide roten Freunde rieten mir, nach Oberösterreich zu fahren, in Linz gebe es schon einen roten Bürgermeister namens Koref, der ein prima Mann sei. Und ich solle dann auch noch nach Ried im Innkreis, wo es eine Art überparteiliche Regionalverwaltung unter einem sozialistischen Anführer namens Christian Broda gebe, der als Feldwebel bei Kriegsende dort gestrandet sei.

Ich genoss noch zwei Tage Salzburg, wo gerade wieder die ersten Festspiele eröffnet wurden, und konnte deren erste Aufführung »Der Tor und der Tod« von Hugo von Hofmannsthal erleben. Ich war tief beeindruckt, das erste Kulturereignis, das ich nach fünf Jahren genießen konnte. Das letzte davor war 1940 eine Aufführung von »Don Carlos« im Burgtheater gewesen. Nach dem Ausspruch von Don Carlos »Sire – geben Sie Gedanken-Freiheit« tobte das Publikum, und Reichsstatthalter Baldur von Schirach verbat auf Befehl von Goebbels weitere Don Carlos-Aufführungen. Damals war ich mit Stutz Jedina, einem Jugendfreund meines Bruders, der auch im Widerstand und jetzt Sekretär des Salzburger Landeshauptmanns war, im Theater gewesen. Wir freuten uns riesig, dass es wieder Kultur gab. Er nahm mich nach Schloss Glanegg mit, wo die reizende Familie Mayr-Melnhof wohnte. Ein ganz feines Schloss, und weil die mit jeder Menge »Fressalien« ausgestatteten US-Besatzer halfen, gab es auch ein spätes tolles Dinner. Es war das erste feine elegante Essen in meinem Leben. Gott sei Dank hatte ich wegen des Theaters mein einziges weißes Hemd angezogen und mir eine Krawatte ausgeborgt – dieser ganze Abend war wie aus dem Märchen.

Am nächsten Tag zurück ins normale Menschenleben. Mit einem uralten Steyr-Baby (dem österreichischen Vorläufer des Volkswagens), den die Steyrwerke seit 1935 erzeugt hatten und den mir die Salzburger Landesregierung »auf eigene Gefahr« borgte, fuhr ich nach Linz, besuchte dort den provisorischen Landeshauptmann Eigl, der bald wieder von dem schon aus Vornazizeiten populären »Landesvater« Heinrich Gleißner abgelöst werden sollte. Sodann folgte ich meinem Auftrag, auf roten Spuren zu wandern und sprach beim Bürgermeister von Linz Dr. Ernst Koref vor. Ein eindrucksvoller Mann, gebildet und konziliant, gar nicht wie sich der kleine Moritz – in diesem Fall ich – den roten Bürgermeister einer großen, noch röteren Industriestadt vorstellen würde. Noch dazu in jener Stadt Linz, in der erst elf Jahre zuvor, im Februar 1934, im berühmten Hotel Schiff der Aufstand des marxistischen Schutzbundes gegen Dollfuß begonnen hatte. – Es ergab sich ein langes Gespräch, das Koref, der offenbar mit seinen Wiener Parteifreunden Renner, Schärf und Co. regen Kontakt pflegte, in Sachen baldige »Wiedervereinigung« der vier Zonen Österreichs und ebenso baldige Wahlen fast die gleiche Meinung hatte wie unser Salzburger Kreis letzte Woche. Koref würde sicher an der geplanten Länderkonferenz in Wien teilnehmen.

Ansonsten beklagte er sehr die Teilung Oberösterreichs durch Abtrennung des Mühlviertels und Übergabe an die Sowjets. Auch ihm war auf diese Weise der ganze Stadtteil Urfahr nördlich der Donau abhanden gekommen. Im Übrigen war Linz sehr stark zerbombt und machte einen deprimierenden Eindruck.

Ganz anders das friedliche Städtchen Ried im Innkreis, wo ich bald Christian Broda traf, der vorübergehend als Bezirkshauptmann amtierte. Ein sympathischer, noch jüngerer und aufgeschlossener Jurist, wenn auch offenbar aus einer marxistischen

Welt kommend. Ich kam mit dem gutaussehenden und gebildeten jungen Mann schnell ins Gespräch. Broda war der Meinung, zuerst einmal den dringlichsten materiellen Wiederaufbau und die notwendige Bewältigung der unmittelbaren politischen Vergangenheit in Angriff zu nehmen. Hier in Oberösterreich und wohl überall im Westen täten dies ja im Augenblick im Wesentlichen die Besatzungsmächte mit mehr oder weniger großem Geschick. Aber mangels Autorität könnten es die Österreicher auch gar nicht tun. Jedoch müsse man das Funktionieren des Staates und damit der Versorgung der Bevölkerung mit den wichtigsten Basis-Lebensgütern von österreichischer Seite schneller und intensiver durchführen als bisher. Auf die Dauer würde uns nämlich nichts geschenkt werden. Im Übrigen müssten in Fragen der politischen Zukunft und der Wiedervereinigung die beiden großen Lager (Schwarze und Rote) eng zusammenarbeiten, um die schnelle Wiedererrichtung einer demokratischen Republik zu erreichen, aber auch um den Alliierten, wenn notwendig, die Stirn bieten zu können. Die derzeit im Osten mächtigen Kommunisten hielt er für ein vorübergehend notwendiges Übel, denn es handle sich bei den jetzt in Wien wortführenden KP-Herren um reine »Exekutivorgane« der sowjetischen Besatzungsmacht. Durch diese Realität erkläre sich auch die »Dreifaltigkeit« von VP, SP und KP. Er hielt dies für gefährlich und absurd, denn bei freien Wahlen würden die Kommunisten in ganz Österreich nicht einmal zehn Prozent der Stimmen und in der Sowjetzone noch viel weniger erhalten (Broda hatte Recht, denn bei den Wahlen im November 1945 kam die KPÖ gerade auf 5,41 Prozent der Stimmen). Mich wunderten diese Äußerungen ein wenig, denn irgendjemand hatte mir erzählt, dass Broda aus einer kommunistischen Familie käme. Meine lange Beziehung mit Christian Broda in den folgenden Jahrzehnten bestätigte aber seine schon in Ried geäußerte Haltung zum Thema KP in voller Breite.

Beeindruckt von meinen »roten« Dialogen fuhr ich nach Salzburg zurück, gab das brave Steyr-Baby wieder ab und bestieg den seit Mitte Juli einmal täglich verkehrenden Zug von Salzburg nach Innsbruck. Fahrtdauer über Schwarzach–St. Veit und Saalfelden einschließlich Zonenkontrollen (in Leogang die Amis, in Hochfilzen die Franzosen) bis Innsbruck acht Stunden. Aber das war man damals gewohnt und glücklich, wenn man einen Sitzplatz ergattert hatte. Der Arlberg-Express, der wenige Monate später, ab September, als einziger Fernzug Österreichs wieder fuhr, brauchte von Paris über Zürich und Innsbruck bis Wien ca. 48 Stunden. Von Innsbruck bis Wien, je nach Laune der alliierten Zonenkontrolleure, 16 bis 30 Stunden.

In Tirol lief alles o. k., die Franzosen wurden allmählich netter, und mein Bruder Otto war in den letzten Vorbereitungen für den Start seines »Österreichischen College«, das am 25. August 1945 im Dörfchen Alpbach, in einem Seitental des mittleren Unterinntals, eröffnet werden sollte. Ich besuchte Otto in Alpbach, das man nur auf einer winzigen, mit lebensgefährlichen Kurven und wackeligen Holzbrücken versehenen Straße entlang der donnernden Ache und dann hinauf auf einen steilen Berghang erreichen konnte. Das Dorf, mit einem kleinen Kern alter Bauernhäuser um eine schöne Kirche, war von insgesamt mehr als 120 schönen alten Bauernhöfen, die über den grünen Wiesen und der Almlandschaft des oberen Talbeckens und in den Wäldern und Felsbergen thronten, umgeben – malerisch und Gott sei Dank völlig unkriegerisch. Wie aus einem Märchenbuch. Ich war begeistert, dass Otto und Simon Moser es offenbar schaffen würden, die angeblich 90 bis 100 Teilnehmer aus acht Nationen über alle Staats- und Zonengrenzen hinweg zum ersten geistigkulturellen europäischen Gespräch zusammenzubringen. Zu meinem Leidwesen würde die Eröffnung ohne mich stattfinden, weil ich Gruber schon Mitte August zu Vorbesprechungen nach Wien und dann zur zweiten Konferenz der westlichen Bundesländer in Salzburg begleiten sollte. Zehn Tage später konnte ich allerdings doch noch zum ersten Alpbacher Treffen stoßen, eine Woche daran teilnehmen und dabei sogar den ersten »Vortrag« meines Lebens halten.

In Wien war zuerst das Fest des ersten Wiedersehens mit den Eltern nach den letzten schrecklichen Kriegsmonaten, die sie bekanntlich im Gefängnis verbracht hatten. Wiedersehen mit der engsten Familie, aber auch mit der traurigen, stark zerbombten Stadt, die in Staub, Asche und Dreck gehüllt war. Noch kaum Straßenbahnen, überall Gruppen von ebenso grauen Männern, die Schutt wegschaufelten – »Des san Nazis aus dem Bezirk«, erklärte mir ein sie beaufsichtigender Wachmann. In der Stadt, am Ring bei der Oper, beim Stephansplatz – überall ist es zum Heulen. Kann diese Stadt noch einmal auferstehen? Keine Zeit für wehleidige Gedanken.

Am nächsten Morgen herrschte große Aufregung. Gruber war mit einigen Begleitern in einem Hotel in der Mariahilfer Straße, in das ihn die Franzosen eingewiesen hatten, in Schutzhaft genommen worden. Papa, der ihn nichts ahnend dort besuchen wollte, stellte den Tatbestand fest, und es gelang ihm, mit Gruber in Kontakt zu treten. Durch einen Kellner des Hotels sandte er ihm eine Nachricht, worauf Gruber ihm aus dem Fenster des zweiten Stocks einen Kassiber zuwarf, den Papa sofort Staatskanzler Renner überbrachte. So schwierig war die Kommunikation zwischen österreichischen Politikern im Sommer 1945.

Es stellte sich dann heraus, dass die Russen aus unerfindlichen Gründen die bereits angekündigte und genehmigte Anwesenheit des Tiroler Regierungschefs und seiner Delegation für illegal erklärt und dessen Verhaftung angekündigt hatten. Um Gruber und seine Leute vor den Russen zu schützen, hatten die Franzosen die Schutzhaft über ihn verhängt. Der Vorfall beschäftigte natürlich den Alliierten Rat und sogar die Londoner »Vorkonferenz«, die über die Vorbereitungen der Friedensverträge – im Falle Österreichs zehn Jahre lang – beraten sollte. Nach zwei Tagen intensiver Verhandlungen gaben die Russen nach, und Gruber konnte sich in Wien wieder frei bewegen.

Der Termin der Länderkonferenz wurde endgültig für den 24. September festgelegt. Die Wahlen sollten also wirklich noch in diesem Jahr stattfinden. Gruber wollte daher sofort nach Innsbruck zurück, um diese entscheidende Konferenz mit anderen Politikern der westösterreichischen Länder vorzubereiten.

Auch mein Bruder Otto, der eilig letzte Vorbereitungen für seine Alpbacher Tagung erledigen musste, und ich beschlossen, uns schleunigst nach Tirol in Bewegung zu setzen. Vor allem auch um Mama in Alpbach zu einem Urlaub zu verhelfen, den sie nach den Erlebnissen der letzten Jahre und vor allem den Folterungen im Gestapo-Keller bitter notwendig hatte. Papa allerdings konnte Wien nicht verlassen, er war mitten im Endstadium der Verhandlungen um die Neugründung der »Presse«. Papa und ich sprachen lange über die Möglichkeiten einer gesamtösterreichischen Zeitung, die völlig unabhängig von den Parteien, aber auch von den alliierten Mächten gestaltet werden und erscheinen sollte. Papas Pläne waren schon recht weit gediehen. Er hatte bereits eine ganze Redaktionsliste zusammengestellt und hoffte, dass die Zeitung noch im Herbst erscheinen könne. Es gab zwei Hauptprobleme: die Erreichung einer alliierten Lizenz, ohne die man eine Zeitung nicht herausbringen durfte, und die Beschaffung von Papier.

Papier war in Wien allergrößte Mangelware und wurde nur an die Organe der Regierungsparteien und an das vom kommunistischen Unterrichtsminister Ernst Fischer herausgegebene All-Parteienblatt »Neues Österreich« vergeben. Papa und seine Freunde planten, eine liberale, parteifreie und den westlichen Traditionen Österreichs und seiner einst wichtigsten liberalen Zeitung wie der »Neuen Freien Presse« – die nach dem Anschluss von Hitler verboten worden war – nahe kommendes Blatt wieder ins Leben zu rufen. Dieses Projekt wurde sowohl von den Sowjets wie auch von den drei Parteien der Renner-Regierung gelinde gesagt mit gemischten Gefühlen betrachtet. Ein kleines Beispiel über die damalige Situation der Pressefreiheit: Als Papa bis zum Spätherbst nirgends Papier bekam, begab er sich zum neuen Innenminister Oskar Helmer, einem wackeren, während des Krieges im Land verbliebenen führenden Sozialisten, natürlich Mitglied des Parteivorstandes. Papa, der wusste, dass Helmer für die Papierzuteilung zuständig war, versuchte ihn zu veranlassen, der »Presse« so wie den Alliierten- oder den Parteiblättern das notwendige Papier zuzuteilen. Daraufhin blickte ihn Helmer freundlich an und meinte lächelnd: »Schaun's, Herr Dr. Molden, i kann vielleicht net verhindern, dass Sie mit ehnan Blatt'l amal erscheinen werden. Aber ich werd' es so lang ich kann verzögern. Jetzt hamma sicher kein Papier für Sie.« Später gelang es Papa übrigens aus dem Kontingent für den amerikanischen Kurier ein bisschen Zeitungspapier zu bekommen. Aber er konnte erst im Jänner 1946 erscheinen, und in der ersten Zeit war »Die Presse« eine Tageszeitung, die wegen Papiermangel nur einmal wöchentlich erschien. – So waren eben damals die Verhältnisse.

Momentan mussten Otto und ich aber schleunigst nach Tirol. Wir nahmen Mama in Ottos altem Steyr 220 nach Tirol mit. Es war die Reise von Alice im Wunderland. Sie, die alles Schöne mit unbeschreiblicher Dankbarkeit und größtem Glücksgefühl genoss, saß wie gespannt auf ihrem Sitz und wollte immer wieder stehen bleiben, um irgendetwas anzusehen. Bäume, Felder, Kühe, Pferde, Kirchen – alles war für sie nach den vielen Monaten im Gefängnis im Keller wie neu geschaffen. Kaum in Alpbach angekommen, setzte sie sich auf eine Bergwiese und schrieb voll Glück die »Alpbacher Elegie«, eines ihrer schönsten Gedichte.

Wenige Tage später war ich wieder in Salzburg bei der Konferenz der westlichen und südlichen Bundesländer, dieses Mal mit Politikern und Spitzenbeamten beider großer Lager. Letzte und bindende Voraussetzungen und »Bedingungen«, von denen sich viele als unerfüllbar herausstellen sollten, wurden beschlossen. Nach langen Tagen und Nächten wurde ein Verhandlungspaket mit allen Wünschen und auch Konzessionen von den westlich besetzen Ländern geschnürt, um es Ende September auf den Wiener Verhandlungstisch zur entscheidenden Konferenz stellen zu können.

Alles fand dann planmäßig in Wien statt. Es dauerte drei Tage – aber nicht wie geplant im Parlament, weil dieses ebenso wie das Kanzleramt am Ballhausplatz oder die geeigneten Räume in der Hofburg schwer beschädigt und noch ohne elektrisches Licht waren. Es wurde daher ins Niederösterreichische Landhaus in der Herrengasse ausgewichen. Unter Vorsitz von Karl Renner tagten dessen Drei-Parteien-Regierung sowie die Landesfürsten aus allen neun Bundesländern, ferner die Parteiobmänner aus Bund und Ländern und schließlich ein Schwanz von Politikern aus allen Teilen der Republik. Sie versuchten in irgendeine Delegation hineinzukommen, um mitreden zu können. Nach drei Tagen gelang die entscheidende Einigung, der alle Stimmberechtigten nach oft sehr harten Kämpfen ebenso zustimmten wie die unsichtbaren, aber im Hintergrund oft entscheidenden alliierten Hochkommissare. Das Ergebnis: Freie Wahlen für ein nach der Verfassung von 1929 zu wählendes Parlament von 165 Abgeordneten, freier Verkehr aller Bürger innerhalb ganz Österreichs – das hieß sofortige Öffnung der Zonengrenzen –, ferner Ausweitung der Regierung mit Vertretern aus den Ländern jenseits von Semmering und Enns (wo die damaligen Zonengrenzen verliefen).

Bei den letzten entscheidenden Verhandlungen war Gruber klarer Sprecher des Westens, dem auch Figl gern die Position eines »Sturmbocks« überließ. Zusammen mit dem von Schärf genannten jungen Sozialdemokraten Dr. Ernst Lemberger, der im französischen Maquis gekämpft und eine hohe Position erreicht hatte, waren er und ich ab Herbst 1944 um die Anerkennung des österreichischen Widerstandes durch die diversen Alliierten bemüht. Auf die Weise konnten wir immer wieder auftauchende Missverständnisse zwischen den beiden großen Lagern aus dem Weg räumen und andererseits den Kontakt mit den Westalliierten halten.

Renner und Schärf standen Gruber, der einer jungen Generation angehörte und oft recht hart auftrat, sehr reserviert gegenüber. Sie wussten allerdings beide auch von seinen und meinen guten Beziehungen zu den Amis und wollten daher auch meine Hilfe, um die Vertreter der USA dazu zu bringen, unbedingt der November-Wahl zuzustimmen. »Denn«, meinte Renner hier in weiser Voraussicht, »in einem halben Jahr kann sich die Politik der Sowjets schon so weit verschärft haben, dass sie Wahlen und eine Wiedervereinigung Österreichs gar nicht mehr haben wollen.« Genauso dachte auch Gruber, und so wurde ich zum Gesandten Erhart, dem politischen Berater General Mark Clarks geschickt, der unsere Sorgen schon gut verstand und für den nächsten Tag ein Gespräch Clark–Gruber–Schärf arrangierte. Es gelang, die Amerikaner, die bis dahin Wahlschwindel in der Sowjetzone befürchtet hatten, zu überzeugen, dass baldige Wahlen und damit ein gewähltes Parlament lebenswichtig wären.

Am 26. September war es soweit. Der letzte Krach zwischen Renner und Gruber war beigelegt; dieser hatte zum letzen Mal zu mir ins Vorzimmer gerufen: »Fritz, wir fahren heim ins freie Tirol, pack die Koffer!«, um fünf Minuten später zu verkünden, dass doch noch weiter verhandelt würde.

Gott sei Dank hatten sich Schwarz und Rot doch noch zusammengerauft und schließlich geeinigt. Ein halbes Jahr später war der Kalte Krieg voll im Anlaufen und die österreichische Lösung vom September 1945 wäre völlig unmöglich gewesen. Sie sollte sich übrigens zehn Jahre später in einer zweiten »rot-weiß-roten Sternstunde« beim Staatsvertrag wiederholen. Ende gut, alles gut. Nach der letzten Sitzung und vollen Einigung wurde im Sinne der Regierungserweiterung nach Süd und West Karl Gruber das Außenministerium zugesprochen. Als wir mit unseren Aktenkoffern und sonstigem Zeug zum wartenden Wagen in der Herrengasse hinunterstiegen, meinte Gruber zu mir: »Ja, da is noch was, willst du im Außenamt mein Sekretär werden? Mir ist bei euch ›Wiener Bazis‹ allein nicht ganz wohl, das Parkett am Ballhausplatz ist so glitschig.« Dieses Mal sagte ich gleich zu. Ganz vergessend, dass ich eigentlich vorgehabt hatte, an der Uni Geschichte zu studieren. Aber so spannende Zeiten wollte ich mir doch nicht entgehen lassen und ich hab's später nie bereut.

3. Kapitel

Am Ballhausplatz

Das Kanzleramt am Ballhausplatz befindet sich im berühmten Palais Kaunitz gleich neben der Hofburg im Herzen Wiens. Das Palais war in den letzten zwei Jahrhunderten des habsburgischen Kaiserreiches, das einst fast die halbe Welt umfasste, in dem unter Karl V. »die Sonne nicht unterging«, das die harten preußisch-österreichischen Kriege unter Maria Theresia ebenso überdauerte wie vorher den fast hundertjährigen Abwehrkrieg gegen immer wieder vorstoßende türkische Armeen, Sitz der Regierung. Seinen Höhepunkt aber fand das Haus am Ballhausplatz im Wiener Kongress, dem es Heimstatt bot und wo nach dem Ende der Napoleonischen Kriege das große Friedenskonzept auf dem europäischen Festland von Österreich mit Russland, England und Preußen sowie klugerweise auch unter Einbeziehung der geschlagenen Franzosen für Generationen gesichert werden konnte. Männer wie Kaunitz, Metternich und Schwarzenberg wirkten hier seit 1753 als Staatskanzler und Außenminister.
Allerdings: Der größte Staatsmann und gleichzeitig siegreichste Feldherr des Hauses Österreich, Prinz Eugen von Savoyen, der für drei Habsburgerkaiser das Reich im Osten gegen die Türken und im Westen gegen Frankreich sicherte, hatte sich ein noch größeres und wohl auch noch viel feineres Schloss, das »Belvedere«, auf einem Hügel auf der nach Osten führenden Landstraße gebaut. Dahinter, so soll er sich geäußert haben, hinter dieser Landstraße beginnt nämlich Asien.

Später wurden verschiedene Funktionen der Regierung wieder getrennt, aber die des Staatskanzlers, der später Ministerpräsident war und jetzt Bundeskanzler heißt, und die des Außenministers blieben im »Ministerium des kaiserlichen Hofes und des Äußeren« gemeinsam am Ballhausplatz.

Nach dem Ersten Weltkrieg und dem Untergang der Monarchie wurde Karl Renner schon 1918, zu Beginn der Ersten Republik, Staatskanzler und verlegte seine Regierungszentrale wieder in das Palais Kaunitz, das zum Bundeskanzleramt mit kleinem Außenamt mutierte. Dort regierten dann alle Kanzler, etwa Ignaz Seipel, Führer der Christlichsozialen, den man »Prälat ohne Gnade« nannte. Dort wurde 1934 Dollfuß im Amt erschossen, dort musste Schuschnigg 1938 zurücktreten, dort herrschten Hitlers Vasallen, wie Seyß-Inquart, ganz kurz und Schirach etliche Jahre lang. Dann kamen die Bomben und die Russen, und das schöne alte Palais am Ballhausplatz sah schließlich recht schäbig aus. Aber es war doch noch zu benützen. Einzelne erste hohe Beamte, die sich in der Nazizeit versteckt gehalten hatten, betraten das Haus und versuchten wenigstens die Andeutung eines wieder erwachenden Geschäftsbetriebes zu erzeugen.

Und so gelang es, das Bundeskanzleramt, wie es nach der Novemberwahl wieder bestand, mit Büros für Kanzler und Vizekanzler und das spätere Bundesministerium für Auswärtige Angelegenheiten, damals noch schlicht Außenamt genannt, in den nicht zerstörten Räumen des Palais Kaunitz am Ballhausplatz unterzubringen. Im ersten Stock war viel zerstört, aber es gab doch noch eine Reihe von zusammenhängenden großen Zimmern, in denen der Bundeskanzler sein Büro und seine Empfangsräume aufschlagen konnte, mit Blick gegen die Innenstadt Richtung Michaelerplatz, und auf der anderen Seite lagen die Büros des Vizekanzlers. Dazwischen waren aber immer noch große Löcher und völlig zerstörte Räume, die erst viel später renoviert werden konnten.

Wir im Außenamt erkämpften uns etwa ein Dutzend Räume im Hochparterre mit Blick auf den Volksgarten. Das Mobiliar war teils feudal aus der Kaiserzeit, teils aus Holztischen und -sesseln, offenbar aus Wehrmachtsbeständen ergänzt. Elektrisches Licht gab es noch keines, das kam erst Ende Oktober, Anfang November, bis dahin arbeiteten alle von Renner und Figl über Schärf und Gruber bis zum kleinen Sekretär bei Kerzenlicht. Einige ganz Hochgestellte bekamen vom sowjetischen Hochkommissar Sets mit Petroleumlampen als Zeichen der Völkerfreundschaft gespendet. Einziger Nachteil der noblen Spende: Das Petroleum reichte nur für ein, zwei Tage. Aber der Oktober war ein Monat des Fortschritts. Handwerker erschienen und installierten wieder Fensterscheiben. Das war super, denn es begann kalt zu werden und von Heizen war monatelang kaum die Rede.

Den Empfang, den die etwa knapp zwei Dutzend bereits diensttuenden Herren des Außendienstes uns bei Grubers und meinem Einzug Anfang Oktober bereiteten, war diplomatisch-höflich, aber gerade so höflich, wie es Absolventen der Konsularakademie nur sein konnten. Hinter unserem Rücken aber wurde getuschelt: Einen Techniker (den Dr. wollte man Gruber lange Zeit nicht glauben), Sohn eines Lokführers aus Innsbruck als kommenden Außenminister zu akzeptieren, war für die Beamten, deren Vorfahren teilweise selbst schon seit Generationen im kaiserlichen Dienst gestanden hatten und in erheblicher Zahl alte Adelstitel trugen, doch auch sehr viel verlangt. Und erst den Sekretär, den sich der sonderbare Innsbrucker Minister mitgebracht hatte: eine »Farce, mit 16 aus der Schul g'flogen und dann bei irgendwelchen Partisanen untergekrochen, soll jetzt auf einem A-Posten (der persönliche Sekretär des Ministers erhielt automatisch einen gehobenen Rang, nämlich einen A-Posten) Dienst tun. Also geradezu unerhört.« Dies erklärte mir Wochen später, als man mich vorsichtig beschnuppert hatte, mein unmittelbarer Kollege im Ministerkabinett Hans Graf Coreth mit seiner Art, das Problem lösen zu können. Er wandte sich mir zu und sagte: »Du, servus, und jetzt gib mir bitte den Akt herüber.« Damit hatte er mich quasi mit den Worten »du« und »servus« in einen Kreis einbezogen, in dem zu operieren mir das Leben künftig wesentlich erleichterte. Coreth war übrigens ein hervorragender Diplomat, der es später draußen in der Welt weit bringen sollte. Insbesondere der damalige Generalsekretär Heinrich Wildner, der seine diplomatische Karriere noch im kaiserlichen Dienst begonnen hatte, ließ mich deutlich spüren, mit welcher Skepsis er nicht nur seinen neuen Minister aus Tirol, sondern ebenso dessen Sekretär betrachtete. Selbst die Tatsache, dass ein anderer, mir gewogener, bereits lange im österreichischen diplomatischen Dienst gestanden habender Gesandter den Generalsekretär darauf hinwies, dass schon mein Vater als junger Diplomat in Kopenhagen, Den Haag und schließlich bei den Friedensverhandlungen in St.-Germain Dienst gemacht habe und dass mein Großvater Berthold Molden, ebenfalls im damaligen kaiserlichen Ministerium tätig, im Juli 1914 im Auftrag des kaiserlichen Außenministers Graf Berchtold den Entwurf für den Text des österreichischen Ultimatums an Serbien (nach der Ermordung Franz Ferdinands in Sarajevo) verfasst hatte, beeindruckte Wildner nicht sonderlich. Er meinte: »Später sind die Herren ja alle zu den Zeitungen gegangen, wahrscheinlich ist es dort lustiger.« Ein dreiviertel Jahr später, als ich von Gruber die Genehmigung erhalten hatte, ihn zu verlassen, ergab es sich, dass ich meinen Traumberuf bei der Zeitung ausüben und meinem Vater als junger Journalist helfen konnte. Das war im Sommer 1946; also begab ich mich zum würdigen Gesandten Wildner, der an einem riesigen Rollschreibtisch saß und mich erstaunt ansah. Als ich ihm den Grund meines Besuches erklärte, nämlich dass ich das Amt in den nächsten Wochen verlassen würde, war Wildner baff. »Es kommt kaum vor, dass einer hier freiwillig geht.« Er ließ mich zum ersten Mal Platz nehmen und wollte einiges über meine Kriegserlebnisse und Häfenzeiten erfahren. Nachher, als ich mich verabschieden wollte, meinte Wildner lächelnd: »Also jetzt, wo Sie leider weggehen, sollten wir uns doch auch ›Du‹ sagen!« Das war dann mein letzter kleiner Triumph im altehrwürdigen Amt.

Vom ersten Tag an hatten wir wegen mangelnder Arbeit und viel Wirbel nicht zu klagen. Es gab ständig Probleme mit den Alliierten, zum größten Teil mit den Sowjets – wie man alle Russen damals nannte. Etwa einmal in der Woche wurde Gruber in das Hotel Imperial, wo der sowjetische Hochkommissar residierte, bestellt; dann nach der Wahl, manchmal auch zusammen mit dem neuen Kanzler Leopold Figl, und stets mit dem Sekretär, der alles aufschreiben musste. Nachdem Österreich bis gegen Ende 1945 keinerlei Gesandte (Botschafter gab es erst viel später) ins Ausland entsenden durfte, weil die westlichen Alliierten die Anerkennung der nach den Wahlen gebildeten Regierung lange hinauszögerten, war die Außenpolitik das ganze Jahr 1945, von persönlichen Kontakten abgesehen, ausschließlich auf den Verkehr mit den Hochkommissaren beschränkt. Gruber versuchte die direkten Beziehungen zu den Alliierten etwas wärmer und menschlicher zu gestalten.

Er beschloss, Empfänge für die jeweiligen Hochkommissare und die Armeekommandanten in einer unzerstörten Villa in Währing zu geben, die einem hohen Beamten des Außenamtes gehörte und der sie uns zur Verfügung stellte. Zu jener Zeit waren das ganz unglaubliche Veranstaltungen, zu denen Gruber jeweils die ganze österreichische Regierung und sonstige Spitzenfunktionäre einlud, »um die Leut ein bissl in einen herzlichen Kontakt zu bringen«.

Zuerst schickte er mich aus, um geeignete Lebensmittel für diese höchst unprofessionell geplanten Nachahmungen britisch-amerikanischer Cocktailpartys ausfindig zu machen. Ich ging zum Wiener Bürgermeister Theodor Körner, um ihn um Hilfe zu bitten. Körner, ehemals hoher k. u. k. Offizier und sogar Generalstabschef der österreichischen Isonzo-Armeen im Ersten Weltkrieg, später Sozialdemokrat, der den roten Schutzbund aufgebaut hatte, war ein eindrucksvoller alter Herr. Groß, schlank mit weißem Vollbart – sehr freundlich und hilfsbereit. Mit Hilfe einiger Mitarbeiter stellte er bald fest, dass in einem der riesigen städtischen Lagerhäuser am Donaukai, das unzerstört geblieben war, zwei Stockwerke voll auserlesener Lebensmittel wie Gänseleber, aber auch Kaviar, Schinken usw. lagerten – lauter Dinge, deren Namen wir alle schon fast vergessen hatten. Eben erst waren diese Geheimstockwerke von der Magistratsbehörde entdeckt und daher noch nicht ausgeraubt worden. Es handelte sich um Vorräte, die man noch in der »Regierungszeit« des Nazi-Reichsstatthalters angelegt hatte – wahrscheinlich um den bevorstehenden Endsieg des tausendjährigen Reiches auch in der Ostmark gebührend zu feiern. Als dieser nicht eintreten wollte, dafür aber die Russen überraschend am Laaer Berg standen, hatten Schirach und Co. andere Sorgen, als die Luxusvorräte abzutransportieren – sie flüchteten selber Hals über Kopf in Richtung »sichere Alpenfestung«. Körner gestattete uns, für Grubers Alliierten-Partys die notwendigen Mengen Leckerbissen zu entnehmen, und der niederösterreichische Bauernbund stellte jede

Menge Wein zur Verfügung. So fanden nun jede zweite Woche solche Einladungen statt, jeweils für die Prominenz einer der Alliierten plus unsere Regierungsmitglieder und sonstige VIPs der jungen Republik. Alle waren hungrig und alle kamen. Die Alliierten kamen aus Neugier, unsere Leute, weil sie sich einmal richtig satt essen wollten. Schlaue Österreicher, die eine Einladung ergattert hatten, ließen in das Futter ihrer Anzüge innen Taschen hineinschneidern, um zusätzliche Köstlichkeiten mit nach Hause nehmen zu können. Eines solchen Tages stand ich neben einem Minister der jungen Regierung und beobachtete, wie er immer ein Stück Schinken oder Brot auf seinen Teller legte und dann ein zweites und drittes Stück in seinen Anzug stopfte. Schwierigkeiten hatte er mit dem Kaviar. Als er merkte, dass ich ihn beobachtete, lächelte er etwas verlegen und sagte: »Lieber Herr, bitte nix weitersagen. Ich hab Familie zu Hause, mit Kindern, und alle haben solchen Hunger.« Ich nickte verständnisvoll, hielt natürlich den Mund und hatte sofort im Energieministerium einen Freund. Leider hatte ich keinen Energiebedarf und besaß auch kein Kraftwerk, so dass die Freundschaft bei einem zulächelnden Gruß bei künftigen Partys blieb. Bald schied übrigens der einzige verbliebene Kommunist im Kabinett aus der Regierung aus.

Mein Büro am Ballhausplatz, das Vorzimmer des Außenministers, war das erste nicht zerstörte Zimmer des Ganges im Hochparterre, in dem unser Amt untergebracht war. Deswegen kamen öfters Besuche, die gar nicht zu uns wollten, irrtümlich vorbei und wurden dann von uns dementsprechend weitergeleitet. Zwei Mal allerdings erschienen Personen, die mir wegen ihres Aussehens auffielen und ich sie deshalb aufhielt und kurz befragte. Einer, der es später noch weit bringen sollte, erschien im Spätherbst 1945 bei mir im Büro. Ein großer, schlanker junger Mann in der eher verbrauchten und schäbigen Kleidung des Durchschnittsösterreichers von anno 45, in einer Knickerbocker, auch Pumphose genannt, einer Windjacke und unter dem Arm ein halbes Fahrrad. Das war damals ganz normal, denn ein Fahrrad ganz allein auf der Straße stehen zu lassen, hatte in jener Zeit die 90-prozentige Wahrscheinlichkeit, nie wieder gesehen zu werden. Dieser dünne junge Mann wollte sich bewerben, er hieß Kurt Waldheim, hatte Jus studiert und die Konsularakademie absolviert. Sein Vater war christlichsozialer Schulinspektor in Tulln gewesen und war 1938 von den Nazis verhaftet worden. Kurt selber verteilte in den Umbruchswochen Flugzettel für Schuschnigg und wurde deshalb von der HJ verprügelt. Kurz darauf wurde er zur Wehrmacht eingezogen, als Leutnant, weil er schon im Bundesheer gedient hatte. Kürzlich aus der Kriegsgefangenschaft heimgekehrt, wollte er nun versuchen, auf Basis seiner Vorstudien einen Posten im Außenministerium zu kriegen. Mir schienen alle Voraussetzungen – Konsularakademie, akademischer Abschluss, vier Fremdsprachen usw. – dafür erfüllt. Unser Mangel an jungen Leuten war groß, und Gruber suchte gerade einen guten jungen Mann, den er zum Heinzi Haymerle in die politische Abteilung setzen wollte. Ich wiederum hätte mir Kurt Waldheim gerne im Vorzimmer von Karl Gruber vorgestellt, um meinen später geplanten Abgang zu erleichtern.

Auf jeden Fall ersuchte ich den jungen Mann mit dem halben Fahrrad, sobald er beim Personalchef gewesen war, noch einmal vorbeizukommen, und stellte ihn dann dem Außenminister vor. Gruber unterhielt sich mit ihm, und als Waldheim wegging, rief Gruber mich hinein. »Der Mann ist in Ordnung«, meinte er, »er hat viel Disziplin, aber wir müssen aufpassen, wir können auf keinen Fall einen Nazi oder einen russischen Spion hier ins Haus hereinlassen.« Waldheim hatte Gruber erzählt, dass er in Baden wohne, dort befand sich auch das sowjetische Oberkommando. Gruber, in der damaligen Situation begreiflicherweise sehr misstrauisch, gab mir daher den Auftrag, sowohl im Innenministerium, wo man die österreichischen Nazis überwachte, wie auch bei meinen amerikanischen Freunden wegen sowjetischen oder auch NS-Kontakten nachzufragen. Ich ging zuerst zum Staatssekretär Ferdinand Graf im Innenministerium und bat ihn, bei den Nazi-Akten nachzusehen, ob etwas über Waldheim zu finden sei. Dann befragte ich auch die Amerikaner, die gleich in meiner Gegenwart riesige Aktenbände durchsuchten, aber weder in Österreich noch in Deutschland einen Kurt Waldheim finden konnten, auch dort war er also nicht als NS-Belasteter vorgemerkt. Am nächsten Tag erschien Staatssekretär Graf mit einem dicken Gau-Akt aus der Nazizeit. Dieser beschäftigte sich mit Kurt Waldheim, und zwar wurde dort festgehalten, dass Waldheim ein unverbesserlicher katholischer Reaktionär sei, aus einer christlichsozialen Familie stamme, dass er HJ-Jungen verprügelt habe und auf keinen Fall irgendeine Betätigung innerhalb des Nazi-Systems erhalten solle.

Damit war auch Gruber zufrieden, Waldheim wurde eingestellt, kam in die politische Abteilung und machte entsprechende Karriere. Er wurde schließlich Generalsekretär, im Jahr 1968 Außenminister und wiederum zehn Jahre später wählte ihn die Weltgemeinschaft zum Generalsekretär der Vereinten Nationen (UNO). Also auch ganz schön weitergekommen. Allerdings, als Waldheim 1985 zum Bundespräsidenten gewählt wurde, tauchte schließlich die Affäre mit seinen angeblichen Nazi-Aktivitäten auf dem Balkan auf, die dazu führte, dass er auf die »US-Watchlist« kam. Aber das ist ein eigenes Kapitel, das in diesen Erinnerungen erst 40 Jahre später anzusiedeln ist.

Einige Zeit später, es war wohl im Februar 1946, betrat wieder ein jüngerer, diesmal allerdings sehr eleganter Herr, in einem offenbar maßgeschneiderten Anzug, höflich grüßend mein Büro. Er sei Dr. Bruno Kreisky, stellte er sich vor, käme aus Stockholm und möchte sich erkundigen, wie er sich um einen Job im Außenamt bewerben könne. Ich verwies ihn auf den Personalchef Winterstein, wollte aber vorher mehr über ihn wissen, denn ich ahnte, dass uns hier ein edler Schmetterling ins Haus zu flattern schien. Wir hatten nämlich überhaupt noch viel zu wenige gute Leute im Amt. Mit dieser Ankunft schien sich etwas ganz Besonderes anzubieten. Ein österreichischer Jurist, aktiver Sozialdemokrat, 1934 vom Ständestaat, 1938 von den Nazis eingesperrt, dann aus rassischen Gründen nach Schweden emigriert, dort im österreichischen Exilverein führend tätig, vier Sprachen sprechend, offenbar ganz hoher IQ. Was Besseres gab es nicht. Nach unserem Gespräch bat ich Kreisky, sobald er bei Winterstein fertig sei, noch einmal bei mir vorbeizukommen.

Dann eilte ich ins Ministerzimmer: »Herr Bundesminister, ich hab eine gute Nachricht für dich, uns geht ein toller Fisch ins Netz.« Gruber schaute mich fragend an: »Was meinst du?« Ich berichtete freudig von dem jungen Mann Bruno Kreisky und von seinem Hintergrund. Am Schluss wies ich noch darauf hin, dass Karl Gruber immer über Mangel an Sozialisten und jüdischen Beamten im Amt geklagt hatte und endete mit den Worten: »Jetzt hast du beide in einem, einen Juden und einen Sozi erster Qualität.«

Gruber war ebenso begeistert wie ich. Er befahl mir, Kreisky sofort zu ihm zu bringen, was auch geschah. Der feine Herr aus Schweden blieb eine Stunde beim Minister, dann teilte mir Gruber mit, dass er diesen ausgezeichneten jungen Mann sofort engagiert habe, und zwar solle er in der »Pol« (politischen Abteilung), wohl der wichtigsten des Hauses, gleich als stellvertretender Abteilungsleiter eingeschult werden.

Am nächsten Tag beim Ministerrat. Die Regierungsmitglieder plus die dicken Arbeitsmappen tragenden Sekretäre versammelten sich zu kurzen Vorgesprächen vor dem Ministerratssaal. Ich zappelte hinter Gruber her, der einzelne Herren begrüßte und plötzlich den sozialistischen Vizekanzler Adolf Schärf entdeckte: »Grüß Gott, Herr Vizekanzler«, rief Gruber, seine politische Herkunft mit dem Gruß betonend. »Ich grüße Sie, Herr Kollege«, schallte es ebenso parteikonform zurück. »Was gibt es denn«, fragte Schärf Gruber. »Ich habe eine gute Nachricht für Sie!« – »Was werden Sie für eine gute Nachricht haben«, kam es nicht gerade enthusiastisch vom stets korrekten, aber sehr zurückhaltenden Chef der sozialistischen Koalitionspartei. Gruber blieb fröhlich: »Herr Vizekanzler, Sie haben sich immer beklagt, dass wir zu wenige Sozialisten im Außenamt haben. Jetzt kann ich Ihnen ein Zuckerl bringen. Ich habe einen prominenten, bestens geeigneten Sozialdemokraten, noch dazu jüdischer Herkunft, engagiert.« Schärf: »Sagen Sie einmal, wen haben Sie da angestellt?« Gruber: »Dr. Bruno Kreisky. Eben aus Schweden eingetroffen. Nach Haftstrafen erst unter Schuschnigg und dann unter den Nazis ist er 1938 emigriert und seit heute zurück am Ballhausplatz. Was wollen Sie mehr! Ideal geeigneter Mann. Internationale Beziehungen, Sozialdemokrat und Jude.« Schärf schien über Grubers Mitteilungen keineswegs begeistert, eher ein wenig konsterniert. Er meinte: »Eigentlich sind wir gewohnt, unsere sozialistische Personalpolitik selbst zu machen – haben Sie den Herrn unbedingt gleich anstellen müssen?« Gruber antwortete jetzt schon etwas verärgert: »Ich dachte, Ihnen eine Freude zu machen. Im Übrigen sind die Personalbesetzungen im Außenamt ausschließlich meine Sache.«

Darauf lenkte Schärf ein und fragte, was Gruber mit Kreisky vorhabe. Als er hörte, dass dieser in Wien in der politischen Abteilung arbeiten solle, ersuchte er meinen Chef sehr höflich, aber dringlich, er möge doch den jungen Mann erst einmal nach Schweden oder sonst wohin schicken, seine Partei sei zur Zeit mit Emigranten-Heimkehrern überfordert. Gruber wollte anfänglich Schärfs Wunsch nicht erfüllen, denn er sah nicht ein, warum er durch die Emigranten-Probleme der SPÖ sich den laufenden Betrieb des Außenamtes stören lassen sollte. Schließlich intervenierte Schärf bei Figl, dieser empfahl Gruber eine friedliche Lösung, und Kreisky wurde der neuen Gesandtschaft in Stockholm zugeteilt. 1950 holte Körner, der nach Renners Tod zum Bundespräsidenten gewählt worden war, Bruno Kreisky – wieder eher zu Schärfs Missvergnügen – als stellvertretenden Kabinettsdirektor in seine Kanzlei nach Wien. Damit begann Kreiskys Aufstieg zum bedeutendsten Bundeskanzler der Zweiten Republik.

Im Frühjahr 1946 war die Lage im Osten des besetzten Österreich auf dem tiefsten Punkt angelangt, die Lebensmittelzuteilungen fielen unter 1000 Kalorien täglich pro Person. Es gab auch keinerlei Heizmaterial. Die versprochenen Öltransporte trafen nicht ein, und immer wieder musste der Strom abgeschaltet werden. Die Träume der Regierung, durch Wieder-in-Gang-Bringen der Industrie die Lage zu verbessern und Arbeitsplätze zu schaffen, lösten sich leider in nichts auf, denn die versprochenen Rohstoffe, Kohle, Stahl usw., kamen nicht. Mit den deutlicher werdenden Anzeichen des beginnenden Kalten Krieges verschärfte sich auch die Härte des russischen Besatzungsregimes. Wir schienen tristen Zeiten entgegenzugehen.

Doch wie es so schön heißt: »Da Wiener geht net unter«, also beschloss die hungernde und leidende Bevölkerung, den ersten

Fasching nach sieben Jahren Krieg und Besetzung wieder ordentlich zu feiern. Es war zwar ein bisschen schäbig in ungeheizten Ballsälen, nicht elegant, jeder musste sich seine Getränke selber mitbringen, aber es gab wieder Musik, Tanz und eine Hetz. Allerdings – am nächtlichen Heimweg musste man Daumen halten, keinen russischen Soldaten zu treffen, denn das könnte den Damen die Unschuld und den Herren die Uhr kosten.

Mir ist das einmal passiert. Als ich eine fesche Dame ausgerechnet in den zweiten Bezirk – russische Zone – um zwei Uhr früh heimbrachte – natürlich zu Fuß, denn Straßenbahnen fuhren nicht; ich besaß zwar zusammen mit einem Freund ein uraltes Auto, aber das hatte leider keine Reifen mehr und war in einem Hof versteckt. Ich hatte die reizende Dulcinea, die klugerweise zur Tarnung und zwecks Unauffälligkeit einen alten Militärmantel trug, gerade noch an ihrer Haustür abgegeben, als ich schon zwei Russkis in die Hände lief. Sie waren eigentlich recht nett, fassten mich an den Schultern: »Ura, Ura«, wobei der Wodkadunst ihres Atems in der kalten Luft zu winzigen Kristallen zu frieren schien. Auf das war ich vorbereitet. Papa hatte mir aus einer Lade ausgedienter Uhren zwei Taschenuhren, die aber noch gingen, geschenkt, und so konnte ich auf diese Weise meine Schweizer Armbanduhr vor dem Besitzwechsel in sowjetisches Eigentum schützen. Bei abendlichen Ausgängen hatte ich daher auch immer eine der Uhren mit. Ich zog sie daher auch gleich aus der Tasche. Die Augen der Iwans leuchteten. Sie hielten die Uhr an ihre Ohren und stellten fest, dass sie ging, worauf sie mir die halbvolle Wodkaflasche an die Lippen hielten, aus der ich, dem Usus folgend, sogleich einen Schluck nahm (nur nicht reizen!), dann schüttelten sie mir beide die Hand, riefen »Karacho« und ließen mich laufen. Alles war wieder einmal im Sinne der sozialistischen Völkerfreundschaft gut gegangen.

Viel weniger erfreulich spürte man am Ballhausplatz ab Frühjahr 1946 die ersten Anzeichen der rapiden Verschlechterung der Beziehungen zwischen der Sowjetunion bzw. dem von ihr besetzten Osteuropa und den Westmächten. Bald würde dieser neue Zustand, der mehr oder weniger fast zehn Jahre anhalten und sich noch verschärfen sollte, weltweit »Kalter Krieg« genannt werden.

In Österreich merkte man dieses folgenreiche Auseinanderdriften jener Mächte, die gerade einen Weltkrieg gemeinsam gewonnen hatten, an der offensichtlichen Abkühlung der Beziehungen zwischen den vier alliierten Kommandobehörden untereinander. Bei den Empfängen der Hochkommissare, zu denen die österreichische Regierung samt Rattenschwanz des beamteten Anhangs stets geladen war, wurde die Anzahl der Vertreter der jeweils anderen Seite (Westalliierte oder Sowjetunion) spürbar geringer. Wichtiger für Österreich war, dass im Alliiertenrat (der im Gebäude der Industriellenvereinigung auf dem Wiener Schwarzenbergplatz – damals Stalinplatz – tagte) das Abstimmungsverhältnis spätestens ab Mitte 1946 einer bedeutenden Veränderung unterworfen wurde. Im Alliierten Rat wurde nämlich über die Inkraftsetzung aller österreichischen Gesetze und damit über die meisten Bedingungen und Bestimmungen des öffentlichen Lebens in allen Besatzungszonen (freie Bewegung, Zensur, Zeitungsverbote usw.) entschieden. In der ersten Zeit der Besatzung bzw. nach Anerkennung der österreichischen Regierung durch alle Alliierten ab November 1945 hatten die Alliierten im Allgemeinen einstimmig zugestimmt oder in selteneren Fällen abgelehnt.

Nunmehr war das Votum immer häufiger 3:1. Groteskerweise hatten die Sowjets noch in »Honeymoon-Zeiten« einem nicht nur damals ungewöhnlichen, sondern für sie extrem ungünstigen

Vetorecht zugestimmt. Danach galten normale österreichische Gesetze für angenommen und damit gültig, wenn nicht ein einstimmiges Veto aller vier Alliierten dagegen ausgesprochen wurde. Das erwies sich in den vielen Folgejahren als ein wahres Glück für das geordnete Leben der sich langsam wieder »derrappelnden« jungen Zweiten Republik. Lediglich Verfassungsgesetze, die auch im Parlament eine Zweidrittelmehrheit benötigten, konnten mit einem einfachen Veto verhindert werden. Die Geschicklichkeit der österreichischen Verfassungsjuristen machte es für zehn Jahre möglich, dass fast alle »riskanten« Verfassungsgesetze nur als einfache Gesetze beschlossen werden konnten.

Im Lande spürte man vor allem, dass die Sowjets begannen, in ihrer Zone bzw. im Wiener russischen Sektor in steigendem Maße Verhaftungen ihnen unliebsam erscheinender Österreicher als »Spione, Verräter oder Kriegsverbrecher« vorzunehmen. Diese armen Teufel kamen dann zum NKWD, wie damals die sowjetische Geheimpolizei genannt wurde, in die Argentinierstraße im Wiener russischen Sektor oder gleich nach Baden bei Wien zum sowjetischen Militärgericht.

Mit viel Glück kamen die Verschleppten nach ein paar Monaten wieder frei, wie etwa Major Carl Szokoll, »der Befreier Wiens«, im April 1945, den die Russkis zuerst zum Polizeipräsidenten von Wien ernannten, um ihn kurz darauf als Hochverräter zu verhaften. Drei Monate später ließen sie ihn ohne Erklärung wieder laufen.

Viele andere aber wurden zu langen Gefängnisstrafen verurteilt und verschwanden spurlos im Gulag in den Weiten Sibiriens. Viele kehrten gar nicht zurück, der Rest erst nach dem Staatsvertrag, also zwischen 1955 und 1957.

Am schlimmsten aber waren jene dran, die von den Sowjets nicht offiziell festgenommen, sondern – wenn außerhalb des russischen Sektors – von anonymen Zivilisten abgefangen wurden, eben von »unbekannten Menschenräubern«, wie die österreichischen Zeitungen schreiben mussten, für gewöhnlich auf der Straße bei Dunkelheit abgepasst und überfallen, gerne in Teppiche gerollt und mit einem zufällig nahe stehenden Möbelwagen abtransportiert wurden. Diese Transporter hatten »USIA-Auto-Kennzeichen«, das heißt, sie gehörten den von den Sowjets beschlagnahmten Firmen »Deutsches Eigentum«, wie in diesen Fällen der Transportfirma »Schenker«. Fahrzeuge mit diesen Kennzeichen durften von der österreichischen Polizei nicht aufgehalten werden, und die »Teppich-Opfer« wurden meist auf Nimmerwiedersehen über die ungarische Grenze gebracht, um von dort im roten Meer der Sowjetwelt zu verschwinden.

Fast alle diese tragischen Fälle wurden von der österreichischen Polizei, die natürlich mit den Sowjets nicht direkt verhandeln durfte, ans Innenministerium gemeldet. Dessen Anfragen an die Sowjetbehörden wurden entweder gar nicht beantwortet oder unisono ablehnend beschieden. Dann gab das Innenministerium die Akten an das Außenamt weiter: »Intervention beim sowjetischen Hochkommissar erbeten!«

Jetzt hatten wir »den Scherben auf«. Ein endloser, fast immer erfolgloser Kreuzzug begann, der teils aus persönlichen Besuchen unseres Ministers oder einzelner Mitarbeiter bei der sowjetischen Hochkommission im Hotel Imperial bestand oder auch aus unzähligen Briefen mit allen Arten von Beweismaterial. Die Reaktion der Russen war fast immer gleich: Entweder hatten sie – in der großen Mehrzahl – von den Betroffenen nie etwas gehört oder sicher mit deren Festnahme – alles »faschistische Unterstellungen« – nichts zu tun gehabt. Dies wurde auch dann mit forschem Lächeln behauptet, wenn es mehrere im Westen befindliche Augenzeugen der Menschenräuber-Aktionen oder auch der Verhaftungen mit schriftlichen eidesstattlichen Erklärungen gab.

Ganz selten passierte es allerdings, dass die sowjetischen Stellen nach vielen Wochen auf einen Bericht aus russischen Blättern verwiesen, aus denen hervorging, dass die von uns gesuchte Frau X oder der Herr Y als »Hochverräter« zu zehn oder auch fünfzehn Jahren Strafarbeit verurteilt worden sei. Noch viel seltener gab es den großen Glücksfall, dass ein von uns Gesuchter wie aus dem Nichts wieder als freier Mann im Westen auftauchte. Diese »Sonderfälle« waren sehr selten, aber jedes Mal, wenn am Ende langwieriger und hoffnungslos scheinender Bemühungen doch noch einer freikam und zurückkehrte, waren wir alle, die mit diesem trostlosen Interventionsgeschäft am Ballhausplatz zu tun hatten, glücklich wie die kleinen Kinder vor dem Christbaum. Es hatte sich also doch ausgezahlt! Und das Außenministerium hatte seinen Sinn und Zweck, hier mitten in Österreich, auch noch ohne Botschaften draußen in der Welt, unter Beweis stellen können. In jedem dieser leider so seltenen Fälle lud der Minister die an der jeweiligen Aktion beteiligten Mitarbeiter plus den »Heimkehrer« (soweit er nicht sicherheitshalber schon nach Westösterreich verschwunden war) auf ein Glas Wein in sein Büro ein. Das war wohl die schönste Erinnerung an die Sinnhaftigkeit meiner Zeit im ersten Jahr des wiedererstandenen Ballhausplatzes.

Im Sommer 1946, nach einigen Monaten Assistenz bei den Vorbereitungen der leider schließlich im ersten Anlauf wenig erfolgreichen Südtirol-Bemühungen kam es auf der »Pariser Friedenskonferenz für Italien« zum so genannten »Gruber-De Gasperi Südtirol Autonomie-Abkommen«. Die erhoffte Rückkehr Südtirols zu Österreich wurde von den alliierten Außenministern schließlich unisono abgelehnt. Auch hier war der Kalte

Krieg die Ursache. Die Russen hofften, dass ihre Entscheidung dazu führen würde, die italienischen Kommunisten zur stärksten Partei Italiens werden zu lassen und sie damit den baldigen Übergang dieses Landes ins rote Lager einleiten konnten. Die Amerikaner wollten genau das Gegenteil. Sie hofften durch eine pro-italienische Entscheidung die Christdemokraten – damals die stärkste Partei – zu stützen und damit Italien im westlichen Lager halten zu können. Briten und Franzosen, die im Grunde für Österreich gewesen waren, mussten sich hier den »höheren Zielen« der Weltpolitik fügen. Die schließlich gewährte »Autonomie« Südtirols konnte nur ein erster und zweifellos ungenügender Schritt sein, wie sich bald herausstellen sollte. Denn die Italiener forcierten die breite Zuwanderung von italienischsprachigen »Unterwanderern« mit großer Geschicklichkeit und wollten damit in absehbarer Zukunft die Mehrheit auch im autonomen Gebiet für sich erreichen. Dies musste zu einem Aufbegehren der Südtiroler Bevölkerung führen und zukünftiges Unheil heraufbeschwören.

Damit endete meine Zeit im Außenministerium, denn Gruber hatte schon lange zugestimmt, dass ich nunmehr in die Wollzeile, nahe dem Stephansplatz, wo sich damals die Miniredaktion der »Presse« befand, übersiedeln durfte, um mich dort als Journalist zu betätigen. So sehr ich mich auf die Arbeit bei der Zeitung freute, war es doch kein leichter Abschied vom Ballhausplatz. Es war ein starkes Jahr gewesen, in dem ich quasi, wenn auch als kleiner Anfänger, aber doch im Kern der Geschehnisse, die Geburt der Zweiten Republik miterleben konnte.

4. Kapitel

Kalter Krieg

Da saß ich nun in der Wollzeile, wo sich knapp unterhalb des Erzbischöflichen Palais im Hause der traditionsreichen Buchhandlung Morawa die Redaktion der wieder erstandenen »Presse« befand. Nicht ganz so traditionsreich allerdings wie der Ballhausplatz, den ich eben verlassen hatte – fast genau ein Jahr nachdem er im Juni 1945 von der unwürdigen Existenz als große NS-Beutestatthalterei befreit, wieder von und für Österreich in Besitz genommen wurde. Damals tönten wieder erste Schritte über das Kopfsteinpflaster des Hofes, kurze diskrete Schritte, mit denen eben nur österreichische Beamte der höchsten Dienstklassen gehen können. So ist Österreich wieder am Ballhausplatz eingezogen: die Sektionschefs Heiterer-Schaller und Chaloupka, die Ministerialräte Sobek und Scheichelbauer und der Gesandte Wildner sollen die ersten gewesen sein, die den Ballhausplatz wieder sicher in österreichische Hände nahmen. Und es schien mir durchaus legitim zu sein, endlich im Journalismus – heute würde man sagen in den »Medien«, der quasi in der dritten Generation ein Familiengewerbe war – anzudocken. Ich wurde von meinem Vater in das außenpolitische Ressort gesetzt, wo ich von Otto Schulmeister – später selber Chefredakteur und Herausgeber der »Presse« – und von Adam Wandruszka, dem prominenten Historiker und Professor an der Uni Wien, freundlich aufgenommen wurde. Von beiden habe ich in meinen zwei Jahren in der »Außenpolitik« unendlich viel dazugelernt. Alles Handwerkliche im Journalismus habe ich damals intus gekriegt, ebenso mein Grundwissen über die großen außenpolitischen Zusammenhänge. Ich verdanke es den genannten zwei Herren und natürlich auch langen abendlichen Gesprächen mit meinem Vater, die mehrmals wöchentlich nach Redaktionsschluss im alten »Herrenzimmer« unserer Döblinger Wohnung stattfanden.

Mein persönliches Glück war, dass die Journalisten-Generation von 1945 und danach noch in den 30er Jahren in ihr Fach hineingewachsen waren, als die international vorherrschende Sprache im Allgemeinen noch Französisch war. Ich hingegen war, ob ich wollte oder nicht, im Krieg und danach gezwungen gewesen, sehr schnell und sehr fließend Englisch zu lernen, und nach dem Krieg stellte sich heraus, dass eben Englisch im schnellen Vormarsch fast weltweit zur »working language« – ausgenommen vielleicht die russisch-asiatische Landmasse – geworden war. Schon in den ersten Nachkriegsjahren gab es immer wieder internationale Ereignisse pressemäßig wahrzunehmen. Etwa die bevorstehende Unabhängigkeitserklärung Indiens, zu der die britische Botschaft einlud. Oder die Übersiedlung des UN-Hauptquartiers nach New York. Auch die Tschiang Kai-schek-Regierung der Nationalchinesen, die damals in einem schweren letzten Kampf mit Maos Roten Armeen stand, wollte die Topblätter Europas – und dazu gehörte eben nun auch dank ihrer großen Tradition unsere arme kleine Nachkriegs-»Presse« – auf ihre Seite kriegen. Dazu lud sie deren diverse Auslandskorrespondenten zur »Kriegsberichterstattung« ein. Überall aber war Englisch als »working langugage«, als Arbeitssprache, Voraussetzung, und die beherrschte in unserer »Mini-Außenpolitikredaktion« nur ich fließend. Also wieder eine große Chance für den jüngsten Redakteur. Ich fuhr nach Indien, nach New York, nach China, später nach Ägypten und den Sudan, nach Palästina (bald hieß es Israel) und den Nahen Osten. Wieder Glück gehabt und die Chancen ausgenützt.

Wichtiger aus österreichischer Sicht war eine Kurzreise nach Zürich, zu der ich im Herbst 1946 aufgefordert wurde. Dort versammelte ein alter Freund aus Kriegstagen, Gero von Gaevernitz, einen kleinen Kreis von weit her angereisten Freunden zu ausgiebigen Gesprächen und einem köstlichen Abendessen in einen diskreten Extrasalon im altrenommierten Restaurant »Kronenhalle«. Die Runde war international zusammengesetzt, aber die meisten Anwesenden kannten sich von früher. Oberst Weibel war dabei, der Chef des Nachrichtendienstes des schweizerischen Generalstabs, ferner Dr. Josef Müller, genannt Ochsensepp, einflussreicher Politiker im Nachkriegsmünchen, der im Zweiten Weltkrieg aktiv im Widerstand war und der Gestapo nur durch rechtzeitige Flucht in den Vatikan entkommen konnte; ferner der US-Amerikaner Howard Chapin, nun Industrieller in New York, während des Krieges Chef des damaligen OSS (Office of Strategic Services) beim Oberkommando der Fünften amerikanischen Armee in Caserta. Schließlich noch ein Franzose, Luc de Roquemorell, den ich seit 1944 kannte und der damals im Hauptquartier des Generals Lattre de Tassigny tätig war und später auch einmal mit mir über die wilden Berge ins Noch-Nazi-Österreich kam, um die französischen Kriegsgefangenen zu organisieren. Ich fühlte mich natürlich sehr geehrt, dass man mich zu diesem Gespräch eingeladen hatte, aber offensichtlich wollte man bei dieser Konferenz ganz bewusst auch Österreich mit einbeziehen. Das zeigte sich auch dadurch, dass auch ein anderer Österreicher, Dr. Kurt Grimm, Rechtsanwalt und Fachmann für internationale Finanzfragen, der dem österreichischen Widerstand eng verbunden gewesen war und jetzt als eine Art graue Eminenz an der Spitze der Creditanstalt, Österreichs größter Bank, galt, mit von der Partie war. Bald wurde mir klar, warum man mich nach Zürich geholt hatte. Gaevernitz gab von Chapin und Weibel unterstützt eine Übersicht über die weltpolitische Lage mit besonderer Betonung der militärstrategischen Situation in Mitteleuropa. Müller informierte über die rapide Entwicklung der von den Sowjets besetzten ost- und mitteldeutschen Gebiete, die schnell zu einem kommunistischen Bollwerk wurden.

Die Lage der anderen hier erstmals »Satellitenstaaten« genannten osteuropäischen Länder wie Polen, Rumänien und Bulgarien schien bereits rettungslos verfahren. Die Sowjets hatten ihre Satellitenregime schnell und gründlich stabilisiert. Demokratische Parteien waren vernichtet. In Rumänien schien die Absetzung des aus optischen Gründen noch wie ein Schoßhund der roten Machthaber gehaltenen Königs Michael nur eine Frage von kurzer Zeit. Auch in Jugoslawien hatte Tito soeben die letzten bürgerlich-demokratischen Vertreter der ehemals königlichen Exilregierung in der Versenkung verschwinden lassen.

In der Tschechoslowakei und in Ungarn waren die Dinge noch im Fluss, aber die angepeilten Endziele der Sowjets waren bereits eindeutig zu erkennen. Innerhalb eines Jahres nach unseren Gesprächen übernahm in der Tschechoslowakei der Kommunist Gottwald die Macht, und in Ungarn wurde der letzte nicht-kommunistische Ministerpräsident, Ferenc Nagy, bald abserviert. So schien der rote Satelliten-Gürtel von der Ostsee bis zur Adria bald komplett. Lediglich in Griechenland hatte britische und amerikanische Unterstützung einen Sieg der kommunistischen Partisanenarmee bisher verhindert. Offen war die Lage auch noch in Österreich – infolge der Anwesenheit von Truppen der westlichen Alliierten. Gaevernitz und Chapin berichteten, dass der amerikanische Präsident Truman sich entschlossen habe, der sowjetischen Expansionspolitik mit allen Mitteln, »Short of War«, Einhalt zu gebieten.

Es kam zu einer längeren Diskussion, ob Österreich als einheitliches Staatsgebilde überleben könne. Die Gefahr einer Teilung nach dem sich in Deutschland eben anbahnenden Muster drohte. Schließlich wurde auch die Möglichkeit diskutiert, dass die Russen versuchen könnten, ganz Österreich zu besetzen. Alle Anwesenden waren allerdings der Meinung, dass wegen der Präsenz westlicher Besatzungstruppen in Österreich dies einen sofortigen heißen Krieg zur Folge haben würde. Ein solcher konnte zu einem Zeitpunkt, als Moskau noch keine Atomwaffen besaß, sicher nicht im Interesse der Sowjetunion liegen.

Hingegen wurde die Möglichkeit eines von den Sowjets unterstützten kommunistischen Staatsstreichversuchs in Wien und in Ostösterreich, der auch über eine dann neu gebildete kommunistisch dominierte Bundesregierung Einfluss auf die westlichen Zonen nehmen könnte, keineswegs ausgeschlossen. In diesem Zusammenhang wurden, wenn auch sehr theoretisch, die eventuellen Möglichkeiten einer Verlegung der Bundesregierung von Wien nach Salzburg diskutiert – ebenso wie mögliche Bemühungen, im ostösterreichischen sowjetisch besetzten Teil Widerstandsmaßnahmen zu treffen.

Schließlich, als bereits dicker Zigarrenrauch in breiten Schwaden über dem kleinen Extrazimmer der Kronenhalle hing, kehrte die Diskussion noch einmal zum Grundsätzlichen zurück. Die Allianz der Kriegstage war nach dem endgültigen Sieg über Hitler und Mussolini sowie Japan schneller als erwartet wieder auseinandergefallen. Während die Westmächte, an der Spitze die Amis, ihre Truppen nach Hause sandten und sich anschickten, den Frieden zu genießen, hatten die Russen begonnen, möglichst große Teile Europas ihrem roten Imperium einzuverleiben. Nun war man im Westen endlich aufgewacht und begann sich zur Wehr zu setzen. Ich reiste mit der langsamen Bahn zurück nach Wien und hatte Zeit nachzudenken: Offenbar mussten wir uns auf schwierige Zeiten gefasst machen. Das Wort vom »Kalten Krieg« war erstmals gefallen. Würden wir in Österreich dabei zum Handkuss kommen?

Im Schweizer Grenzbahnhof Buchs, wo der Zug, wie damals üblich, stundenlang hielt, kaufte ich mir nicht nur die Schweizer Spezifika jener Zeiten, nämlich Schokolade und die Zürcher Zeitung, sondern auch eine als Neuheit ausgehängte Straßenkarte Europas. In den langen Stunden der Fahrt nach Wien, wo unser ebenso verwahrloster wie überfüllter Zug erst am nächsten Mittag eintraf, hatte ich genügend Zeit, mir die geografische Situation Europas, die sich aus den strategischen Schnittpunkten seiner prekären Lage zwischen Ost und West ergab, erneut einzuprägen:

Bei Passau, wo der Inn in die Donau mündet und Bayern endet, begann damals bereits der Eiserne Vorhang, da das nördlich des Flusses liegende Mühlviertel bereits sowjetische Besatzungszone war. Dahinter lag die Tschechoslowakei und dann, soweit das Auge nach Nordosten, Südosten oder Osten blicken konnte, das riesige Sowjetreich. Westlich von Passau gab es Nachbarn entlang Inn und Salzach, die keine Bedrohung darstellten: das amerikanisch besetzte Bayern, weiter westlich die neutrale Schweiz und schließlich im Südwesten Italien bzw. Südtirol, bis nach Tarvis. Aber dort begann schon wieder der kommunistische Bereich: Jugoslawien, damals noch ein kämpferischer Satellit Moskaus. Dann der österreichischen Grenze nach Osten weiter folgend kam von der Oststeiermark entlang des Burgenlandes eine weitere Ostblockgrenze: Ungarn. Ebenso wie in der Tschechoslowakei war auch bei den Magyaren die letzte Entscheidung noch nicht gefallen. Aber leider war es ganz klar, dass in den kommenden Monaten, spätestens in einem Jahr, auch diese beiden Staaten endgültig zum Ostblock gehören würden.

Österreichs Lage schien strategisch gesehen fast hoffnungslos, denn es war mehr als zur Hälfte von sowjetisch kontrolliertem Gebiet umgeben. Der Großteil der Industrie des Landes, das Erdöl sowie die wichtigen Verkehrsverbindungen lagen in dem von den Sowjets besetzten Ostösterreich. Die von den westlichen Alliierten besetzten Sektoren Wiens wirkten wie kleine Inseln im Meer. Wenn auch seit einem neuen Kontrollabkommen im Jahr 1946 Polizei, Gendarmerie und Grenzschutz der Wiener Regierung unterstanden, so hatte diese in der russischen Zone faktisch nichts zu melden. Es konnte zwar jeder Österreicher, der mit einem sowjetischen Stempel von Osten kam, nach Österreich herein, hinaus aber konnte man nicht. Es war schon mühevoll genug, im eigenen Land über die Ennsbrücke oder über den Semmering eine der inneren Zonengrenzen zu überschreiten.

Auf der internationalen Szene kündigte sich der Kalte Krieg immer deutlicher an. Es musste natürlich auf Österreich mit seinen vier Besatzungszonen entsprechende Auswirkungen haben. Die Wiener Regierung war sich der Schwäche ihrer Position durchaus bewusst. Wenn die Sowjetunion wollte, konnte die Falle, in der wir alle saßen, innerhalb von Stunden zuschnappen. Die Russen mussten nur die Ennsbrücke, den Semmeringübergang und die Linz-Urfahrer Brücke sperren. Die westlichen Alliierten in Wien konnten leicht ausgehungert werden. Denn im Gegensatz zu Berlin gab es innerhalb der von den Westalliierten besetzten Sektoren keine Flughäfen zur Versorgung der Bevölkerung und der westlichen Truppen. Als einzige Ausnahme hatten die Amerikaner wie die Engländer winzige »Air-strips« am Donaukanal bzw. in Schönbrunn, die aber nur für einmotorige

Flugzeuge in Frage kamen. Das bedeutete, dass die Russen – falls sie wollten – Ostösterreich innerhalb von Stunden vollkommen unter ihre Kontrolle bringen konnten, unter gleichzeitiger Zernierung der Westalliierten innerhalb der Stadt Wien. Bei Annahme dieser Hypothese wären Österreicher und Westalliierte für ihre Weiterexistenz in Wien und Ostösterreich ausschließlich vom guten Willen und der »Gefälligkeit« der Sowjets abhängig gewesen. Nach den eben erst wie ein Bilderbogen vor unseren Augen stehenden Ereignissen der Sowjetisierung Osteuropas und Ostdeutschlands brauchten wir alle nur wenig Phantasie, um uns auszumalen, was demnächst mit uns geschehen könnte.

Andererseits war es uns und auch den Westalliierten klar, dass eine friedliche »Überführung« Ostösterreichs und Wiens in das neue Imperium für uns in Österreich wohl das endgültige Ende als auch nur halbwegs souveräner und selbständiger Staat, für die Westalliierten aber ein weiteres in Jalta in keiner Weise vereinbartes Vordringen des Ostens ins Herz von Westeuropa bedeuten würde.

Es herrschte daher Interessengemeinschaft. Schon der lange Abend in Zürich wie weitere diskrete Konferenzen in München, Mailand und Salzburg, an denen ich nicht teilnahm, aber deren Resultate ich erfuhr, zeigten die ersten Bemühungen, alles zu tun, um die wohl schon unvermeidbaren Grenzen des Kalten Krieges ident mit den derzeitigen Ost-Grenzen Österreichs zu halten.

Gleichzeitig begannen die Vorbereitungen, um nach Möglichkeit sicherzustellen, dass die von den Russen besetzte Ostzone Österreichs wie auch die alliierten Sektoren von Wien innerhalb der mühevoll wieder geschaffenen Grenzen im Rahmen der Gesetze und Lebensregeln der Republik Österreich verblieben. Natürlich mit allergrößter Diskretion und nur in kleinsten Kreisen kam es zu Absprachen zwischen einem Minikomitee der Bundesregierung, das aus Figl, Gruber, Helmer und Schärf bestand, mit entsprechend hochrangigen Alliierten, um die Grundlagen für eine Zusammenarbeit bei der Vorbereitung gegebenenfalls notwendiger Aktionen zur Verhinderung einer Übernahme der Regierungsgewalt im Osten durch die Sowjets einzuleiten.

Es wurden sowohl in den österreichischen Ministerien, vor allem im Innenministerium, als auch bei der Gendarmerie verantwortliche Vertrauenspersonen bestellt. Im Innenministerium waren es neben Staatssekretär Ferdinand Graf Sektionschef Dr. Pammer sowie der hochrangige Staatspolizist Dr. Peterlunger. Im Außenministerium war der Verbindungsmann Dr. Ernst Lemberger. Es gab engen Kontakt zu den Gewerkschaften, denn was immer geplant wurde, wäre ohne Hilfe der Arbeitnehmerorganisationen und der Arbeiter selber draußen in der Sowjetzone unmöglich gewesen. Der damalige Gewerkschaftsführer Franz Olah war in diese Gespräche involviert. Olah selbst war extra nach Amerika gefahren, um mit den Spitzen der amerikanischen Gewerkschaft »American Federation of Labour« (AOFL) Hilfe für den Fall der Fälle zu organisieren.

Im nichtstaatlichen Bereich hatte man nach einem Gespräch mit Figl und Gruber angefragt, ob verschiedene Leute, die Widerstandserfahrung noch aus dem Dritten Reich hatten, bereit wären, bei der Vorbereitung von etwaigen Abwehrreaktionen mitzumachen. Zusammen mit bewährten Kameraden aus den Kampftagen gegen die Nazis suchten wir einen kleinen Kreis von Leuten in relativ einflussreichen Positionen aus. Natürlich nur solche, die nach einem Vorgespräch bereit waren, auch das Risiko auf sich zu nehmen. Da war etwa die Frau Ministerialrat Dr. Margarethe Ottillinger, der Wissenschafter Dr. Raphael

Spann, der Banker Dr. Georg Zimmer-Lehmann, ein Mann aus der Wirtschaftskammer, Alfred Bleyleben, der spätere Vizepräsident der Nationalbank Kunata Kottulinsky, mein Bruder Otto Molden, der sozialistische Politiker Felix Slavik, der Banker Dr. Hans Igler sowie die Diplomaten Martin Fuchs, Ernst Lemberger und Hans Thalberg, die die Erlaubnis erhielten, uns aus ihrem Amt zuzuarbeiten. Dann war da auch noch ein mutiger Gendarmerie-Offizier in Niederösterreich, Oberinspektor Marek. Schließlich Willi Thurn-Taxis und die Mutter der Kompanie Maidy Kaan. Dieser Kreis begann nun Kontakte zu knüpfen. Natürlich immer nur für den Fall des Falles. Dieser ist Gott sei Dank nie eingetreten.

Hingegen war auch bei dieser Aktion wie immer bei geheimen Bemühungen, denen eine professionell geübte »Staatssicherheit« gegenübersteht, das Auffliegen von einzelnen Personen nicht zu vermeiden. Ab Anfang 1948 wurde teils ganz öffentlich, teils geheim von den Sowjets eine Reihe von Leuten festgenommen und nach Sibirien verbracht. Dr. Margarethe Ottillinger, Prof. Raphael Spann und Anton Marek waren die ersten. Andere mussten nach dem Westen flüchten wie Prof. Fritz Neeb und Dr. Kottulinsky. Der Verhaftungswelle, die der NKWD mit seinen österreichischen Helfern und eingeschleusten Spitzeln im Zusammenhang mit diesen Aktionen durchführte, fielen im Laufe des Jahres 1948 etwa 300 Personen zum Opfer. Die prominentesten unter den Verhafteten, die alle im Gulag endeten, kamen erst nach Abschluss des Staatsvertrages auf Grund einer Sondervereinbarung mit den Sowjets wieder in die Freiheit zurück. Hut ab vor Ottillinger, Spann, Marek und all jenen, die damals bereit waren, nach zehn Jahren Krieg und Besatzung noch einmal den Kopf für die Freiheit ihres Landes hinzuhalten.

Im März 1948 war ich unter anderem auch im Zusammenhang

mit den Vorbereitungen zu diesen Aktionen in Amerika, um die Möglichkeit einer Unterstützung solcher Aktivitäten zu erörtern. Ich traf dort meinen Freund Dr. Hans Igler, ein junger Banker, der sich im Zusammenhang mit einem »young-leader-program« in den USA aufhielt. Hansi Igler, der es später einmal zum Präsidenten der Industriellenvereinigung bringen sollte, und ich trafen uns in New York an dem Tag, an dem Prag endgültig in kommunistische Hände gefallen war. Wenige Tage vorher war meine vom damals amerikanischen Flughafen Tulln abgehende PAN-American Maschine in Prag zwischengelandet. Ich las in der New York Times, dass nunmehr alle Flugverbindungen mit der Tschechoslowakei storniert werden würden. Igler und ich waren uns nicht mehr sicher, wie wir nach Österreich zurückkommen könnten. Dann erfuhren wir, dass man über London und München nach Wien-Tulln fliegen könnte. Aber die Grundfrage war, ob wir überhaupt noch nach Österreich zurückkommen können, denn es sah aus, als ob unser Alarmfall, dass nach der Tschechoslowakei jetzt auch Wien und Ostösterreich dem sowjetischen Koloss einverleibt werden sollte, gerade eingetreten war. Igler und ich überlegten, wo wir mehr tun, wo wir mehr von Nutzen sein könnten: in Amerika oder in Österreich? Wäre es vielleicht vernünftiger, gleich jetzt in den Staaten zu bleiben und hier eine Basis für die spätere Tätigkeit einer Exilregierung oder für Hilfsmaßnahmen für die in Westösterreich sich dann neu formierenden Teile einer Übergangsregierung in die Wege zu leiten? Wir diskutierten viele Stunden und wussten eigentlich keinen Ausweg. Dann besprachen wir uns mit amerikanischen und europäischen Freunden in New York, insbesondere mit dem Historiker Clemens von Klemperer von der Harvard University, ein Freund aus Kriegstagen. Schließlich entschlossen wir uns, zurückzugehen.

Wir wollten zu Hause sein, sollte es losgehen, und wir wollten auch nicht die Lehren der Jahre 1938 bis 1945 vergessen: Denn jene, die damals nach dem deutschen Einmarsch oder, soweit es Sozialisten waren, schon nach dem Februaraufstand 1934 ins Exil oder in die Emigration gegangen waren, hatten bald den Kontakt mit der Heimat verloren und nur sehr wenig für diese tun können. Und als dann schließlich die Emigranten nach Kriegsende in die alte Heimat zurückkehrten, war dort besonders im Rahmen der wieder entstandenen parteipolitischen Strukturen und vor allem der großen Koalition eigentlich niemand mehr auf sie neugierig. Einer der wenigen von ihnen war damals Oscar Pollak, der Chefredakteur der »Arbeiterzeitung« wurde. Und die ganz große Ausnahme ist natürlich Bruno Kreisky, der es vom Sekretär eines österreichischen Emigrantenclubs in Schweden zum am längsten dienenden Bundeskanzler der Zweiten Republik brachte. Igler und ich wollten also nicht Emigrantenschicksale anvisieren, aber wir machten uns Gedanken darüber, wie es denn nun in Österreich im Fall einer sowjetischen Intervention weitergehen solle. Offen gestanden hatten wir keine wirkliche Ahnung. Aber eines erschien uns sicher: im Lande zu sein, wenn es notwendig war, war der richtige Entschluss.

Wieder in Wien – einige Monate später –, ein schöner Augusttag. Wie üblich erschien ich um neun Uhr in der Presseredaktion in der Wollzeile. Unten begrüßte mich schon der freundliche Hausmeister mit den Worten: »Guat, guat, dass do san, Herr Molden, Sie werden schon erwartet.« Ich fragte: »Von wem denn?« Der Portier: »Na ja, von drei Herren. So nach dem Aussehen sinds von der Russischen Besatzungsmacht. Sie warten schon seit zwei Stunden auf Sie oben in Ihrem Büro im vierten Stock.« Ich teilte dem Hausmeister mit, dass ich nur noch schnell ein Packerl Zigaretten in der gegenüberliegenden Trafik kaufen würde und gleich wieder da wäre. In Wirklichkeit war mir die Rauchlust längst vergangen. Ich eilte durch Hintergassen der Innenstadt – es war russischer Monat – zum Schottentor, wo die Straßenbahn nach Döbling noch die Station im russischen Sektor hatte; ich lief daher zwei Gassen weiter bis zur Berggasse und bestieg dort den 38er, um statt in meiner Wohnung auf den Tuchlauben bei meinen Eltern in der Osterleitengasse unterzutauchen. Bald erschien mein Bruder Otto, dem man von seinem Büro aus verständigt hatte, dass man dort nach mir gefragt hatte, und zwar die österreichische Staatspolizei, denn sein Büro war im neunten Bezirk, und da konnten keine Russen auftauchen. Wobei man wissen muss, dass die Wiener Staatspolizei damals noch weitgehend kommunistisch durchsetzt war. Ich hatte also offenbar Glück gehabt. Ein paar Tage später konnte ich von dem kleinen Airstrip an der Heiligenstädter Lände mit einem einmotorigen amerikanischen Flugzeug nach Salzburg geflogen werden.

Kurze Zeit später wurde ich von Außenminister Gruber, der erfahren hatte, dass ich im Grunde arbeitslos in Salzburg herumsaß, wieder als Diplomat nach New York verpflichtet. Dort war ich am Aufbau des österreichischen Informationsdienstes in den USA beteiligt. Ich hatte mich aber auch weiterhin um die Vorbereitungen zur Sicherung der österreichischen Unabhängigkeit zu kümmern. Meine beiden Hauptpartner waren damals Freunde aus Kriegs- und Widerstandszeiten, nämlich Dr. Hans Thalberg in Washington und mein Vorgesetzter in New York, der spätere Botschafter Dr. Martin Fuchs. Beide waren in die »inoffiziellen Aktivitäten« unseres kleinen Büros in der Fifth Avenue eingeweiht und halfen, wo sie konnten, sodass ich meine Aufgaben halbwegs erfüllen konnte, die ja in keiner direkten Verbindung mit der österreichischen Regierung und dem diplomatischen Dienst stehen durften.

Ende 1949 hatte ich großes Glück, der Chef des NKWD in Österreich wurde abgesetzt und – wie ich viel später erfuhr – in der Sowjetunion unter Anklage gestellt. Dieser Wechsel in der Führung an der Wiener Spitze des NKWD hat sicher mitgespielt, dass Ende 1949 den zuständigen österreichischen Regierungsstellen von sowjetischer Seite mitgeteilt wurde, es stünde meiner Rückkehr nach Wien nichts mehr im Wege. Gruber verständigte mich sofort, dass ich ohne Befürchtungen nach Wien heimkehren könnte.

Ich habe dann mit einem weinenden Auge von New York Abschied genommen, um dem Ruf meines Vaters zu folgen, wieder in die »Presse« einzutreten und die Verlagsleitung zu übernehmen.

Den Abschluss dieser Periode des Kalten Krieges in Österreich bildete wohl zehn Monate später der letzte aktive Versuch der Kommunisten und ihrer Schutzherren, der Sowjets, das Steuer in Ostösterreich doch noch herumzureißen und die demokratisch gewählte österreichische Regierung durch eine kommunistisch dominierte Marionettenregierung zu ersetzen. Im Oktober 1950 riefen die Kommunisten zu einem Generalstreik auf, der aber fast nur von USIA-Betrieben, die unter dem direkten Druck der Kommunisten und Russen standen, befolgt wurde. Alle Versuche, die im österreichischen Gewerkschaftsbund organisierte Masse der Arbeiterschaft, die ja zum größten Teil Sozialisten waren, mitzureißen, scheiterten kläglich. Da es den Kommunisten nicht gelang, die Arbeiterschaft zum Streik zu veranlassen, versuchten sie durch Gewaltakte, Betriebsbesetzungen, Sperren von Bahnhöfen, Kreuzungen und Brücken die Lähmung des Verkehrs zu erzwingen.

Die »Presse« besaß im Herbst 1950 ein einziges Redaktionsauto – einen ehemaligen US-Army Jeep, den wir mit großer

Mühe am schwarzen Markt erworben hatten. Das Auto war nicht billig, wurde aber mit ordnungsgemäßen Papieren des Wiener Magistrats geliefert. So war eben damals die graue Marktwelt der Wiederaufbaujahre. Als nun der kommunistische Oktoberputsch – von der »Volksstimme« allerdings als Generalstreik der hungernden Arbeiter bezeichnet – losbrach, beschloss ich mit zwei Redaktionskollegen loszufahren, um die Entwicklung der Auseinandersetzung zu beobachten und darüber berichten zu können. Die Polizeidirektion, die sich nicht im sowjetisch kontrollierten Teil der Stadt befand und daher befehls- und einsatzfähig war, hatte uns mitgeteilt, dass die kommunistischen USIA-Werkschutzeinheiten mit »sowjetischem Begleitschutz« im Begriff seien, die Donaubrücken zu sperren und unpassierbar zu machen. Also fuhren wir zur Floridsdorfer Brücke, damals neben der Reichsbrücke in Wien die einzige Straßenbrücke mit Straßenbahnverkehr für die nördlichen Bezirke. Dort fanden wir eine große Menge Menschen, die auf der Brigittenauer (innerstädtischen) Auffahrt seit Stunden vergeblich hofften, in den Dutzenden stillstehender Straßenbahnzüge oder zu Fuß über die Brücke nach Floridsdorf zur Arbeit zu kommen. Wie wir bald feststellten, war die Lage am nördlichen Brückenkopf etwa gleich: Tausende Menschen vergeblich hoffend, die Brücke Richtung Innenstadt überqueren zu können, um zur Arbeit, nach Hause oder sonst wohin zu kommen. – »No chance.«

Auf der Brücke selbst waren nämlich etwa 250 USIA-Werkschutzleute in grauen Kitteln mit roten Armbinden damit beschäftigt, flüssigen Teer in die Straßenbahnschienen zu gießen bzw. Pflastersteine aus der Brückenfahrbahn heraus zu brechen, um damit – wenn auch vielleicht nur mittelfristig, aber doch im Moment erfolgreich – den Verkehr zwischen Wien, seinen nördlichen Bezirken und ganz Niederösterreich nördlich der Donau lahm zu legen. Polizisten, die eingreifen wollten, um der Aktion ein Ende zu bereiten, wurden von in großer Zahl »zufällig herumstehenden Sowjetorganen« in deutlicher Sprache angewiesen, sich aus diesem »Arbeitskonflikt« herauszuhalten. Da sich dies alles im Sowjetsektor Wiens abspielte, musste die Polizei natürlich gehorchen, und stand ebenfalls untätig herum.

Nach einiger Zeit tauchte eine große Kolonne von eingehakt in Achter- oder Zehner-Reihen marschierender Arbeiter (insgesamt etwa 40 bis 60 Reihen) auf, die von der Brigittenau und dem Donaukanal kommend das alte österreichische Arbeiterlied »Brüder zur Sonne, zur Freiheit« singend durch die zurück weichende und bald jubelnde Menge auf die Brücke marschierte. »Das sind die Burschen von der Bau/Holz«, tönte es von überallher und an der Spitze marschierte der Präsident Franz Olah. Ich erkannte ihn, den KZler, Widerständler und Streitgenossen gegen KP- oder Sowjetübergriffe. Ich kannte ihn schon aus dem Naziwiderstand und erst recht aus den letzten Jahren. Unsere Polizei wich salutierend zur Seite und – wie ein kleines Wunder – auch die sowjetischen Funktionäre zogen sich eher verdattert zum Straßenrand zurück. Vielleicht hundert Meter weiter war der USIA-Werkschutz damit beschäftigt, den Teer aus einer Art Tankwagen in die Schienen zu gießen. KP-Streikende wollten die Kolonne stoppen. Aber Olah forderte die Streikenden auf, den Weg freizugeben, »für eure Genossen, die zur Arbeit wollen«. Kurze Diskussion, die wir aus der Ferne nicht verstehen konnten und ein weiteres Wunder geschah: Die USIA-Leute schoben den Tankwagen zur Seite, traten selber zurück auf die Gehsteige und die Bau-Holzarbeiter-Kolonne marschierte über die Brücke auf die Floridsdorfer Seite.

In Floridsdorf und an der Donau hatte die KP gegen sozialistische Gewerkschaftsgenossen eine Niederlage einstecken müssen und ihre sowjetischen Protektoren hatten sich nicht eingemischt – Ähnliches erlebte ich ein paar Stunden später im Stadtzentrum am Karlsplatz, wo die »USIA-Kummerln« ebenfalls den Verkehr lahm legten. Hier trat ihnen der Wiener Bürgermeister bei der Paulanerkirche entgegen. Zuerst mit wenig Erfolg, aber dann gelang es Olah mit seinem Bau-Holz-Arbeitern, denen sich die »Sozialistische Jugend« und katholische Studentengruppen anschlossen, die Streikzentren in den Straßenbahnhöfen von Kagran, Vorgartenstraße und Favoriten zu räumen. Dann stießen sie in mehreren Kolonnen Richtung Karlsplatz vor, und es gelang auch dort, die Streikzentren der KP zu vertreiben.

Aber noch geben die Kommunisten nicht auf, in Wiener Neustadt besetzen die USIA-Streittrupps die Hauptpost und die Telefonzentrale. Als Polizei und Gendarmerie die USIA-Gruppen vertreiben wollen, greift der sowjetische Stadtkommandant ein und zwingt die Polizei zum Rückzug.

Doch diese Sowjet-Intervention in Wiener Neustadt blieb einmalig in dem sechstägigen vergeblichen Bemühen, den Putsch über einzelne Streikaktionen hinaus auszuweiten und durch Straßenkämpfe (in der Wiedner Hauptstraße wurden am 5. Oktober 21 Straßenbahner, die den Streik verweigerten, von KP-Kämpfern niedergeschlagen und verwundet) die Bevölkerung einzuschüchtern. In Moskau hatte man jedoch offenbar längst begriffen, dass mit der österreichischen KP weder ein Staat, ja nicht einmal ein Putsch zu machen sei. Die Sowjets zogen offensichtlich schon nach wenigen Tagen ihre schützende Hand zurück. Die Kampf- und Streikaktionen brachen zusammen. Am 6. Oktober beschloss die kommunistisch beherrschte »Betriebsrätekonferenz« den Abbruch der Streiks.

Damit brach der letzte Versuch zusammen, in Ostösterreich die Demokratie zu stürzen. In den folgenden Jahren wurde die

KPÖ auch von ihren Schutzherren nicht mehr für voll genommen und in der österreichischen Innenpolitik zu einer Quantité négligeable. Für die Österreicher waren die Kommunisten längst zu reinen Erfüllungsgehilfen der Sowjets geworden. Mit dem Scheitern des »Oktoberputschversuchs« endeten auch alle Bemühungen der Sowjets, in der Ostzone Österreichs doch noch ein pro-kommunistisches Regime ins Leben zu rufen. Das wiederum führte zur Beendigung des Kalten Krieges innerhalb Österreichs. Schließlich und endlich hat diese Entwicklung, wohl auch durch das »Tauwetter« nach Stalins Tod ausgelöst, dazu geführt, dass sowohl Sowjets wie westliche Alliierte ihre Interessensstandpunkte sukzessive änderten, so dass fünf Jahre später der Abschluss des Staatsvertrages und damit die Freigabe Österreichs möglich wurde.

Heute, mehr als ein halbes Jahrhundert später, wirkt dieser Rückblick auf die harten Jahre des »Kalten Krieges« in Österreich wie eine ferne, viele Jahrhunderte zurückliegende Sage – vielleicht vergleichbar mit dem Nibelungenlied vor mehr als tausend Jahren. Ebenso aufregend und spannend, wie in der Realität, kaum glaubhaft, ja völlig unwahrscheinlich, und doch hat im Oktober 1950 all das stattgefunden, was in meinem Bericht nur kursorisch wiedergegeben werden kann. Die noch lebenden Zeitzeugen werden jeden Monat weniger. Bald wird es nur noch die Dokumentationen der heute lebenden und emsig schreibenden Zeitgeschichtler und Journalisten geben. Diese neue »politisch korrekte« Generation will vom Kampf der noch schwachen Republik und ihrer Akteure gegen das mächtige rote Imperium und seine österreichischen Mitläufer nicht viel wissen. Daher scheint es, als ob der letzte, zum Glück vergebliche Versuch der Sowjets, Österreich über den »Oktoberputsch« der KPÖ vielleicht doch noch in die östliche Satellitenwelt zu steuern, heute häufig als ein harmloser und eigentlich legitimer Versuch hungriger und frierender kommunistischer Gewerkschafter, bessere Lebensverhältnisse durch einen Streik zu schaffen, beurteilt wird. – »Lernen Sie Geschichte, Herr Redakteur!«, hat Kreisky einmal bei einer ähnlichen Geschichtsumschreibung geäußert.

In Wahrheit aber hatte der leise Abwehrkampf der Österreicher sich ausgezahlt, auch wenn die Hauptakteure erst viele Jahre später aus dem Gulag heimkehrten. Moskau realisierte nach dem Oktoberputsch, dass es Österreich von innen nicht umdrehen konnte. Ab 1952 änderte sich nach Stalins Tod die sowjetische große Politik auch in Bezug auf Österreich. Langsam, sehr langsam, aber stetig. Fünf Jahre später wurden dann Neutralität und Staatsvertrag möglich.

5. Kapitel

Der Weg zum Staatsvertrag

Anfang 1946 beschloss die Bundesregierung nach langen Diskussionen, statt der großartigen alten Haydn-Hymne, deren Melodie leider vom »Dritten Reich« als deutsche Hymne verwendet und daher für alle Zukunft wegen »Verwechslungsgefahr« für Österreich unbrauchbar geworden war, eine neue Hymne auszuschreiben. Eine geeignete Mozart-Melodie war schnell gefunden. Jetzt brauchte man nur noch einen Text. Die hungernde und frierende Bevölkerung der damals wenig, um nicht zu sagen gar nicht attraktiven Republik hatte andere Sorgen als eine neue Hymne. Etwa zum selben Zeitpunkt wurde der tägliche Kaloriensatz für Normalverbraucher auf 1.200 Kalorien herabgesetzt. Zur gleichen Zeit musste die Bundesbahn den Personenzugsverkehr auf vielen Strecken einstellen, weil keine Kohle mehr vorhanden war.

Diese reale Situation des Landes besserte sich nur langsam. Ein Jahr später konnten 1.500 Kalorien an Herrn und Frau Österreicher über die Lebensmittelkarten ausgegeben werden. Aber die Bahn fuhr auch 1947 oft nur an drei oder vier Tagen in der Woche.

Trotzdem musste eine neue Bundeshymne gesucht werden. Schon deshalb, weil es wieder Fußballländerspiele und internationale Skirennen gab. Die neue Hymne wurde also von einer Jury ausgesucht. Die Melodie stand ja schon fest. Aber für den Text gab es vom damaligen Unterrichtsminister Felix Hurdes bei allen namhaften (und nicht NS-belasteten) Dichtern und Dichterinnen eine Ausschreibung. Schließlich entschied die Jury, zur Mozart-Melodie den Text von Paula von Preradovic, im Zivilberuf meine Mutter, auszusuchen. Bei uns in der Osterleitengasse herrschte große Freude, Papa holte eine letzte Flasche Wein aus dem Keller, Mama spielte die Hymne am Klavier und sang sie – mit ihrer kleinen lieben Altstimme – für uns:

»Land der Berge, Land am Strome« begann der Text, mit »Heimat bist du großer Söhne, Volk begnadet für das Schöne« setzte er fort. Damals allgemeine Zustimmung. Fast sechzig Jahre später, nämlich im Jahr 2005, wurde allerdings die Forderung von Feministinnen-Verbänden erhoben, den Hymnen-Text zu ändern: Paula von Preradovic habe versäumt, die »großen Töchter« zu erwähnen. Anno 1947 hatten offenbar auch die Töchter andere Sorgen gehabt.

Endlich ging es vorwärts. Ein Jahr später kam der »Marshall-Plan«, der Europas und insbesondere auch Österreichs Wirtschaft wieder aufblühen ließ. Dank diesen amerikanischen Riesenkrediten, die nie zurückgezahlt werden mussten und heute noch als »ERP-Fonds« (European Recovery Plan) in weiten Wirtschaftsgebieten, vor allem auch in der Touristik Wachstumsimpulse geben sollten, ist der Wiederaufstieg Österreichs zu einer erfolgreichen Industrie- und Wirtschaftsnation in Europa frühzeitig ermöglicht worden. Die Lebensmittelkarten verschwanden, es gab genug zu essen und auch genug Papier: »Die Presse« konnte endlich täglich erscheinen. Die zweite Währungsreform hat schließlich einen soliden Schilling gebracht.

Jahr für Jahr wurde zwischen den Alliierten unter Beiziehung Österreichs über einen Vertrag, der das Ende der Besetzung des Landes bringen sollte, verhandelt. De facto erfolglos, da weder über die »Reparationen«, die die Sowjets etwa in der Höhe forderten, die der »Marshall-Plan« an Geldern ins Land brachte, noch über viele andere Fragen Einigung erzielt werden konnte. Auch Jugoslawiens Forderungen auf Südkärnten werden bis 1949 von Moskau voll unterstützt. Dann, zu unserem Glück, kommt es zum Krach zwischen Stalin und Tito, und plötzlich zeigt sich die Sowjetunion an Kärnten nicht mehr interessiert. Aber trotzdem geht in Sachen Staatsvertrag nichts weiter. Im Grunde sind beide Seiten in der sich ständig verschärfenden Ost-West-Konfrontation nicht ehrlich und wirklich bereit, ein für Europa strategisch wichtiges Gebiet wie Österreich aufzugeben. Alle Bemühungen, sei es auf Regierungsebene oder durch persönliche Kontakte, an denen ich in den Jahren bis zum Staatsvertrag ein wenig Anteil hatte, führten schließlich zu sich ständig wiederholenden schönen Sympathieversicherungen, und das war's zumindest fürs erste auch. Nix war fix.

Von 1948 bis 1954 war ich mit Joan Dulles, einer Tochter von Allen Welsh Dulles, verheiratet, einem prominenten New Yorker Anwalt, Bruder des späteren US-Außenministers John Foster Dulles und selbst ab 1952 zehn Jahre Chef der CIA. Ich war im Krieg 1944 als Widerständler im Untergrund agierend, von der Führung der österreichischen Widerstandsbewegung 05 in Wien in die Schweiz geschickt worden, um dort Kontakt mit den Alliierten aufzunehmen. Dabei traf ich schließlich den damaligen Sonderbeauftragten Präsident F. D. Roosevelts für die von den Nazis besetzten Gebiete Europas, eben Allen Dulles. Nach Kriegsende kam seine Tochter Joan nach Wien, wo ich sie kennen und schätzen lernte. Durch diesen familiären Kontakt hatte ich in den Folgejahren immer wieder Gelegenheit, in den USA, wo ich von Außenminister Gruber 1948 als »Attaché« in New York beim Aufbau des »Austrian Information Service« eingesetzt wurde, Kontakte zu Leuten aus Politik, Universitätskreisen oder Medien für Österreich auszunützen. Die freundschaftlichen Gefühle für Österreich waren damals in New York wie auch in Washington ganz allgemein, ebenso wie die weit verbreitete

Ignoranz über die Verhältnisse in Europa. Man bedenke: Wir lebten damals vierzig Jahre vor der Waldheim-Affäre und fünfzig Jahre vor den »Haider-Sanktionen«, und manchmal wurde »Austria« mit Australien verwechselt, wobei ich ständig Auskunft über unser »National Animal«, das Känguru, zu erteilen hatte. Das sonstige Wissen der amerikanischen Freunde Österreich betreffend beschränkte sich, ebenso wie ihre Begeisterung, auf Lipizzaner, »Sound of Music«, Mozart, »Skiing on the Arlberg« und vielleicht gerade noch auf Salzburg und die blaue Donau. Aber wie gesagt, all das wurde sehr positiv beurteilt. – Das galt natürlich nicht für die Leute im State Department, im Pentagon oder auch im Weißen Haus, die sich mit Österreich quasi professionell zu beschäftigen hatten, und es galt auch nicht für Teile der begreiflicherweise oft recht verbitterten österreichischen Emigranten. Beide Gruppen musste man zu überzeugen versuchen, wenn auch jede auf eine andere Art. Schließlich gelang es nach jahrelanger Kleinarbeit unserer kleinen Diplomaten-, Politiker- und Journalistengruppe, nicht nur den Männern an den wichtigen Schaltstellen des US-Establishment klar zu machen, dass ein ganzes freies Österreich – auch ohne westliche Militärpräsenz – wertvoller für den Westen sei als ein geteiltes Land, dessen strategisches, politisches und wirtschaftliches Zentrum zum Ostblock gehören würde. So konnten schließlich als Resultat dieser langjährigen Bemühungen schwierige und in ihren Überzeugungen durch die bitteren Erfahrungen der sowjetischen Expansion in Osteuropa und nicht zuletzt durch den Ausbruch des blutigen Koreakrieges neuerlich festgelegte Entscheidungsträger in der Frage Österreich in unserem Sinne beeinflusst werden. Sozusagen aus Wiener Sicht waren dies die US-Hochkommissare Thomas Thompson und Walter Dowling, die Senatoren Stassen, der junge John F. Kennedy, Robert Taft,

General McArthur, die Außenminister Marshall und Dulles und der mächtige New Yorker Gouverneur Thomas Dewey sowie vielleicht sogar ein wenig die Präsidenten Harry S. Truman und Dwight D. Eisenhower, denen das »Problem« der Zukunft Österreichs ein bisschen näher gebracht werden konnte.

Als sich dann zum Jahreswechsel 1954/55 zeigte, dass offenbar das neue Regime des Kreml entschlossen schien, die Beziehungen zum Westen einer Korrektur zu unterziehen und dabei eine relativ risikolose Österreich-Lösung mit ins Auge zu fassen, schien es erstmals realistisch, den US-Amerikanern und ihren westlichen Alliierten einen solchen Versuch schmackhaft zu machen. Raab und Figl gingen den russischen Bären an – wobei Schärf und Kreisky trotz großer Bedenken in ihrer Partei voll mitmachten. Gruber, seit Ende 1953 als Außenminister von Julius Raab nicht gerade auf die feine britische Art geschasst, aber strategisch – im Hinblick auf die neuen Staatsvertragsversuche – richtig als Botschafter in Washington eingesetzt, versuchte schließlich ebenso wie Raab in Moskau im State Department die Bedenken der »Hardliner«, vor allem die von John F. Dulles, abzubauen.

Das letzte Stück Weges zum Staatsvertrag war spannend wie ein Krimi: Am 8. Februar 1955 hielt der sowjetische Außenminister Molotow anlässlich einer Sitzung des Obersten Sowjets, die sich mit der Ablösung Malenkows durch Bulganin befasste, eine lange Rede, in der er unter anderen die Frage der Lösung eines österreichischen Staatsvertrages ein Hauptziel der sowjetischen Außenpolitik nannte. Das Wesentlichste an dieser Rede war aber, dass Molotow – wenn auch nur fast nebenbei – erwähnte, der Abzug der Besatzungsmächte aus Österreich könnte unter Umständen auch durchgeführt werden, ohne dass es vorher zum Abschluss einen Friedensvertrages für Deutschland kommen müsste. Weder die großen Nachrichtenagenturen noch auch die

APA hatten diesen Hinweis Molotows auf den österreichischen Staatsvertrag als besonders wichtig erachtet. Ich erhielt in der Presseredaktion am Nachmittag auch die Aussendung der sowjetischen Agentur TASS. Als ich sie durchblätterte, stieß ich auf die im vollen Wortlaut wiedergegebene Molotow-Rede. Dabei fiel mir die erwähnte Passage auf. Einem fast unbewussten Gefühl nachgebend, dass es sich hier um eine wesentliche Angelegenheit handeln könnte, schrieb ich für die Presse des nächsten Tages einen Leitartikel, in dem ich diesen »historischen Schwenk« Moskaus deutlich festhielt – ich war der Einzige. Alle anderen hielten mich für verrückt. Sowohl am Ballhausplatz wie auch in der amerikanischen Botschaft lächelte man eher mitleidig über meine offensichtlich voreiligen Schlüsse und empfahl mir, bei solchen Kommentaren in Zukunft mehr Vorsicht walten zu lassen und nicht so schnell auf reine Propaganda hereinzufallen.

Diese Haltung sollte sich jedoch ändern. Unserem Botschafter in Moskau, Norbert Bischoff, einem hervorragenden Kenner der sowjetischen Verhältnisse, war der besondere Ton in der Molotow-Erklärung ebenfalls aufgefallen. Er sondierte im Kreml und berichtete darüber nach Wien. Nun stand in wenigen Tagen ganz Österreich Kopf. Die Regierung erbat sowohl über Botschafter Bischoff als auch direkt auf dem Weg zwischen Außenministerium und der sowjetischen Botschaft in Wien Präzisierungen über den Standpunkt Molotows. Bei verschiedenen Gesprächen mit meinen amerikanischen Freunden musste ich aber erfahren, dass diese nach wie vor der Ansicht waren, es handle sich um einen Propagandaschlager der Sowjets, nicht aber um eine ernst zu nehmende Geste.

Doch in den nächsten Wochen stellte sich heraus, dass die Sowjets es durchaus ernst meinten, was bei den westlichen Alliierten eher Unbehagen hervorrief. Kanzler Raab entschloss sich, nach Moskau zu fahren und mit der sowjetischen Regierung unter Führung von Bulganin und Parteichef Chruschtschow direkt zu verhandeln. Der Delegation gehörte neben Raab, Vizekanzler Schärf und Außenminister Figl auch Staatssekretär Bruno Kreisky an.

Der österreichische Staatsvertrag in seiner endgültigen Form stellte zweifellos gegenüber den früheren Entwürfen in wesentlichen Punkten einen großen Fortschritt dar. So begeistert die Österreicher waren, so reserviert war zunächst die Haltung der westlichen Alliierten, vor allem der Amerikaner. Die Russen wollten mit dem Staatsvertrag eine Geste setzen, um ihren Willen zur Entspannung zu demonstrieren. Natürlich führten sie in sehr geschickter Weise die Verhandlungen so, dass in der Öffentlichkeit der Eindruck entstehen musste, ausschließlich das sowjetische Entgegenkommen ermögliche den Staatsvertrag. Dies entsprach allerdings nicht den Tatsachen. Die westlichen Alliierten hatten ja schon seit vielen Jahren, spätestens seit dem Jahr 1947, in all jenen Punkten, die die Sowjets schließlich konzedierten, den Österreichern grünes Licht gegeben. Bei den Verhandlungen in Moskau waren die Österreicher bemüht, die Definition des Begriffes »Neutralität« (der im Staatsvertrag selbst bekanntlich gar nicht vorkommt) so zu formulieren, dass nicht etwa eine politische, sondern ausschließlich eine militärische Neutralität gemeint war. Die Sowjets stimmten schließlich zu – am 16. April waren Raab, Schärf, Figl und Kreisky im Triumph aus Moskau zurückgekehrt. Nun aber ging es darum, die westlichen Alliierten davon zu überzeugen, dass es die Russen dieses Mal ernst meinten und es sich nicht um eine Falle handelte, in die die »naiven« Österreicher hineingetappt waren. Den Bemühungen der Regierung und insbesondere Gruber in Washington gelang es schließlich, Außenminister Dulles zu überzeugen. So wurde der Ablauf fixiert: Innerhalb von 90 Tagen nach Ratifizierung des Vertrages, spätestens aber am 31. Dezember 1955, würden die letzten Besatzungstruppen Österreich verlassen.

Die feierliche Unterzeichnung des Staatsvertrages durch die vier alliierten Außenminister fand am 15. Mai 1955 im Schloss Belvedere statt. Am Abend dieses Tages gab die Regierung in Schloss Schönbrunn einen Staatsempfang; bei dieser Gelegenheit traf ich mit Außenminister Dulles zusammen. Er schien mir nicht besonders fröhlich gelaunt. Auf meine Frage, was er nun vom Staatsvertrag halte, erklärte er mir: »Ich hoffe, es wird gut für euch ausgehen. Ich bin aber nicht sicher, ob der Vertrag nicht doch einige Fallen enthält. Ihr müsst gut aufpassen, dass ihr euer Staatsschiff durch die Konflikte der kommenden Jahre hindurch steuern könnt, ohne dass euch dabei die von den Sowjets verlangte Neutralität zu starke Fallschlingen legt«; dann lächelte er aber schließlich doch und sagte: »Ich kann sehr gut verstehen, dass deine Landsleute und du heute ein großes Fest feiern wollen. Lasst uns darauf trinken!« Und zu meinem großen Erstaunen nahm John Foster Dulles ein Glas Wein. Normalerweise pflegte er kaum etwas zu trinken, doch jetzt stieß er mit mir auf die Zukunft Österreichs an.

Als Herausgeber der »Presse« hatte ich zusammen mit einigen anderen Journalisten schon am Vormittag dieses denkwürdigen 15. Mai 1955 an der Unterzeichnung des Staatsvertrages im Schloss Belvedere teilgenommen. Es war ein großer Augenblick, endlich nach zehnjähriger Besetzung dieser feierlichen Zeremonie beiwohnen zu können. Bewegend war der Moment, als Leopold Figl mit dem soeben fünffach unterzeichneten Dokument des Staatsvertrages in Händen auf den Balkon des Belvedere hinaustrat und vielen Tausenden Wienern, die sich im Park versammelt hatten, zurief: »Österreich ist frei!«

Zehn Jahre, nein, unter Einschluss der deutschen Besetzung 17 Jahre, hatten wir auf diesen Tag gewartet. Mir selbst schien es fast schon die Erfüllung dessen, wofür ich meine ganze Jugend hindurch mit meinen Freunden gekämpft hatte. Aber es schien mir auch der richtige Moment, um in die Zukunft zu blicken, sich nicht nur der Opfer und der schweren Zeiten der Vergangenheit zu erinnern, sondern auch die Aufgaben, die uns bevorstanden, ins Auge zu fassen. Ich habe dies damals in einem Leitartikel festgehalten und die Gedanken jener Tage deutlich wiedergegeben unter dem Titel »ÖSTERREICHS ZUKUNFT HAT BEGONNEN!« Der Artikel spiegelte unser aller Freude und den Optimismus, der uns an diesem Tag bewegte, wider.

Die Stimmung in Österreich war in diesem Frühsommer, ja im ganzen Jahr 1955 eine außerordentlich positive und gelöste. Wir hatten das Gefühl, dass eine neue, eine große Zeit begonnen hat. Allerdings war uns auch klar, dass wir nun vor neuen und schwierigen Aufgaben standen. Aber nicht nur die Regierung, sondern auch weite Teile – ich würde glauben eine klare Mehrheit – der Bevölkerung glaubten, dass Österreich nun in der Lage sein werde, seine Probleme zu meistern und die Zukunft fest in die Hand zu nehmen.

Am 25. Oktober verließ eine britische motorisierte Schwadron ihre Kaserne in Klagenfurt und überschritt die Grenze nach Italien. Damit hatte die letzte alliierte Einheit Österreich verlassen. Einige Wochen vorher waren schon die letzten Russen und Franzosen, bereits Ende September die letzten Amerikaner abgezogen. Österreich war nun im wahrsten Sinn des Wortes frei, und so konnte auch der österreichische Nationalrat als frei gewähltes Parlament in einem freien, nicht mehr besetzten Land in seiner Sitzung vom 26. Oktober einstimmig die immerwährende Neutralität des Landes beschließen.

6. Kapitel

Ungarn-Aufstand:
Die Neutralität bewährt sich

Zu Beginn des ungarischen Volksaufstandes in der letzten Dekade des Monats Oktober 1956 war ich in der Bundesrepublik Deutschland. Kanzler Raab stattete dort einen Staatsbesuch bei seinem Kollegen, dem großen Konrad Adenauer ab, an dem ich als »Presse«-Herausgeber mit anderen österreichischen Journalisten teilnahm. Wir befanden uns gerade in der neuen Hauptstadt Bonn der ebenso neuen Bundesrepublik und verbrachten im Gastschloss Petersberg hoch über dem Rhein einen festlichen Abend als Gäste der deutschen Bundesregierung, als ich von meiner Wiener Redaktion die ersten alarmierenden Nachrichten über einen sich ausbreitenden Aufstand in Ungarn erhielt. Ich begleitete Raab noch nach Hamburg, telefonierte aber alle paar Stunden mit meiner Wiener Redaktion. Eugen Géza Pogany, der im außenpolitischen Ressort der »Presse« die ungarischen und südosteuropäischen Angelegenheiten wahrnahm, berichtete mir auch direkt über die Entwicklung in Ungarn. Er reiste in diesen Tagen wiederholt nach Budapest. Dazwischen kehrte er immer wieder für kurze Zeit nach Wien zurück, um seine Berichte für die »Presse« zu schreiben, denn es war sehr schwierig, von Budapest überhaupt telefonisch nach Wien durchzukommen. Die sich immer mehr verschärfenden Nachrichten aus Ungarn veranlassten mich schließlich, die österreichische Delegation in Hamburg im Stich zu lassen und mit dem nächsten Flugzeug nach Wien zurückzukehren.

Indessen hatte es den Anschein, als ob der ungarische Aufstand schon erfolgreich beendet sei und das Unglaubliche sich ereignen würde, nämlich ein Rückzug der Sowjets aus Ungarn. Von Wien aus begannen wir nun mit den Kollegen an der Donau, die ja durch beide Länder fließt, schnellstens wieder engere Beziehungen aufzunehmen. Die Ungarn hatten sich an uns gewandt mit der Bitte, bei der Wiedererrichtung einer freien Presse behilflich zu sein. So fuhr ich am 31. Oktober mit einigen Kollegen nach Györ, dem alten Raab, der wichtigsten Stadt Westungarns, und traf dort mit Vertretern ungarischer Journalisten zusammen, um eine rasche Beschaffung von modernen Setz- und Druckmaschinen für die veralteten Zeitungsbetriebe zu ermöglichen. Ein Großteil der ungarischen Druckereien vor allem in Budapest war nämlich im letzten Kriegswinter 1945 zerstört worden, als die Sowjets den Deutschen in harten Kämpfen die ungarische Hauptstadt abrangen. Andere waren während des Volksaufstandes, wo sich die Wut der Bevölkerung nicht zuletzt gegen die kommunistischen Zeitungen richtete, beschädigt und unbenutzbar gemacht worden.

Als erste Maßnahme beschlossen wir, vier Setzmaschinen aus der kürzlich von mir übernommen Druckerei am Fleischmarkt in Wien abzumontieren und nach Budapest zu überstellen. Ebenso wollten wir versuchen, Druckmaschinen aus Wien oder vielleicht sogar neue Maschinen aus Deutschland nach Ungarn zu bringen. Diese Gespräche in Györ am 31. Oktober und 1. November schienen eine friedliche Epoche des Wiederaufbaus eines freien demokratischen Ungarns zu verheißen. Wir kehrten also am Abend mit einem relativ guten Gefühl nach Wien zurück – wenn ich auch dem Frieden nicht ganz traute. Wir waren aber damals alle Opfer einer Euphorie und litten an einem schweren Fall von »wishful thinking«, dass in Ungarn plötzlich entgegen allen

Erfahrungen des vergangenen Jahrzehnts ein Wunder geschehen sollte, das Wunder der freiwilligen Aufgabe eines eroberten Landes durch die Sowjets.

Der ungarische Aufstand vom 23. Oktober war für die Russen ebenso unerwartet gekommen wie für die damalige kommunistische Regierung Hegedüs. Am Anfang schien es sich um eine Revolte liberaler und nationalistischer Gruppen innerhalb der KP gegen die alte stalinistische Garde und den Parteisekretär Gerö zu handeln. Die Betreuung des gemäßigten nationalkommunistischen Imre Nagy mit der Ministerpräsidentschaft war ein Versuch der Sowjets, die Lage in Ungarn noch einmal unter Kontrolle zu bekommen. Die Nationalkommunisten und Nagy dürften in jenen Tagen das Beispiel Polens und Gomulkas, wo eben eine »milde« Revolution von den Russen quasi geduldet worden war, vor Augen gehabt haben. Aber in Ungarn war alles anders. Aus einer internen kommunistischen Auseinandersetzung wurde über Nacht eine das ganze Land mitreißende Freiheitsbewegung, die ihren Hauptfeind im Symbol des stalinistischen Terrors der Geheimpolizei AVO und natürlich auch in den Sowjettruppen sah.

Innerhalb weniger Tage brach sodann der durch ein Dutzend Jahre ausgebaute Apparat des kommunistischen Machtsystems völlig in sich zusammen. Aus der gerade noch kommunistischen Regierung wurde eine große Koalition aus den verschiedenen seit Jahren verbotenen nicht-kommunistischen Parteien. Nagy musste, um nicht selbst hinweggefegt zu werden, die Forderung nach völligem Abzug der Sowjettruppen und den Austritt Ungarns aus dem Warschauer Pakt bekannt geben. Auch die Befreiung des seit langen eingekerkerten Kardinals Joseph Mindszenty und seine Rückkehr nach Budapest waren ein Markstein dieser Entwicklung.

Bis zu diesem Moment war der Kreml, das heißt die sowjetische Führung Chruschtschow, Bulganin und Mikojan noch zögernd bereit gewesen, die schließlich durch ihre eigene antistalinistische Politik ausgelöste ungarische Entwicklung de facto zur Kenntnis zu nehmen. Vielleicht hatte man sogar in Moskau in jenen Tagen den Abzug der Sowjettruppen aus Ungarn in Erwägung gezogen. Als aber in Budapest die letzten kommunistischen Dämme brachen und die keineswegs organisierte Revolution immer neue Forderungen antisowjetischer Natur auf ihre Fahnen schrieb, kam es zum großen Umschwung in der Politik des Kremls. Es kann kein Zweifel darüber bestehen, dass vor allem die den Sowjets völlig ergebenen und von ihnen abhängigen, nach wie vor stalinistischen Satellitenregierungen in Prag, Ostberlin, Bukarest, Warschau und Sofia verzweifelt darauf drängten, die Entwicklung in Ungarn wieder unter Kontrolle der Roten Armee zu bringen.

Während also die Sowjets formal noch mit der Regierung Nagy verhandelten, beschloss Marschall Schukow, seine Armee marschieren zu lassen. Dreizehn Panzerdivisionen und drei Infanteriedivisionen wurden aus der Tschechoslowakei, aus Rumänien und aus der Sowjetunion nach Ungarn in Marsch gesetzt. Die militärische Intervention der Franzosen und der Briten am Suezkanal und die Besetzung der Sinaihalbinsel durch Israel spielten Schukow in die Hände. Die sowjetische November-Intervention in Ungarn hätte aber wohl auch dann stattgefunden, wenn das anglofranzösische Expeditionskorps nicht in Ägypten gelandet und der Westen nicht mit Streit untereinander beschäftigt gewesen wäre. Ebenso hätte es für die Sowjets keinen Unterschied gemacht, ob in Amerika, wie es ja der Fall war, gerade eine Präsidentenwahl stattfand. Es stand ganz einfach für Moskau und für die Aufrechterhaltung seines imperialen Machtsystems in Europa zuviel auf dem Spiel.

Am 3. November war ich in unserer Redaktion am Fleischmarkt mit der Beschaffung von Druckmaschinen für Ungarn beschäftigt, als mir plötzlich das Rote Kreuz mitteilte, dass in Miskolc in Nordostungarn eine schwere Kinderlähmungsepidemie ausgebrochen sei. 30 Kinder seien schon gestorben. Man müsse in diese von Freiheitskämpfern besetzte, aber sonst von der Welt abgegrenzte Stadt das Heilmittel Gammaglobulin bringen. Innerhalb weniger Stunden gelang es den Hilfsorganisationen, die notwendigen Gelder und in Wiener Spitälern und Apotheken genügend Ampullen des wertvollen Medikaments aufzutreiben. Das Internationale Rote Kreuz konnte jedoch keine Transporte mehr nach Ungarn abfertigen, da die Lage im österreichisch-ungarischen Grenzgebiet ernsthaft gefährdet schien. Ich erklärte mich daher bereit, den Impfstoff mit meinem Wagen, der mit großen vom IRK abgestempelten Rot-Kreuz-Fahnen versehen war, von Wien nach Miskolc zu bringen. Ich bat Pogany, der gerade aus Budapest heimgekehrt war, das Land kannte und neben Ungarisch auch Russisch und Tschechisch sprach, mich zu begleiten. Pogany erklärte sich sofort bereit.

Da die Grenze bei Hegyeshalom schon gesperrt war, fuhren wir zu Mittag über die Grenzstelle Klingenbach und Ödenburg (Sopron) nach Budapest. Bei Kapuvar und in Györ stießen wir auf lange Sowjetpanzer-Kolonnen, die uns aber unbehindert passieren ließen. Am späten Nachmittag kamen wir in Budapest an. Auf den letzten fünfzig Kilometern vor der ungarischen Hauptstadt konnten wir keinerlei sowjetische Truppen beobachten.

Dank Pogany hatten wir bereits einen Gesprächstermin bei Ministerpräsident Nagy. In dessen Büro trafen wir auch den heldenhaften Revolutionär und ungarischen Verteidigungsminister Pal Maléter. Beide Herren schienen einerseits noch durchaus optimistisch, andererseits in einer für uns völlig unverständlichen Weise nicht informiert. Sie hatten beispielsweise keine Ahnung, dass in Westungarn bereits Sowjetpanzer-Divisionen standen, und wollten uns kaum glauben, dass wir sie mit eigenen Augen zwei Stunden zuvor gesehen hatten. Sie teilten uns auch mit, dass sie Ungarn unter den Schutz der UNO stellen wollten, und als ich fragte, ob dies nicht am sowjetischen Veto scheitern würde, wussten sie keine Antwort. Maléter erhob sich bald und erklärte, er begebe sich jetzt in das sowjetische Hauptquartier, um den endgültigen Abzug der Sowjettruppen aus Ungarn in den nächsten Tagen festzulegen. Wir wünschten ihm viel Glück und er sagte: »Keine Sorge, das kriegen wir schon hin.« Mit diesen Worten verließ er das Arbeitszimmer von Nagy. Wahrscheinlich waren Pogany und ich die letzten »Westler«, die Maléter lebend gesehen haben, denn er wurde in derselben Nacht von den Sowjets verhaftet und etliche Monate später in Rumänien hingerichtet.

Wir verließen den natürlich außerordentlich beschäftigten Ministerpräsidenten Nagy mit allen guten Wünschen und begaben uns in das an der Donau gelegene Hotel Duna, wo wir die Nacht verbringen wollten, um in aller Früh bei Sonnenaufgang unsere Medikamente nach Miskolc zu bringen. Noch herrschte Ruhe, das Hotel war überfüllt mit westlichen Politikern, Journalisten und Vertretern von Hilfsorganisationen. Lange Gespräche, wie es wohl weitergehen würde. Pogany und ich ersuchten den Portier, uns um 4:30 Uhr zu wecken, weil wir dann losfahren wollten, und gingen todmüde auf unser Zimmer.

Genau um 4:30 Uhr wurden wir geweckt, allerdings nicht durch den Portier, sondern durch schweres sowjetisches Artilleriefeuer. Dieses war auf das nahe Parlament, aber auch auf unser Hotel gerichtet. Wir eilten in die Hotelhalle, um festzustellen, was los sei. »Die Sowjets haben den Angriff auf Budapest begonnen«, erklärte uns ein ungarischer Offizier, der dabei war, den verwirrten ausländischen Gästen zu empfehlen, so schnell wie möglich im Keller des Hotels Zuflucht zu suchen. Wir wollten noch rasch unsere paar Sachen aus dem Hotelzimmer holen, aber als wir oben ankamen, fanden wir nur ein großes Loch vor. Wieder einmal Glück gehabt. Während wir in der Hotelhalle waren, hatte ein Treffer unser Hotelzimmer zerstört. Gott sei Dank war das Gammaglobulin im Auto in der Hotelgarage. In der Halle trafen wir einen Herrn vom ungarischen Roten Kreuz, den wir fragten, wie wir am besten nach Miskolc kämen. Er meinte: »Gar nicht, denn die Straße von Miskolc nach Budapest ist jene, auf der die sowjetischen Divisionen Richtung Hauptstadt rollen.« Er erklärte sich bereit, das Gammaglobulin von uns zu übernehmen und es sobald wie möglich nach Miskolc weiterzuleiten. Nachdem das erledigt war, empfahl die Hotelleitung allen Leuten, das Hotel zu verlassen, denn die Beschießung durch die Sowjets wurde immer heftiger.

Mit einer Reihe von amerikanischen, französischen und deutschen Journalisten, denen sich auch der junge österreichische sozialistische Abgeordnete Peter Strasser anschloss, machten wir uns auf die Suche nach einem sicheren Quartier. Mit Strasser sollte mich nach den Abenteuern der Budapester Kriegswoche eine bleibende Freundschaft verbinden. Zuerst probierten wir zur österreichischen Gesandtschaft durchzukommen, die auf der anderen Seite der Donau lag. Aber nach einem langen Telefonat mit dem großartigen österreichischen Gesandten Dr. Walter Peinsipp, der sich während der Schlacht um Budapest geradezu wie ein Hilfsengel nicht nur der Österreicher, sondern auch sonst flüchtiger oder verfolgter Menschen annahm, musste ich feststellen, dass bereits alle Brücken über die Donau und damit der Weg zur österreichischen Gesandtschaft unpassierbar waren.

Drüben in Buda, jenseits der Donau, schienen die Kämpfe intensiver zu werden. Auf unserer Seite war es ruhiger geworden, nur vereinzelt schoss ein Maschinengewehr auf unser Hotel. Der französische Journalist Michel Gordey teilte mir mit, dass er mit Landsleuten zur französischen Gesandtschaft fahren wolle, da die Situation in Buda auf Dauer unhaltbar werde. Freundlicherweise lud er unsere Gruppe von holländischen, westdeutschen und österreichischen Journalisten plus Peter Strasser ein, mitzukommen. Wir bildeten mit unseren Autos einen kleinen Konvoi, und es gelang uns unter vereinzeltem Beschuss, zur Stalinstraße an den Trümmern des ehemaligen Stalindenkmals vorbei – nur noch die eisernen Stiefel waren übrig geblieben – zur französischen Gesandtschaft zu gelangen. Dort wurden wir von den Franzosen in einem Akt echter europäischer Solidarität – Jahrzehnte vor der EU – gastfreundlich aufgenommen. Dies spricht umso mehr für die Franzosen, als sie selber fast nichts mehr zu essen hatten. Gegen Abend unternahmen Strasser und ich einen längeren Rekognoszierungsgang in die Umgebung, wobei wir immer wieder bewaffnete Patrouillen ungarischer Freiheitskämpfer trafen. Sie berichteten, dass sich zurzeit die Hauptkämpfe rund um die Kilian-Kaserne abspielten. Dort befände sich nämlich das Zentrum der ungarischen Armee in Budapest. In dieser Kaserne verteidigten sich angeblich 1.200 Offiziere und Kadetten, die in den umliegenden Häuserblocks von etwa gleich vielen Freiheitskämpfern unterstützt würden.

Über uns fliegen ganz niedrig sowjetische Flugzeuge und werfen Flugzettel ab, in denen die Ungarn zur Übergabe aufgefordert werden. Groteskerweise funktioniert übrigens das Telefon noch immer, wenn auch nicht außerhalb der Stadt, so doch zwischen der französischen Gesandtschaft und dem österreichischen Büro von Dr. Peinsipp.

In der Nacht gelingt es sowjetischen Panzern offenbar, auf der Pester Seite durchzubrechen. Sie fahren immer wieder, auf unklare Ziele feuernd, an der französischen Gesandtschaft vorbei. Am nächsten Tag kommen wieder viele Freiheitskämpfer vorbei und wollen wissen, wann denn endlich westliche Truppen in Ungarn eintreffen würden. Es ist zutiefst erschütternd, mit ihnen zu sprechen, denn sie haben in irgendwelchen westlichen Radios gehört, dass ein anglofranzösisches Expeditionskorps auf Zypern bereit stünde und eine Fallschirmjägerdivision zum Einsatz kommen solle. Die jungen Ungarn, die mit ihren Gewehren in der Hand uns noch immer gläubig anschauen, sind überzeugt, dass diese Fallschirmjäger in Budapest abspringen werden. Wir trauen uns fast nicht, ihnen zu sagen, dass das Expeditionskorps auf Zypern für einen Einsatz in Ägypten und leider nicht in Ungarn bestimmt sei. In den Folgetagen wird immer deutlicher, wie vor allem die jungen Studenten, aber auch die übrige Bevölkerung durch die westlichen Radiosender, insbesondere »Radio Free Europe«, getäuscht wurden. Natürlich konnten die Ungarn, die seit Jahrzehnten keine wahrheitsgetreuen Informationen mehr erhalten hatten, nicht ahnen, dass der Westen, auf den sie alle so hofften, in Wirklichkeit alles vermeiden würde, was zu einem bewaffneten Konflikt mit der Sowjetunion führen könnte. In der Kilian-Kaserne und in den anderen noch kämpfenden Teilen der Stadt sind in dieser Woche täglich wahrscheinlich 100 bis 200 Ungarn in dem Glauben gefallen, dass sie nur noch ein paar Stunden auf die Brüder aus dem Westen warten müssten, um dem Land die Freiheit wiederzubringen. Wir haben uns in diesen letzten Tagen des offenen Kampfes kaum noch getraut, mit Ungarn zu sprechen, weil wir uns so geschämt haben.

Am Freitag, dem 9. November, hört man in der Stadt nur noch ganz vereinzelt Schüsse. Draußen in Ujpest und Csepel, wo sich die Arbeiter in den Fabriken verschanzt haben, dauern die schweren Kämpfe an, bis die großen Öllager auf der Csepel-Insel in Flammen aufgehen. Am nächsten Tag sollte ein Konvoi von 36 Autos mit Diplomaten, Journalisten und ähnlichen für die Sowjets unerwünschten Personen nach Wien abgehen, aber es klappt nicht. Pogany, Hans Balvanyi von der »Tribune de Lausanne«, Willi Krasser, der Reuter-Korrespondent, und ich beschließen, mit Krassers und meinem Wagen am nächsten Tag auf eigene Faust eventuell den kurzen Weg über Komorn und Bratislava durch Tschechien zu nehmen und nach Wien durchzustoßen. Zu unserem Erstaunen bekommen wir sogar ein tschechisches Transitvisum, das sich allerdings später als Teil einer offenbar schon geplanten Falle herausstellen sollte. Am Samstag, dem 10. November, nachdem neuerlich ein Konvoi wiederum nicht funktioniert hat, beschließen wir tief bedrückt etwa um 10 Uhr Vormittag, die in Trümmern liegende ungarische Hauptstadt in Richtung Wien zu verlassen. Wir fahren auf Nebenstraßen, in der Gegend von Tatabánya werden wir von einer Sowjetpatrouille aufgehalten. Zuerst wollen sie uns festnehmen, aber dann lassen sie uns doch durch. Um 15 Uhr sind wir in Komorn an der Donaubrücke. Die Ungarn und auch der sowjetische Grenzkommandant lassen uns aufgrund unseres tschechischen Transitvisums passieren. Auf der tschechischen Seite geht es uns weniger gut. Ein Polizeioffizier teilt uns mit, dass er noch keine Antwort aus Prag habe, worauf, wissen wir nicht. Wir verstehen das alles nicht und werden schließlich nach einer Nacht in einem gefängnisähnlichen Raum aufgefordert, um Asyl anzusuchen. Wir verstehen noch weniger. Doch anscheinend ist auch der tschechische Polizeioffizier nicht im Bilde. Er lässt uns wieder in unsere Autos steigen und schickt uns nach Komorn zurück. Von dort gelingt es uns im Morgengrauen, auf Nebenstraßen durch Westungarn Richtung Österreich durchzustoßen.

Die Wahrheit dessen, was mir damals eigentlich geblüht hätte, erfahre ich erst fünfzig Jahre später, am 11. November 2006.

Die tschechische Regierung hatte am 1. November 2006 alle Geheimdokumente ihrer gefürchteten Staatssicherheit (StB) freigegeben. Eine Reihe von Berichten erschien anlässlich des fünfzigsten Jahrestages der ungarischen Revolution. Einer davon, geschrieben vom tschechischen Journalisten Jan Krupka, wurde von der »Kronen Zeitung« in Wien auf einer ganzen Seite am 11. November 2006 wörtlich übernommen.

Der im Folgenden wiedergegebene Inhalt wurde in den darauf folgenden Tagen von tschechischen Medien wie auch von internationalen Agenturen bestätigt:

»Ungarn 1956: Kreml befahl, Österreicher zu verschleppen
Gehorsame Tschechen organisierten Entführung –
Prager Geheimarchive der KP-Gestapo geöffnet

Seit dem 1. November 2006 hat man in der Tschechischen Republik zum ersten Mal die Möglichkeit, unter die Decke der Ereignisse Einsicht zu nehmen, die bisher als streng geheim galten. Es handelt sich um den Zeitraum vom 1. Dezember 1947 bis 15. Februar 1990, wo die von allen gefürchtete Staatssicherheit (StB) aufgelöst wurde. Die Staatssicherheit war Bestandteil des Sicherheitsapparats in der Tschechoslowakei in der Zeit des Machtmonopols der Kommunistischen Partei der Tschechoslowakei. Sie stellte eine umfangreiche, streng geheime politische Polizei dar, die zur Suche und Liquidation der Opposition hierzulande sowie im Ausland bestimmt war.

In die blutigen Ereignisse in Ungarn vor 50 Jahren wurde auf Befehl aus Moskau auch die damalige tschechoslowakische StB eingeschaltet. Die Sowjets störte in deren Vorhaben offenbar die Anwesenheit des österreichischen Journalis-

ten Fritz Peter Molden in Ungarn. Daher wandte sich Moskau an Prag mit der Anweisung, »den Chef der ›Presse‹, Molden, sofort um jeden Preis nach Tschechien zu verschleppen«. In dem frisch geöffneten Dokument aus dem Archiv können wir weiter lesen: »Sie haben die Aufgabe, Molden ausfindig zu machen, ihn in Ihre Macht zu bekommen und in die Tschechoslowakei zu bringen. Molden handelt nach Anweisung der Amerikaner, um die Kämpfe gegen die sowjetische Armee um jeden Preis zu verlängern, um Zeit für einen UNO-Eingriff zu gewinnen und um dadurch nachzuweisen, dass die Besetzung Ungarns gegen den Willen der Ungarn geschieht.«

Der Name von Fritz Peter Molden war der tschechoslowakischen StB sehr gut bekannt. In der Redaktion der »Presse« hatte sie einen Agenten mit dem Decknamen »Faber«.

Prag akzeptierte natürlich wie immer den Auftrag aus Moskau. Die Schlüsselfigur der ganzen Aktion ist der Karriereagent der StB, Bohumir Molnár, mit dem Decknamen »Drabek« geworden. Am Mittwoch, dem 7. November 1956, machte er sich auf den Weg aus Prag nach Budapest.

Der Befehl wurde durch den damaligen Innenminister Rudolf Barák unterschrieben. Im Befehl steht, dass der tschechische StB-Agent Molnár mit Helfern vortäuschen sollte, dass sie ungarische Aufständische seien. Auf der Brust würden sie eine ungarische Fahne in der »aufständischen Form« tragen — ohne kommunistisches Staatswappen in der Mitte. Den festgenommenen Molden sollen sie foltern. Vorausgesetzt wurde nämlich, dass Molden in der Angst um sein Leben seine tatsächliche Mission verraten und Dokumente übergeben würde, die dann die Sowjets in der UNO für deren eigene Propaganda nutzen könnten. Sollte Molden ein solches Dokument nicht gehabt haben, wollte ihn der StB-Agent Molnár durch Folter dazu bringen, dieses in der Form seiner Aussage zu verfassen.

In den neu veröffentlichten Dokumenten ist das genaue Szenario der ganzen Operation zu lesen. Der StB-Agent Molnár mit fünf Mitgliedern der tschechoslowakischen und ungarischen StB warteten auf Molden an einer Stelle, wo er regelmäßig mit seinem Auto fuhr. Die Entführung war für Samstag, den 10.

November 1956 nachmittags geplant. Der ambitiöse Molnár besichtigte persönlich das Gelände. Die Länge der ganzen Operation wurde auf sieben Minuten eingeplant. Die Überfalltruppe war als ungarische Aufständische verkleidet und bezeichnet. Zuerst sollten sie Molden alles aus seinen Taschen wegnehmen und ihn in ein vorbereitetes Auto verschleppen.

Die Ereignisse nahmen jedoch eine ganz andere Richtung. Nach langen Stunden, wo sie vergeblich warteten, bekamen die versteckten Männer die Nachricht, dass Molden über den tschechoslowakisch-ungarischen Grenzübergang in die Tschechoslowakei und nachfolgend nach Österreich abgefahren war.«

Als ich den oben wiedergegebenen Bericht friedlich und ahnungslos beim Frühstück am Samstag, dem 11. November 2006, in der »Krone« las, blieb mir die Semmel fast im Mund stecken. Offenbar war ich auf den Tag genau ein halbes Jahrhundert zuvor, wie durch ein Wunder, noch einmal dem Teufel, oder in diesem Fall eher dem KGB und der »tschechischen Staatssicherheit«, von der Schaufel gesprungen.

Von allem, was hier aus den nun freigegebenen Dokumenten hervorgeht, ist recht klar, dass ich wieder einmal unglaubliches Glück gehabt hatte. Denn statt wie ursprünglich geplant bis Sonntag, den 11. November 1956 in Budapest zu bleiben und dann mit dem »geschützten« Diplomaten-Medien-Konvoi nach Wien zu fahren, hatte ich Pogany & Co. überredet, schon Samstag – also einen Tag davor – Vormittag Richtung Wien aufzubrechen, um endlich unsere Berichte veröffentlichen zu können. So geschah es, und der Chefagent der Staatssicherheit Bohumir Molnár und seine fünf Helfer warteten den ganzen Nachmittag vergeblich auf mich. Ich kann heute, ein halbes Jahrhundert später, nur wieder einmal dem Herrgott danken: denn Chefagent Molnár hätte mich natürlich nach zwei gründlichen Folterungen und einem schlau erpressten (wenn auch falschen) Geständnis unmöglich noch lebendig wieder in die Freiheit entlassen können. Maseltov!

In der Tat hatten wir uns, wie schon erwähnt, durch die Waldberge westlich von Budapest auf Nebenstraßen Richtung Györ durchgeschlagen. In der Nähe von Tatabánya wurden wir von einer sowjetischen Militärkontrolle aufgehalten und wieder frei gelassen. Ähnlich erging es uns in Komorn, wo wir vergeblich versuchten (über die »tschechische Falle« wussten wir nicht Bescheid), den kurzen Weg durch die Slowakei und Bratislava nach Wien zu nehmen. Aber sichtlich hatten die Tschechen in Komorn, ebenso wie vorher schon die russische Patrouille, keine Ahnung von dem KGB-Staatssicherheits-Geheimplan, mich zu schnappen. Durch Westungarn immer auf Feldwegen und Seitenstraßen schlugen wir uns zur österreichischen Grenze bei Hegyeshalom, wo noch ungarische Freiheitskämpfer kontrollierten, nach Österreich durch.

Für uns in Österreich folgte der Tragödie von Budapest noch eine lange Zeit intensiver Befassung mit den Folgen der ungarischen Revolution. Etwa 190.000 Flüchtlinge hatten während und vor allem in den Wochen nach dem Aufstand Ungarn in Richtung Österreich verlassen. Sie waren über burgenländische Grenzübergänge in den Westen gekommen. Namen wie Klingenbach, Hegyeshalom oder Andau werden wohl für immer in den Köpfen und Herzen jener Österreicher, die den Herbst 1956 bewusst miterlebt haben, verankert bleiben. Es war notwendig, sofort und schnell zu helfen. So war unter anderem auf Initiative meines Bruders Otto Molden schon während der Kämpfe um Budapest, als ich noch in Ungarn war, ein österreichisches Nationalkomitee für Ungarn ins Leben gerufen worden, dem ich dann ein noch leeres Stockwerk unseres Pressehauses am Fleischmarkt zur Verfügung stellte. Dort konnte man in den folgenden

Wochen und Monaten täglich hunderte von ungarischen Flüchtlingen erleben, die eine erste Hilfe erhielten, registriert wurden und einstweilige Quartiere zugeteilt bekamen. Eine große Zahl von Freiwilligen, vor allem natürlich Österreicher, aber auch viele Freunde aus Westeuropa und den Vereinigten Staaten kamen damals in Wien zusammen, um den Ungarn zu helfen.

Während der Ereignisse in Ungarn hatte im Übrigen vor allem die österreichische Bundesregierung schnelle Reaktionsfähigkeit bewiesen. Nicht nur sie, sondern auch die Öffentlichkeit hatte aus ihrem Herzen keine Mördergrube gemacht. Es wurde schnell klar, wo die Sympathien des gesamten Volkes lagen, und die Regierung trug dieser Stimmung im Rahmen der durch die Neutralität gesetzten Grenzen durchaus Rechnung. Es ist zu sagen, dass Bundeskanzler Raab in einem damals weit über die Grenzen Österreichs hinaus Aufsehen erregenden Statement zur Lage ein klares Ersuchen an die sowjetische Regierung zum Ausdruck brachte, die Ungarn in Frieden zu lassen und deren Land wieder zu räumen.

Österreich hatte damit in dieser schwierigen Situation deutlicher und eindeutiger Stellung bezogen als viele westliche Nationen, die wesentlich weiter vom Schuss waren. Noch deutlicher war die Reaktion in der österreichischen Öffentlichkeit, vor allem in den Medien. Hier gab es außer der kommunistischen »Volksstimme«, die natürlich ihren sowjetischen Nährvätern die Stange hielt, nur eine klare und eindeutige Meinung, nämlich die Unterstützung der Ungarn in dieser ungleichen Auseinandersetzung.

Der amerikanische Vizepräsident Richard Nixon, der etwa zehn Tage nach dem Ende der Kämpfe in Ungarn in Wien erschien, verkörperte das Symbol des amerikanischen schlechten Gewissens, als er verspätet und in unzulänglichem Ausmaß amerikanische Hilfsgelder zur Verfügung stellte und die Aufnahme einer sehr begrenzten Zahl von ungarischen Flüchtlingen durch die USA versprach. Während und nach den ungarischen Ereignissen reagierte Amerika in einer kläglichen und nicht seiner großen Tradition entsprechenden Weise. Nicht nur hatte man sich während der Kämpfe kaum um Ungarn gekümmert; die eigenen Präsidentenwahlen und die Suezkrise wurden klar in den Vordergrund der Überlegungen gestellt. Aber auch später war die Reaktion der Amerikaner eine eher schwächliche. Tatsache ist, dass die damals Zweihundert-Millionen-Nation der USA sich um eine geringere Zahl von ungarischen Flüchtlingen kümmerte als das kleine Österreich mit seinen knapp sieben Millionen Einwohnern.

Für uns in Österreich blieb der Ungarnaufstand von 1956 und auch die Folgejahre, in denen man in Wien häufig noch fast so viel Ungarisch hören konnte wie Deutsch, eine ganz wichtige Zäsur im Leben der Nation. Wir hatten nach dem Staatsvertrag die einmalige Gelegenheit bekommen, uns – wenn auch vielleicht nur im Rahmen unserer beschränkten Möglichkeiten – in einer kritischen Situation zu bewähren.

7. Kapitel

Proporzokratie

Die heute viel umstrittene Regierungsform der »Großen Koalition« entstand im April 1945, auf Wunsch der damals in Ostösterreich allein bestimmenden Sowjets und entgegen den ursprünglichen Plänen Karl Renners, der am 1. April von Marshall Tolbuchins Leuten in Gloggnitz aufgespürt und in das Hauptquartier der »zweiten ukrainischen Front« bei Hochwolkersdorf gebracht wurde. Renner hatte bereits am 2. April in einem Brief an Josef Stalin eine »kleine« Koalition bestehend zu gleichen Teilen aus Kommunisten und Sozialisten unter seinem Vorsitz vorgeschlagen. Er wollte diese Regierungsform, weil er die »Austrofaschisten« (Christlichsoziale, Landbund, Vaterländische Front, Heimwehr, Monarchisten, Liberale usw.) ähnlich wie die Nationalsozialisten behandeln und von der Teilnahme am politischen Leben des befreiten Österreich ausschließen wollte. Stalin aber – voraussehend, dass eine solche rot-rote Regierung niemals die Zustimmung der Westmächte finden würde – forderte Renner in einem Schreiben wenige Tage später kategorisch auf, dass Österreichs Regierung unbedingt unter Einbeziehung der Konservativen bzw. der Christlichsozialen und der Bauern gebildet werden müsste. Karl Renner, der reale Machtverhältnisse stets schnell anerkannte (siehe sein »Ja« für Hitler im März 1938), folgte dieser Weisung aus Moskau und erschien nach Ende der Kämpfe um Wien fast drei Wochen später, am 21. April, in der Hauptstadt und bildete wieder eine Woche später eine erste »provisorische österreichische Staatsregierung«. Diese umfasste Vertreter aller drei damals von den Sowjets zugelassenen Parteien: ÖVP, SPÖ und KPÖ. Diese erste Regierung war ein Monstrum, sie bestand aus einer Staatskanzlei mit Renner als Staatskanzler und sechs Staats- und Unterstaatssekretären, ferner aus Staatsämtern (den Ministerien entsprechend) mit insgesamt 32 Staats- und Unterstaatssekretären. Einer dieser 32 Regierungsmitglieder war Raoul Bumballa, der aus dem Führungskreis der Widerstandsbewegung 05-POEN kam. Die Sowjets anerkannten diese Riesenregierung, die nur in ihrer Zone und unter ihrer Aufsicht regieren konnte. Die Westalliierten weigerten sich und verlangten freie Wahlen in ganz Österreich.

Diese Wahlen wurden schließlich im November 1945 abgehalten. Auf Basis dieser Wahl und auf Grundlage der Verfassung von 1929 wird dann die erste reguläre Bundesregierung der Zweiten Republik als »Große Koalition« aller drei Parteien gebildet (ÖVP absolute Mehrheit mit 85 Mandaten, SPÖ 76 Mandate, KPÖ 4 Mandate), Figl und Schärf als Kanzler und Vizekanzler. Der Rest der Ministerien (grosso modo bereits unseren heutigen Ressorts entsprechend) wird zwischen SPÖ und ÖVP aufgeteilt (immer mit einem Staatssekretär der andern Partei an der Seite des Ministers). Die KPÖ erhält das Energieministerium, räumt dies aber 1947, um in die Opposition zu gehen. Das nützt ihr allerdings wenig, 1959 fliegt sie mit knapp drei Prozent der Stimmen aus dem Parlament. Bei den Wahlen 2006 liegt die Zwerg-KP bei einem Prozent der Wählerstimmen, die sie im Wesentlichen nur einem populären Stadtrat in Graz verdankt.

Die »Große Koalition« des Jahres 1945 war bis zum Staatsvertrag, also zehn Jahre lang, für das Überleben Österreichs in der Besatzungszeit zweifellos essentiell. Nach 1955 wurde sie zur lieben Gewohnheit der Herrschenden, allerdings dadurch leicht motivierbar, dass bei den Wahlen 1956 die ÖVP des Julius Raab, der damals auf dem Höhepunkt seiner Popularität stand – der erfolgreiche Abschluss des Staatsvertrages wurde in jener Zeit allseits und wohl zu Recht auf sein Konto gebucht –, die absolute Mehrheit damals nur um ein Mandat verpasste. Die ÖVP erhielt 82 Mandate von damals insgesamt 165, die Sozialisten 74, die Freiheitlichen 6 und die KPÖ 3 Mandate. Ein Jahr nach dem Staatsvertrag wäre eine Koalition der ÖVP mit den Freiheitlichen, die schon 1953 von der liberal-gemäßigten Gründergruppe Herbert Kraus und Viktor Reimann weit nach rechts in NS-Nähe abgerückt waren und den eindeutig braun eingefärbten hochrangigen NS-Funktionär Anton Reinthaller zu ihrem Obmann gewählt hatten, für die Masse der katholisch-konservativen ÖVP-Wähler unerträglich gewesen.

Daher wurde wieder eine Große Koalition, die also noch zehn Jahre bis zum April 1966 halten sollte, als Regierungsform gewählt. Im April 1966 erreichte Josef Klaus für die ÖVP die absolute Mehrheit und konnte damit eine reine ÖVP-Regierung bilden.

Schon 1970 wurde er vom neuen Stern am Himmel der SPÖ, Bruno Kreisky, knapp geschlagen, der mit stiller Zustimmung der Freiheitlichen eine kurzlebige Minderheitsregierung bildete und schon ein Jahr später die absolute Mehrheit erreichte, die er zwölf Jahre ohne Koalitionspartner in der Regierung halten konnte. Dann gab es bis 1985 unter Bundeskanzler Fred Sinowatz (Mai 1983 bis Juni 1986) eine kleine Koalition SPÖ-FPÖ und anschließend unter dem weiterhin sozialdemokratischen Bundeskanzler Franz Vranitzky (Juni 1986 bis Jänner 1997) eine Koalition mit der ÖVP als Juniorpartner. Ihm folgte eine weiterhin SPÖ-geführte große Koalition mit der ÖVP unter Viktor Klima und dann nach der Wende – zurück zur ÖVP – eine kleine Koalition unter Bundeskanzler Wolfgang Schüssel mit dem Freiheitlichen Jörg Haider bis 2007. Während Schüssel 2003 die Wahlen gewinnen und seine kleine Koalition weiterführen konnte, spaltete sich der Juniorpartner FPÖ in zwei Gruppen, von der die kleinere (BZÖ – Bündnis Zukunft Österreich) nur noch so knapp ins Parlament kam, dass Schüssel, der bei der Wahl am 1. Oktober 2006 kräftig Mandate verlor, keine Mehrheit mehr erreichte und im Parlament mit 66 Mandaten um zwei Mandate hinter der SPÖ (die allerdings selber auch verloren hatte) zu stehen kam.

Am Anfang der Zweiten Republik gab es also 21 Jahre Große Koalitionen, alle mit ÖVP-Kanzlern. Dann kamen ab 1983 für drei Jahre kleine SPÖ-geführte Koalitionen und bereits 1986 bis 2000 wiederum fast 15 Jahre SPÖ-geführte große Koalitionen. Das heißt, dass seit Bestehen der Zweiten Republik bis Ende 2006 36 von 62 Jahren die Regierungsform der großen Koalition und weitere neun Jahre die der kleinen Koalition im Lande vorherrschen, also mehr als zwei Drittel der bisherigen 62 Jahre Zweite Republik von Koalitionsregierungen, in der großen Mehrzahl von großen Koalitionen regiert wurden.

Aber diese vor allem bei Berufspolitikern so beliebte Regierungsform hatte einen Haken, nämlich einen Zwillingsbruder: den Proporz. Ursprünglich in den Besatzungs- und frühen Aufbaujahren eine verständliche Einrichtung, um in den Ressorts der Regierungen dafür zu sorgen, dass die gemeinsam vereinbarten Ziele nicht durch einseitige parteiliche Einstellung ad absurdum geführt wurden. Jedoch entwickelte dieser anfänglich rein politische Kontrollmechanismus bald ein Wachstum in die öffentliche Verwaltung, die Beamtenschaft, in die weiten Bereiche der Justiz und des Unterrichtswesens sowie der Universitäts- bzw. Wissenschaftsbereiche.

Vor allem aber wurde der Proporz in dem nach 1945 riesigen und zum Schutz vor der Gier – vor allem der sowjetischen Besatzungsmacht – sich stets weiter ausdehnenden Bereich der verstaatlichten Industrie zum entscheidenden Schlüssel für alle wichtigen Postenbesetzungen. Dies galt natürlich auch für den Bereich der verstaatlichten Banken, die wiederum jede über eine erkleckliche Anzahl von indirekt ebenfalls verstaatlichten Industriebetrieben verfügte. Es sei nur kurz erwähnt, dass nach 1955, als die russischen USIA-Betriebe von der Republik Österreich zurückgekauft wurden, die verstaatlichte Industrie ihren größten Umfang erreichte. Der größte Industriebetrieb Österreichs, die VOEST-Alpine (ehemals Hermann Göring-Werke in Linz, Alpine-Montan), wies eine Beschäftigungszahl von 70.000 Mitarbeitern aus. Ein anderer Riese entwickelte sich auf dem Sektor der Ölförderung und Raffinierung, die OMV, der Konzern der Mineralölproduktion samt Verkaufsapparat, der sich heute weit über den Osten und Südosten Europas ausdehnend zu den größten des Kontinents zählt.

Bei den Banken war es ähnlich: die zwei größten Institute, die Creditanstalt Bankverein und mit gehörigem Abstand die Länderbank waren 1938 von den deutschen Okkupanten sofort in Reichsbesitz (Deutsche Bank und Dresdner Bank) überführt worden. 1945 wurden sie sofort verstaatlicht, schon um eine Übernahme durch die Sowjets zu verhindern. Die CA-BV wurde als größeres Institut der damals den Kanzler stellenden ÖVP zugeteilt, die Länderbank der SPÖ. Zu diesen beiden Banken gehörte auch eine Reihe von großen Industriebetrieben (wie etwa Semperit/Reifen oder Steyrermühl/Papier, die während der großen Wirtschaftskrise der frühen 30er Jahre von den Banken aufgefangen worden waren). Insgesamt waren also nicht nur die staatlichen oder direkt staatseigenen Betriebe (wie Bundesbahn, Post usw.) und die gesamte öffentliche Verwaltung, sondern auch ein erheblicher Teil der Großindustrie unter Kontrolle des Proporzes der großen Koalition.

Das führte nun innerhalb kurzer Zeit zu nicht mehr kontrollierbaren Auswüchsen. Die Parteiapparate der beiden Regierungsparteien hatten schnell erfasst, dass hier ein riesiges Feld der Postenversorgung nicht nur für treue Funktionäre, sondern vor allem auch für potentielle neue Wähler unbeackert brach lag. Innerhalb weniger Jahre gelang es, die Proporz-Macht und Kostenverteilung zu nie erhoffter Ausdehnung zu erweitern. Zwei Ministerien sorgten auf wirtschaftlichem und industriellem Sektor für »korrekte« Abwicklung, das Bundesministerium für Vermögenssicherung (Peter Krauland, ÖVP) und das BM für verstaatlichte Industrie (Karl Waldbrunner, SPÖ). In allen anderen öffentlichen Bereichen, insbesondere etwa im Unterrichts- und Schulwesen, waren es die jeweils zuständigen Minister, die in Personalfragen weitgehend von den Parteien, denen sie ihre Ernennung verdankten, dirigiert wurden.

Als die Bevölkerung, die in den ersten Nachkriegsdekaden andere Sorgen gehabt hatte, mit zunehmender Normalisierung merkte, dass sie für sich oder ihre Familien in der Berufs- und Lebensplanung weniger von ihren Begabungen, Fähigkeiten und Wissen als vom richtigen »Parteibüchl« abhängig waren, wurde der Proporz zunehmend unbeliebt. Aber jedermann musste zur Kenntnis nehmen, dass der Proporz nicht zu umgehen war, die »Proporzokratie« beherrschte bereits weite Teile des öffentlichen, aber auch des Wirtschaftslebens. Zum Abschluss dieser kurzen »Proporz-Epistel« noch ein zugegebenermaßen zynischer Witz, der in den frühen 60er Jahren aufkam, aber auch heute noch einen gewissen Wahrheitsgehalt hat:

Zwei Freunde, Durchschnitts-Österreicher, treffen einander. Sagt der eine zum anderen: »Hast schon gehört, Karli, bei der

VOEST brauchen's einen neuen Generaldirektor, der alte ist gestorben!« Fragt der Karli: »Sag, Hansi, weiß ma schon, wer es wird?« Meint der Karli: »Das is ja die Schwierigkeit, sie brauchen ja drei Herren!« — »Wieso«, fragt der Karli? »Na, das ist doch klar«, beendet der Hansi das Gespräch: »Einen roten, einen schwarzen und einen, der die Arbeit macht!«

Die Proporzokratie dehnte sich im Laufe der Jahrzehnte natürlich auch auf die Landesebene der neun Bundesländer, die in ihrer Struktur ja auch auf dem Koalitionssystem beruhen, und auf die Interessenvertretungen aus. So ist es klar, dass etwa in der Wirtschaftskammer — wenn auch jetzt relativ großzügig gehandhabt — das bürgerliche Element stets deutlich überwog, während die Arbeiterkammer einer Elitenschmiede der Sozialdemokratie nahe kam. Dass die Gewerkschaften im Wesentlichen rot, wenn auch nicht immer SPÖ-nahe sind, versteht sich von selbst. Übrigens mit einer wichtigen Ausnahme, der schwarzen Beamtengewerkschaft. Ebenso klar ist, dass die Landwirtschaftskammer vom Bauernbund, einst der größten und immer noch der geschlossensten Teilorganisation der ÖVP beherrscht wird.

Glücklicherweise ist der Proporz in Österreich im Wesentlichen auf die von den Parteien kontrollierbaren, meist öffentlichen oder gemeinwirtschaftlichen Betriebe beschränkt geblieben. In der privaten Wirtschaft, aber auch in den Medien hat er kaum Einzug gehalten. In den Jahrzehnten, in denen ich im Zeitungs- oder Verlagsbereich tätig war, habe ich nie auch nur gefragt, ob nun einer der Chefredakteure oder der Topkolumnisten einer und wenn ja welcher Partei angehöre. Und ähnlich war es, soweit ich es beurteilen kann, auch bei den anderen wichtigen Mediengruppen.

Die großen Männer der ersten Mediendekaden, etwa Ludwig Polsterer, Hand Dichand, Josef Moser, Gustav Canaval, Karl

Maria Stepan oder auch die Bregenzer Russ-Dynastie und zuletzt Ossi Bronner haben sich alle gute Journalisten geholt, die Nachrichten objektiv brachten und oft provokante Meinungen äußerten, aber ohne Parteimarken waren.

1967 gelang es Gerd Bacher, ein neues öffentliches Fernsehen, den ORF, mit parteifreien Informationen und ebensolcher Nachrichtengestaltung zu installieren. Diese Distanz zur Parteipolitik hat sich auch in Rundfunk und Fernsehen gehalten, bis die medialen Parteidirigenten fanden, dass im Telezeitalter auch der ORF der »proporzokratischen« Einflussnahme unterworfen werden müsste. Schade, der ORF war lange Jahre eine Institution, auf die jeder Österreicher stolz sein konnte wie auf das Burgtheater, die Oper oder die Salzburger Festspiele. Diese Zeiten sind leider soweit absehbar vorbei. Auch Funk und Fernsehen sind, was objektive Information betrifft, in vielen Bereichen der »Proporzokratie« zum Opfer gefallen.

Während der 50er und 60er Jahre gingen Große Koalition und Proporz Hand in Hand durch ihre oft schwierige Pubertätszeit. Von 1966 bis 1983 gab es dann Klaus und Kreisky und die Jahre der Alleinregierungen, wo der Proporz, wenn auch zeitweise in den Farben entsprechend verändert, weiter blühte. Endlich, nach Kreiskys Abgang, konnte zuerst in der kleinen und bald wieder in der bequemen großen Koalition der Proporz erneut zum vollen Funktionieren erwachen.

Allerdings vollzog sich durch die weitgehende Privatisierung ehemals staatlicher Betriebe und durch die stärkeren negativen Reaktionen einer »aufgeklärten« Öffentlichkeit über die meist – so oder so – Proporz-verursachten Monster-Korruptionsfälle eine Wende. Der Proporz zog sich im Wesentlichen in die öffentlichen Bereiche zurück, auf Bundesebene, die öffentliche Verwaltung, die Staatswirtschaft und in die Parallelgebiete der »Länder«.

Natürlich führte der teilweise oder gänzliche Rückzug des Staates aus weiten Bereichen der Wirtschaft zu einer erheblichen Zunahme ausländischer/internationaler Beteiligungen, so etwa bei Österreichs größter Bank, der BA-CA, zum kompletten Verkauf, zuerst an eine deutsche Bank nach München und wenige Jahre später an ein italienisches Institut. Die Globalisierung war auch an Österreichs Grenzen nicht mehr aufzuhalten. Allerdings ist sie keine Einbahnstraße: Die weitgehend entstaatlichte OMV ist heute ein ganz großer Player im weltweiten Ölgeschäft geworden.

Dasselbe gilt für die österreichischen Banken à la Erste Bank, aber auch für Raiffeisen und andere. Sie sind in Osteuropa und auf dem Balkan höchst expansiv tätig. Je mehr der Proporz aus dem nichtstaatlichen Bereich verschwindet, desto wichtiger wird die sehr österreichische im positiven Sinn gemeinte Zusammenarbeit der Sozialpartner (Wirtschaftskammer, Industriellenvereinigung, Arbeiterkammer und Gewerkschaften). Ihre entscheidende Bedeutung hat sich im Herbst 2006 wieder einmal gezeigt. Während nach der Wahl, die zwar eine klare Schlappe für die ÖVP, aber keine Mehrheit für die SPÖ brachte, der sehr bissige Streit der Parteien immer stärker wurde und monatelang keine arbeitsfähige Regierung in Sicht war, schlossen Arbeitnehmer und Arbeitgeber quasi jede Woche einen neuen Kollektivvertrag mit entsprechend vereinbarten Lohnerhöhungen für das nächste Jahr ab. Kein Krach, keine Demonstrationen und keinerlei Streiks. Es geht also, wie die Sozialpartnerschaft zeigt, auch ohne Proporz. Allerdings müssten dann die Parteisekretariate der jeweiligen Regierungsparteien wohl ein für alle Mal ihre Funktion als günstige Stellenvermittlung aufgeben. Das aber würde wiederum erheblichen Machtverlust bedeuten. Für das Volk von Österreich aber zweifellos nur Vorteile bringen.

8. Kapitel

Probleme bei den Schwarzen: Raab löst Figl ab

Die Verhärtung der innenpolitischen Positionen sowohl innerhalb der beiden Großparteien wie auch in der Folge in der Koalition zeigte sich in den 50er und noch deutlicher in den 60er Jahren vor allem in zwei neuralgischen Punkten. Einerseits erinnerten sich die politischen Akteure, nachdem der Zwang des unbedingten Zusammenstehens um des puren Überlebenswillens (Wiedervereinigung des Landes, vitalster Aufbau der Lebensverhältnisse, Kalter Krieg, Staatsvertrag) quasi erledigt war und der Marshall-Plan eine wirtschaftlich erträgliche Zukunft versprach, die Hauptakteure zunehmend daran, dass der Regierungspartner von heute eigentlich der ideologische Todfeind von gestern, oder besser vorgestern, gewesen war. Allerdings begannen diese Sprünge im »Geiste der Lagerstraße« interessanterweise jeweils zuerst im eigenen Lager.

Fangen wir bei den Konservativen an. Leopold Figl, der Bundeskanzler der ersten Stunde, ja der ersten schweren sechs, acht Jahre bis 1953, war hundertprozentig auch ein Anhänger des gegenseitigen Vertrauens und der loyalen Zusammenarbeit, wie er und die meisten anderen der ersten Dekade der neuen Republik sie noch von der Lagerstraße in deutlichster Erinnerung hatten.

Allerdings kamen zunehmend Männer (das feministische Zeitalter war noch nicht ausgebrochen) in Spitzenpositionen, die das harte Geschäft des Regierens durchaus beherrschten, das vertrauensvolle und freundschaftliche Verhältnis, das die Figls,

Gorbachs und Olahs in Dachau oder in anderen KZs erlebt hatten, jedoch nicht kannten. Ein typischer Fall im bürgerlichen Lager war Julius Raab: ein erzkonservativer Politiker, Handelsminister im letzten Kabinett Schuschnigg, aber weil politisch nicht sonderlich aktiv gewesen, von den Nazis in Ruhe gelassen wurde. Er überstand die sieben Jahre des Dritten Reiches als Baumeister, vor allem in St. Pölten. Bei seinen von der Gestapo verfolgten Freunden half er den Familien, wo er konnte, wie etwa der Familie Figls, dem er, als dieser im Sommer 1943 vorübergehend aus dem KZ entlassen wurde, einen Job bei einer Baufirma verschaffte. Es war ein kurzer Traum, denn schon im Juli 1944 wurde Figl neuerlich verhaftet und schließlich vom Wiener Nazi-Volksgericht zum Tode verurteilt. Nur das schnelle Vordringen der Roten Armee nach Wien, das die SS-Schergen zum Räumen der Gefängnisse und zur schnellen Flucht nach Westen veranlasste, rettete Figl das Leben. Für mich übrigens eine faszinierende Parallele zum Schicksal meiner Eltern, die so wie Figl am 7. und 8. April ebenfalls aus der Haft des Volksgerichts entlassen wurden, weil die SS-Wachen schon verschwunden waren.

Raab selber – überzeugter Anti-Nazi, aber ein vorsichtiger Mann – hielt sich von allen Widerstandsaktivitäten in den Nazi-Jahren fern. Allerdings hatte er einen Freund und Kollegen aus der Zeit des Ständestaates, den Transportunternehmer und Bundeswirtschaftsrat Heinrich Otto Spitz, der ein führender Mann des Widerstandes war, einer der Gründer des 05 bzw. des »Provisorischen Österreichischen Nationalkomitees« (POEN). Dieser hatte mir noch Ende Februar 1945 in Wien mitgeteilt, dass er auf Ersuchen seines mir damals unbekannten Kollegen Julius Raab für niederösterreichische Wirtschaftskreise Kontakt mit dem Widerstand halten werde. Daraus wurde nichts mehr, da Spitz leider noch in den letzten Wiener Kampfestagen auf der Heiligenstädter Brücke in unmittelbarer Nähe seines Hauses von der SS erschossen wurde. Aber Raab hatte ja auch den Kontakt via Figl, und dieser nahm ihn nach seiner Freilassung Mitte April zur gründenden Sitzung der neuen »Österreichischen Volkspartei« ins Wiener Schottenstift mit. Figl vertrat dort den Bauernbund und Niederösterreich, wo er schnell Landeshauptmann wurde und zehn Tage später Mitglied der ersten Regierung Renner. Raab vertrat den neu gegründeten Wirtschaftsbund. Im Kielwasser Figls, der in diesen Wochen und Monaten schnell zur Nummer eins des »bürgerlichen Lagers« sowie der neuen ÖVP wurde und sich daher im Herbst bei den Wahlen als erster Kanzler wie eine Selbstverständlichkeit anbot, machte auch Julius Raab schnell Karriere. Denn Leopold Figl war nicht nur ein ehrenwerter und tapferer, sondern auch ein dankbarer Mann. Nachdem er Raab wegen der sowjetischen Vetos nicht wie geplant als Handelsminister in die Regierung bringen konnte, half er entscheidend mit, ihn zum Klubobmann der ÖVP im Parlament und zum Präsidenten der Bundeswirtschaftskammer zu machen. Der kluge, extrem zielbewusste Julius Raab nützte diese beiden Positionen sehr geschickt aus. 1952 wurde er, »um Figl als Kanzler zu entlasten«, Parteiobmann der ÖVP und ein Jahr später beerbte er seinen Freund »Poldl« auch als Bundeskanzler.

Der als dritter von neun Kindern 1902 auf einem Bauernhof im niederösterreichischen Rust im Tullnerfeld geborene Figl brachte es im schnellen Studium zum Agraringenieur und wurde schon 1933 Direktor des niederösterreichischen Bauernbundes, der damals mitgliederstärksten politischen Organisation im Land. Die folgenden Jahre durchlebte Figl zuerst gegen und dann unter Hitler, bis er schließlich als Dreiundvierzigjähriger Bundeskanzler wurde und es acht Jahre blieb. Für Figl kam der abrupte und überraschende Sturz vom Kanzleramt in ein Hinterzimmer des Bauernbundes wie ein Blitzschlag. Empört verließ er sein Büro, als er hintenherum erfuhr, dass Raab eine halbe Stunde später bereits vom Bundespräsidenten als neuer Kanzler angelobt werden würde. Figl weigerte sich, eine Amtsübergabe durchzuführen und wanderte, nur von seinem bisherigen Sekretär begleitet, die zwei Gassen vom Kanzleramt zum Bauernbund in die Schenkenstraße. Dort wurde zwar schnell ein Zimmer für ihn frei gemacht, aber Job gab es keinen. Alle, Raab an der Spitze, waren nun natürlich außerordentlich betreten. Bald ging in Wien die mir von einem alten Freund aus Nazi-Zeiten und späteren Generalsekretär des Wirtschaftsbundes Fritz Eckert überlieferte Geschichte um, dass Figl ein bis zwei Mal in der Woche in der Früh in Raabs (früher sein eigenes) Büro erschien und wartete, bis der Bundeskanzler ins Amt kam. Dann ging er auf ihn zu und fragte: »Julius, hast endlich a Arbeit für mich?«

Julius Raab sah sich nun in der Öffentlichkeit, aber vor allem innerhalb der ÖVP, wo Figl ja extrem populär war, der Situation gegenüber, seinen »besten Freund« und Mentor quasi von der Spitze der Partei und der Republik verdrängt zu haben, um selber beide Positionen einzunehmen. So hat er es sich wohl nicht vorgestellt, aber guter Rat war teuer.

Nun erinnerte sich der damalige Chef des österreichischen Bauernbundes Eduard Hartmann, dass anno 1949, als der schon lange schwerkranke, aber bereits in der Ersten Republik gedient habende Landeshauptmann Josef Reiter starb, sein natürlich auch aus dem Bauernbund kommende Nachfolger, der aus Horn im Waldviertel stammende Bauer Johann Steinböck eingesetzt wurde. Dieser war eigentlich nur als »Platzhalter« für Figl gedacht gewesen, falls dieser irgendwann einmal in der Zukunft als Bundeskanzler abgewählt werden sollte. Steinböck erwies sich allerdings als guter Landeschef und entwickelte bald erhebliches

Eigengewicht. Raab hingegen sah nun eine Chance, das Problem zu lösen, lud Steinböck auf den Ballhausplatz ein und eröffnete ihm – auf seine eigene offene und nicht gerade besonders rücksichtsvolle Art –, dass jetzt sein Stündlein geschlagen habe und er den Platz, den er ja eigentlich nur für Figl gehalten habe, räumen solle. Mit den Worten »Also ist es klar, Johann. Du gehst jetzt!« soll – so heißt es – Raab geendet haben. Steinböck aber erwiderte sofort recht eindeutig: »Waßt wos, Julius, so lang i gehen kann, geh i net«, sprach's, verließ das Kanzleramt und blieb bis zu seinem Tod Landeshauptmann von Niederösterreich. – Also noch immer kein Job für Figl.

Die Chose wurde immer peinlicher, denn die Masse der Österreicher – damals, 1953, war es noch egal, ob schwarz oder rot – lachten oft über Figl, zum Beispiel in der Wochenschau, in der er schnauzbärtig und krächzend auftauchte – es gab bekanntlich noch lange kein Fernsehen –, aber sie schätzten, ja man kann fast sagen liebten ihn, weil er mehr als jeder andere österreichische Politiker dieser Nachkriegsjahre alles für das Land tat und nicht zuletzt auch die strengen Hochkommissare und Generäle der Alliierten – besonders der Russen – im Zaum hielt. Nicht zuletzt dank seines Tullnerfelder Weißweins, den er großzügig ausschenkte.

Das folgende Gedicht – ein Grabspruch zu Lebzeiten – von Otto Zernatto zeigt Figls Popularität (aus Ernst Trosts hervorragendem Buch »Figl von Österreich« zitiert):

> Unter diesem Maulwurfshügel,
> ruht der Bundeskanzler Figl!
> Der in schweren Nachkriegsjahren
> unsern Karren hat gefahren.
> Auf des Dritten Reiches Trümmern

> musst' er sich um alles kümmern,
> stets beflügelt durch den Wein
> krächzend laute Reden schreien.
> Neben andern Schwierigkeiten
> mit Besatzungsmächten streiten
> und mit jenen aus dem Osten
> Wodka literweis' verkosten.
> Was sogar für den nicht leicht ist
> der auf Heurigen geeicht ist!
> Ach, es sträubte sich sogar
> oft sein rotes Schnauzbarthaar,
> doch er meisterte die Lage,
> bis hinauf zum Staatsvertrage,
> und kein andrer kam ihm gleich,
> denn er soff für Österreich.

An der von Julius Raab mit großer Geschicklichkeit endlich durchgeführten Lösung, den verdientem Altkanzler Figl doch noch einen geeigneten Job zu verschaffen, war ich am Rande indirekt ein wenig mitbeteiligt. Es kostete zwar auch wieder einem anderen seinen Ministerjob, aber irgendwie war es zumindest für Figl eine gute Lösung. Im Sommer 1953 war Außenminister Gruber damit beschäftigt, eine Art Memoirenband über seine Erlebnisse in der Kriegs- und Nachkriegszeit zu schreiben. Insbesondere wollte er die Aufmerksamkeit auf die sowjetischen Bemühungen, in Österreich während der Jahre des Kalten Krieges zunehmend politischen Einfluss zu nehmen, einer breiten Öffentlichkeit zur Kenntnis bringen. Der erste Versuch in den frühen Nachkriegsjahren, die beiden Linksparteien SPÖ und KPÖ zu einer gemeinsamen Politik mit Endziel »Sozialistische Einheitspartei« zusammenzuführen, war an der klaren Abwehr der Sozialisten und an der Unfähigkeit der Kommunisten gescheitert. Die SPÖ machte dank Schärf reinen Tisch, indem sie ihren Zentralsekretär Erwin Scharf, der eine Vereinigung der beiden Parteien anstrebte, aus seiner Funktion entfernte und später aus der Partei ausschloss. Scharf kandidierte dann bei den nächsten Wahlen 1949 auf der KP-Liste.

Der 7. Juni 1947 war ein schwarzer Tag für Leopold Figl, denn an diesem Abend hatte der ÖVP-Abgeordnete Rudolf Kristofics-Binder (Wirtschaftsbund) ein vom führenden KP-Politiker Ernst Fischer initiiertes Abendessen mit Figl, Landwirtschaftsminister Josef Kraus und Figls Sekretär Hans Dorrek gegeben. Thema des Abends: die kritische wirtschaftliche Lage, die durch neue harte sowjetische Maßnahmen entstanden war, und etwaige Auswege daraus. Fischer erklärte, dass es eine Besserung der Lage nur geben könne, wenn die derzeitige Regierung, zumindest aber Figl samt Außenminister Gruber und Innenminister Helmer ausgetauscht würden. Nach einem kurzen Wortwechsel, bei dem Figl, um nicht selber zitiert zu werden, Dorrek das Wort überließ, beendete der Bundeskanzler die Diskussion, da diese keinerlei Grundlagen für weitere Gespräche enthalte und verließ bald mit seiner Begleitung das abendliche Zusammensein.

Schon am nächsten Tag kam der Inhalt der abendlichen Zusammenkunft – wenn auch natürlich in zwei verschiedenen Versionen – an die Öffentlichkeit. Der damals amerikanische »Kurier« berichtete in einem Aufmacher auf der ersten Seite, dass man »aufgrund von Informationen durch eine hohe Regierungspersönlichkeit (vermutlich war Gruber gemeint) erfahren haben wollte, dass Russland keinen Staatsvertrag mit der Regierung Figl wolle«. Mitten im heißesten Kalten Krieg, knapp nachdem die Sowjets in Ungarn den bis dahin bäuerlich-konservativen Ministerpräsidenten zum Rücktritt gezwungen und durch einen Mann ihrer Wahl ersetzt hatten, erregte diese Meldung in Wien und darüber hinaus in der ganzen westlichen Welt größte Aufregung. Es kam sofort zu einem Wirbel im Wiener Parlament, wo Ernst Fischer behauptete, Figl wäre bei dem abendlichen Treffen schon zu seinem Rücktritt bereit gewesen. Ferner bezeichnete Fischer den prowestlichen Außenminister Gruber als »Verräter und politischen Abenteurer«. Von Figl und seinen Begleitern wurden Fischers Behauptungen natürlich schärfstens zurückgewiesen. Aber innerhalb der Bundesregierung kam es zu einem Krach, da man offenbar annahm, Figl habe zwar keineswegs die angeblich sowjetischen Forderungen akzeptiert, aber sei in seiner umgänglichen Art Fischer doch etwas zu sehr entgegengekommen. Erst nach langen Wochen beruhigte sich die öffentliche Debatte um die »Figl-Fischerei«.

Mehr als sechs Jahre später, 1953, tauchte das Thema noch einmal auf und wirkte neuerlich wie ein Donnerschlag. Dies geschah dadurch, dass Außenminister Gruber in diesem Jahr an einem Buch über die Entwicklung in Österreich seit Kriegsende schrieb. In einem besonders spannenden Kapitel, das er noch dazu »die Figl-Fischerei« nannte, ließ er die oben geschilderten Ereignisse noch einmal Revue passieren. Im Spätsommer 1953 berichtete mir Gruber von seinem Buchprojekt und fragte mich, ob ich in der »Presse«, deren Herausgeberschaft ich nach dem plötzlichen Tod meines Vaters eben übernommen hatte, Teile seines fast fertig gestellten Buches – das im Herbst im Ullstein Verlag erscheinen werde – als Vorabdruck publizieren wolle. Prinzipiell war ich begeistert und bat, ein paar Probeabschnitte lesen zu dürfen.

Wenige Tage später überbrachte mir Fritz Würthle, Grubers Pressereferent und ein alter gemeinsamer Freund aus Tiroler Widerstandstagen, das Manuskript des Buches. Er bat mich um meine baldige Meinung, auf die auch Gruber wartete. Ich las mit größtem Interesse den in jenen Jahren geradezu sensationellen Inhalt. Dann eilte ich von der »Presse«-Redaktion in der Universitätsstraße zu Gruber auf den Ballhausplatz. Ich gratulierte ihm zum spannenden und wichtigen Text, teilte ihm aber auch meine Bedenken mit, dass insbesondere das Kapitel über die hier bereits geschilderte »Figl-Fischerei« möglicherweise großes und vielleicht auch negatives Aufsehen erregen würde. Ich hielt es für möglich, dass man einem amtierenden Außenminister einen so offenen Bericht, der seinen langjährigen Chef Figl nicht unbedingt in einem guten Licht darstellte, dieses Verhalten übel nehmen könnte. Insbesondere Teile der ÖVP und der jetzige Kanzler Raab könnten Grubers Ausführungen in den falschen Hals bekommen.

Da lachte Gruber mich an und teilte mir mit, dass er Raab das Manuskript bereits gezeigt und auch überlassen habe. Der Kanzler habe ihm nach etlichen Tagen das Buch wieder zurückgegeben und gemeint, nach so langer Zeit könne man »das Zeug« ruhig publizieren, da es ja vor allem der KP schade und Figl seinerzeit alles dementiert habe. – Gruber meinte dann zu mir, es sei im Gegenteil sehr notwendig, die Dinge, wie sie Ende der 40er Jahre fast zum Zusammenbruch der Republik geführt hätten, korrekt an die Öffentlichkeit zu bringen. Das läge ihm am Herzen, da es helfen könnte, die längst überfälligen Staatsvertragsverhandlungen wieder in Bewegung zu bringen.

Es war damals nicht meine Sache, den amtierenden Außenminister eines Besseren zu belehren. So erschien im Herbst unser Vorabdruck der »Figl-Fischerei« in der »Presse« und unmittelbar danach Grubers Buch bei Ullstein. Wie nicht anders zu erwarten, war es der Schlager der Saison. Gleichzeitig allerdings auch ein handfester Skandal (wie ich leider befürchtet hatte). Ein

Großteil der Spitzenleute der ÖVP wandte sich schon aus Sympathie für Figl gegen Gruber. Raab allerdings schwieg und überlegte. In der Folge jedoch forderte er von Gruber dessen Rücktritt als Außenminister, da er »leider nicht mehr tragbar wäre«. Er bot ihm als Ersatz die Botschaft in Washington an, wo er als Vertrauensmann der Westmächte besser wie jeder andere die Staatsvertragsverhandlungen fördern solle. – Gruber resignierte nach einigen schweren Tagen des Überlegens.

Julius Raab aber hatte sein schwierigstes Personalproblem gelöst: Er konnte dem gekränkten Figl das Außenministerium anbieten, was dieser auch prompt akzeptierte. Allerdings führten solche Sprünge in den »schwarzen Freundschaften« und Querelen wie die um Raab, Figl und Gruber in der Folge zu Schwächen und Ermüdungserscheinungen im bürgerlichen Lager.

Allerdings sollte in den Folgejahren vorerst das Erfolgserlebnis des Staatsvertrages und des damit verbundenen Triumphs der Regierung Raab alles überschatten und innere Sprünge und Zores zumindest eine Zeit lang vergessen lassen.

9. Kapitel

Zeitungskriege

Mit dem langsamen, dem Tod Stalins folgenden Ausklingen der heißen Phase des Kalten Krieges in Europa gingen auch ab den 50er Jahren erhebliche Veränderungen der medialen Entwicklung in Österreich vor sich. Es begann damit, dass die Besatzungsmächte, die im Jahr 1945 jede für sich, wenn auch alle in Wien, eigene Zeitungen für die von ihnen betreute oder vielmehr beherrschte österreichische Bevölkerung gründeten, diese entweder einstellten oder aber österreichischen Besitzern übergaben. Die Sowjets erschienen ja schon im April 1945 mit ihrer »Österreichischen Zeitung«, die von der Bevölkerung aufs Freudigste begrüßt wurde, allerdings nicht wegen ihres aus reiner Propaganda bestehenden redaktionellen Inhalts, sondern deshalb, weil es keinerlei Papier gab und die »Österreichische Zeitung« deshalb sowohl zum Einwickeln irgendwelcher Lebensmittel oder anderer Gegenstände, aber auch – bekanntlich ein wichtiger Verwendungszweck für Papier – in jenen stillen Örtchen, die sogar in der Besatzungszeit unentbehrlich waren, verwendet wurde. Im Sommer 1945 erschienen dann der amerikanische »Kurier« wie die britische »Weltpresse« als Mittagsblätter und schließlich die französische »Welt am Abend« als Abendblatt. Die diversen alliierten Blätter hatten in den ersten Jahren einen wesentlich größeren Umfang als die ebenfalls 1945 wieder erscheinenden ersten österreichischen Zeitungen, die im Osten des Landes (Sowjetzone) fast ausschließlich Parteiblätter waren, nämlich »Arbeiterzeitung« (SPÖ), »Kleines Volksblatt« (ÖVP) und »Volksstimme« (KPÖ). Daneben gab es noch – auch eine Groteske jener Zeit – eine sehr gut gemachte Zeitung namens »Neues Österreich«, die sich im Besitz aller drei politischen Parteien befand; schließlich gab es die noch im Jänner 1946 von meinem Vater Ernst Molden gegründete und herausgegebene »Presse«, die allerdings wegen ihrer liberal-westlichen Einstellung strafweise nur ganz wenig Papier erhielt und daher die ersten zwei Jahre bloß als »einmal wöchentlich erscheinende Tageszeitung« auf den Markt kam. In den westlichen und den südlichen Bundesländern konnten sich die Zeitungen freier entwickeln. Es gab dort in den ersten Jahren kaum Parteizeitungen, sondern im Allgemeinen pro Bundesland ein großes überparteiliches Blatt. Die wichtigsten Zeitungen waren die »Salzburger Nachrichten« (Herausgeber Gustav Canaval), die »Oberösterreichischen Nachrichten« (Herausgeber Hans Behrmann), die »Tiroler Tageszeitung« (Herausgeber Josef Moser) und die »Kleine Zeitung Graz« (Herausgeber Karl Maria Stepan) sowie schließlich die »Vorarlberger Nachrichten« der Familie Russ. Eine echte Zensur gab es nur in den ersten Monaten der Besatzung und da vor allem natürlich in der Sowjetzone. Aber bis in die frühen 50er Jahre jedoch herrschte eine Art stillschweigendes Abkommen zwischen den österreichischen Blättern und ihren jeweils zuständigen Besatzungsmächten, dass man letztere natürlich nicht angreifen oder in peinliche Situationen bringen solle. Das erleichterte das Leben, da bei etwaigen doch manchmal vorkommenden Verstößen vor allem die Sowjets ohne die geringsten Bedenken die gesamten Auflagen von Zeitungen, die gegen dieses stillschweigende Abkommen verstoßen hatten, beschlagnahmen ließen.

In den 50er Jahren bzw. in den letzten zwei Jahren vor dem Staatsvertrag begann das Zeitungssterben der alliierten Blätter, wenn auch nur teilweise wie zum Beispiel die russische »Österreichische Zeitung«, während etwa der »Kurier« und die »Weltpresse«, die ganz ordentliche Auflagen erreichten, österreichischen Zeitungsverlegern übergeben wurden. Der »Kurier« ging an eine Gruppe unter der Federführung des Wiener Mühlen-Industriellen Dr. Ludwig Polsterer; die »Weltpresse«, die damals im sozialistischen Parteiverlag »Vorwärts« hergestellt wurde, an eine der SPÖ nahestehende Gruppe. Die französische »Welt am Abend« wurde mangels Leser und damit Kaufinteressenten bald eingestellt.

Dafür gab es zu Beginn der 50er Jahre zwei Neugründungen: Julius Raab hatte sich ein »Sprachrohr«, nämlich die mit der Zeit an ständiger Leserschwindsucht leidende »Neue Österreichische Tageszeitung« geschaffen. Als noch in der Zwischenkriegszeit herangewachsener Politiker erschien es ihm essentiell, dass jemand, der im öffentlichen Leben des Landes mitwirken und vor allem anschaffen wollte, über eine eigene Zeitung verfügen sollte. Allerdings gelang es nach dem Zweiten Weltkrieg nie mehr, die Parteizeitungen wirklich in den Vordergrund des Mediengeschehens zu bringen. Das Publikum wollte in zunehmendem Maße das politische Geschehen aus unabhängigen Quellen übermittelt bekommen, um sich dann eine eigene Meinung zu bilden und diese oder jene Partei zu wählen. Das allerdings wollten die Politiker weder bei den Sozialisten (der traurige Niedergang der an sich hervorragend gemachten »Arbeiterzeitung« ist ein Beweis dafür) noch bei der ÖVP (siehe Raabs Tageszeitung oder schließlich auch das »Volksblatt«) einsehen, was sie viele Millionen an sinnlos verpulvertem Geld und darüber hinaus auch noch Wählerstimmen kostete.

Aber 1954 erschien auch eine neue »unabhängige« Boulevard-Zeitung, nämlich der »Bild Telegraph«, der von den westösterreichischen Zeitungstycoonen Canaval, Moser und Behrmann gestartet wurde. Für die Öffentlichkeit und im Übrigen lange Zeit auch für Insider wie mich war allerdings nicht bekannt, dass ein erheblicher Teil des Geldes und auch der Anteilsrechte für das neue Blatt von dem prominenten Wiener Rechtsanwalt Anton Leitner kam, dessen Kanzlei auch Julius Raab vertrat. Ursprünglich sollte Canaval das neue Blatt redaktionell leiten, was aber schief ging, da der extrem seriöse Salzburger Qualitätsherausgeber für die Gestaltung eines populären Boulevardblattes ungeeignet war. Canaval, der diesen Mangel selbst erkannte, holte sich deshalb den jungen Lokaljournalisten Gerd Bacher aus seiner Salzburger Redaktion nach Wien und übergab ihm die Leitung des neuen Blattes. Es gelang Bacher mit Hilfe einer Reihe junger ehrgeiziger und ebenso begabter Journalisten, wie etwa Hellmut Andics oder später auch Fred Payrleitner, innerhalb weniger Monate die Zeitung auf eine Erfolgsstraße zu bringen. Es war jedoch klar, dass die Eigentümer nicht bereit waren, jene Mittel zur Verfügung zu stellen, die der »Bild Telegraph« benötigt hätte, um einen erfolgreichen Konkurrenzkampf mit dem »Kurier« zu führen.

Mich verband damals mit dem »Bild Telegraph« nur die Tatsache, dass meine »Presse« in derselben eher altmodischen Wiener Zeitungsdruckerei »Metten« gedruckt wurde. Aber bald sollte sich die Distanz zwischen den beiden Blättern ändern. In Wien war zu jener Zeit ein dynamischer und populärer ÖVP-Funktionär namens Fritz Polcar groß geworden und hatte es zum Obmann der Wiener ÖVP gebracht. Zum ersten Mal war es ihm gelungen, die altmodische und über einen beschränkten Kreis kleinbürgerlicher Christlichsozialer nicht hinausgehende Volkspartei zu sprengen und mit modernen Methoden breitere Bevölkerungsschichten anzusprechen. Zweifellos eine wichtige und imponierende Leistung, da ja die Sozialisten ihr »rotes Wien«

spätestens seit 1918 fest in der Hand hatten. Damit war Polcar, der sich in wenigen Jahren bedeutende Verdienste um das Wachstum der Wiener Volkspartei erworben hatte, auch Bundeskanzler Raab und anderen führenden Persönlichkeiten der ÖVP höchst angenehm aufgefallen. Allerdings hatte sich Polcar bei seinen Reformoperationen der Wiener VP, die nicht nur seinen Verstand, sondern auch erhebliche finanzielle Mittel zu erfordern schienen, offenbar mancher Methoden bedient, die an die Öffentlichkeit gelangten und eine Auseinandersetzung über den vermeintlichen Missbrauch, den Polcar betrieben haben sollte, hervorrief.

Polcar wurde der politischen Korruption beschuldigt, und zwar im Zusammenhang mit Firmen, an denen er in irgendeiner Form beteiligt gewesen sein sollte. Diese sich von Woche zu Woche verschärfende Auseinandersetzung wurde natürlich von den ÖVP-Zeitungen im ganzen Land totgeschwiegen, während die Sozialisten die Korruptionsgeschichten des ÖVP-Politikers genüsslich berichteten. Das störte nicht besonders, denn es war nicht anders zu erwarten gewesen. Die Tatsache jedoch, dass sowohl die »Presse« – ich hatte über unsere Wiener Kommunalredaktion frühzeitig eindeutige Beweise für ein unkorrektes Verhalten Polcars in die Hand bekommen und fühlte mich daher verpflichtet, an einer Aufdeckung dieses Skandals mitzuwirken – wie auch der »Bild Telegraph«, wo Gerd Bacher und seine Mannschaft sich mit Begeisterung auf den Fall Polcar gestürzt hatten, eindeutig in dieser Sache Stellung bezogen, erweckte Ärger, ja Abscheu in den Spitzengremien der Volkspartei. Man warf den beiden Zeitungen und ihren verantwortlichen Leitern sozusagen Verrat an den Interessen des bürgerlichen Lagers vor. Ich wurde mehrfach von einem alten und hochgeschätzten Freund des Blattes, dem mächtigen Generaldirektor der Creditanstalt Dr. Josef

Joham, zu Gesprächen gebeten, in dem dieser – quasi der Finanzprotektor der ÖVP – mich dringlich ersuchte, die Einstellung der »Presse« in der Sache Polcar zu verändern und diesen gegen Korruptionsbeschuldigungen und Ähnliches in Schutz zu nehmen. Ich legte Joham die uns zur Verfügung stehenden Beweismittel auf den Tisch, und er versprach, diese Raab zu zeigen und zu versuchen, beruhigend zu wirken. Schon wenige Tage später teilte er mir mit, dass man seitens Raabs und seiner Entourage unsere Beweise – die sich später alle vor Gericht als wahrheitsgemäß erwiesen – nicht akzeptieren könne. Auf diese Weise kühlte zu meinem Bedauern meine Beziehung zu Dr. Joham merklich ab. Aber sonst war Gunst oder Ungunst der ÖVP für die »Presse« und mich damals nicht von besonderer Bedeutung, da wir Gott sei Dank bereits die Jahre 1957 und 1958 zählten und sich die »Presse« zu diesem Zeitpunkt samt dem von mir gepachteten »Pressehaus« am Fleischmarkt (wo in der Besatzungszeit die Sowjets und die Kommunisten ihre Zeitungen gedruckt hatten und wo ich mir in der Zwischenzeit lukrative Druckkunden zulegen konnte wie die »Weltpresse«, die Zeitung des ÖAMTC »auto-touring« usw.) in durchaus abgesicherten finanziellen Verhältnissen befand.

Ganz anders hingegen war die Lage beim »Bild Telegraph«. Offenbar waren sehr erhebliche Geldmittel zuerst von allen Besitzern gleichmäßig und dann, nachdem die Bundesländer-Teilhaber ihre Verpflichtungen erfüllt hatten, von Dr. Leitner und seinen Partei-Hintermännern in den noch immer schwer defizitären »Bild Telegraph« geflossen. Der Druck Leitners bzw. Raabs auf die Redaktion des »Bild Telegraph«, die Polcar-Kampagne zu beenden, war daher erheblich – um es milde auszudrücken. Schließlich kam es zu Verhandlungen, die Finanzlage des Boulevardblattes durch einen Wechsel des Druckers zu verbessern. Josef Moser und Hans Behrmann ließen sich von meinem »Pressehaus« ein Druck-Offert geben, das von uns natürlich sehr günstig gestaltet werden konnte, da in der riesigen Druckerei auf dem Fleischmarkt noch immer technische Kapazitäten für mindestens zwei weitere Tageszeitungen sowie jede Menge Redaktionsräume vorhanden waren. Ich verhandelte ausführlich mit unseren Betriebsräten, deren Obmann zu jener Zeit übrigens auch Chef der grafischen Gewerkschaft war. Es war klar, dass wir bei Übernahme des »Bild Telegraph« in unsere Druckerei mehr als hundert grafischen Facharbeitern ihre Jobs auf Jahre sichern konnten. Die Gewerkschaft war vernünftig, und schließlich gelang es, den Herren vom »Bild Telegraph« ein Offert auf den Tisch zu legen, das sie – um mit meinem späteren Buchverlagsautor Mario Puzo (»Der Pate«) zu sprechen – nicht ablehnen konnten. So übersiedelte der »Bild Telegraph« 1967 zu uns auf den Fleischmarkt. Was natürlich meine guten Beziehungen zu Gerd Bacher und seiner Redaktion noch verstärkte.

All dies konnte aber keineswegs die Begeisterung von Raab, Leitner oder Behrmann erwecken. Bei einer Sitzung, in der man im engsten Kreis der wirklichen Inhaber des »Bild Telegraph« über mögliche Gegenmaßnahmen beriet, war Julius Raab offenbar besonders schlecht auf mich zu sprechen. Er äußerte, wie mir ein Ohrenzeuge berichtete, den denkwürdigen Satz: »Der Molden, das is ein übler Liberaler, den zerdruck ma wie a Wanz'n.« – Diesem unerquicklichen Schicksal wollte ich natürlich entgehen und begann meinerseits, gemeinsam mit Freunden über Abwehrmaßnahmen bei Angriffen gegen das Pressehaus nachzudenken.

In der Zwischenzeit verfolgten »Presse« und »Bild Telegraph« die Affäre Polcar natürlich weiter. Schließlich kam es aufgrund der vorliegenden Unterlagen vorerst nicht nur zu einer parteiinternen »Rüge« und später sogar zum Rücktritt des Wiener

Parteiobmanns. Anschließend fand ein gerichtliches Verfahren gegen den Politiker statt. Fritz Polcar hat sich schließlich aus dem politischen Leben zurückgezogen. Die von unseren Redaktionen recherchierten Unterlagen und Vorwürfe hatten sich durch die Bank als richtig erwiesen. Das ging schon daraus hervor, dass die unzähligen in dieser Zeit und in diesem Zusammenhang gegen »Presse« und »Bild Telegraph« betriebenen presserechtlichen Gerichtsverfahren unisono mit einer Zurückziehung der Anklagen oder mit einer Niederlage der Kläger endeten. Alle diese an sich für uns so erfreulichen Entwicklungen hatten allerdings die Tendenz, die Stimmung in der Volkspartei und damit auch Bundeskanzler Raab noch mehr und noch eindeutiger gegen unsere Zeitungen und insbesondere gegen Gerd Bacher und mich aufzubringen. Eine Reihe von Bemühungen Dr. Johams, mich doch dazu zu bewegen, Raabs Wünsche zu befolgen und endlich auf die ÖVP-Linie einzuschwenken, wobei er andererseits dem Bundeskanzler zu erklären versuchte, dass wir als unabhängige Zeitung geradezu verpflichtet seien, Missstände aufzudecken, führten leider zu gar nichts. Raab empfand – und das ist bei Betrachtung seines Entwicklungs- und Lebensweges auch durchaus nachvollziehbar – die Versuche »von ein paar Zeitungsschmierern«, sich in das politische Leben einzumischen als Frechheit, während Bacher und ich bei unserer Meinung blieben, dass gerade diese Art von Einmischung die vornehmste Aufgabe von unabhängigen Journalisten sei.

Kurze Zeit später zeigte sich, dass man offenbar in der Kanzlei Leitner und im Büro des »Bild Telegraph«-Verlegers Behrmann beschlossen hatte, mit anderen Methoden gegen uns vorzugehen. Der »Bild Telegraph« zahlte plötzlich keine Druckrechnungen mehr an unser »Pressehaus«. Laut Vertrag war die Höhe der vom »Bild Telegraph« unserer Druckerei schuldenden

Beträge genau mit maximal zwei Millionen gegen entsprechende Sicherheiten festgelegt. Bald war der Zeitpunkt erreicht, wo die Schulden von zwei Millionen überschritten, Sicherheiten aber in keiner Weise beigebracht waren. Unsere ständigen Urgenzen führten aber zu gar nichts; schließlich wurde es klar, dass man durch weitergehende Nichtbezahlung der Druckrechnungen das »Pressehaus« und damit unsere eigene Existenz in akute Gefahr bringen wollte.

In unserem Druckvertrag war allerdings eine Klausel enthalten, die besagte, sollte der »Bild Telegraph« mehr als zwei Millionen Schulden beim »Pressehaus« haben, dass dieses den Druck der Zeitung für die bisherigen Besitzer einstellen und den »Bild Telegraph« dann solange weiterführen könne, bis alle Schulden abgedeckt seien. Die Redaktion der Zeitung unter Gerd Bacher, die ja mit der Politik von Dr. Leitner und den Maßnahmen Behrmanns in keiner Weise einverstanden war, beschloss, an dem Tag, an dem das »Pressehaus« den Druck des bisherigen »Bild Telegraph« einstellen würde, geschlossen dort ihre Tätigkeit zu beenden und mit einer neuen Zeitung namens »Bild Telegramm« am nächsten Tag – ansonsten wie bisher bei uns im »Pressehaus« – zu erscheinen. Alle redaktionellen, vertrieblichen und technischen Vorbereitungen für diesen Schritt wurden getroffen, und Behrmann wurde an dem Tag, an dem die Zwei-Millionen-Grenze erreicht wurde, von uns verständigt, dass die entsprechenden Maßnahmen getroffen werden müssten, wenn er nicht, wie bereits mehrfach angemahnt, sofort den ausständigen Betrag bezahlen würde. Behrmann und Leitner waren nun der Überzeugung, dass wir nie wagen würden, diese sicher nicht unriskanten Schritte zu gehen, sondern dass durch den Ausfall der »Bild Telegraph«-Druckrechnungen das »Pressehaus« selber in eine Finanzkrise erster Klasse schlittern müsse.

Dann wollte man mich veranlassen, an den »Kurier«-Herausgeber Dr. Polsterer die Druckerei und auch die »Presse« zu einem Spottpreis abzugeben. Auf diese Weise wollte man auch Bacher loswerden.

Doch am Morgen des nächsten Tages erschien die Zeitung »Bild Telegramm«, gestaltet von der bisherigen »Bild Telegraph«-Redaktion, wurde durch unseren Vertrieb ausgeliefert, und erst am Nachmittag, als die Zeitung de facto abverkauft war, gelang es Leitner und Co., eine einstweilige Verfügung zu erreichen. Damit allerdings war der Zeitungskrieg voll entbrannt. Polsterer hatte den »Bild Telegraph« von den bisherigen Besitzern übernommen und seinen eigenen Chefredakteur Hans Dichand, den ich noch ein Jahr zuvor auf Bitte des damaligen Burgtheater-Direktors Ernst Haeusserman – Polsterers wie auch mein Freund – von der Kleinen Zeitung Graz, deren Chefredakteur Dichand damals war, zum »Kurier« nach Wien geholt hatte, als neuen Leiter des Blattes eingesetzt. Ein spannender Kampf zwischen zwei Vollprofis, Gerd Bacher und Hans Dichand, begann. Gleichzeitig versuchte die Polsterer-Leitner-Gruppe, unsere neue Zeitung durch einstweilige Verfügungen stillzulegen. Jeden Tag wurde der Zeitungstitel, spät am Abend, wenn die Zeitung angedruckt werden sollte, durch einen Richter, der stets persönlich bei uns am Fleischmarkt auftauchte, beschlagnahmt. Schließlich erschien die letzte Nummer des »Bild Telegramm« als »Die Zeitung ohne Titel«. Am Tag darauf wurde der »Express«, der täglich drei Mal, in der Früh, zu Mittag und am Abend erschien, geboren. Gerd Bacher wurde Chefredakteur, Hellmut Andics, Claus Gatterer und Kurt Frischler seine Stellvertreter und als Herausgeber des Blattes fungierte ich. Wenige Wochen später kauften wir von Polsterer den Titel »Bild Telegraph« mit der Verpflichtung, ihn nie mehr zu verwenden.

Damit schien der Zeitungskrieg beendet – wir zumindest waren zufrieden.

Die erhoffte Friedensepoche nicht nur in unserem Wiener Pressehaus, sondern in der ganzen österreichischen Medienbranche und darüber hinaus auch in der »Großen Koalition« sollte nicht lange dauern. Dieses Mal allerdings kam der Anlass von den Sozialisten oder, wie man damals sagte, aus der »linken Reichshälfte«. Der erste Anlass war eine innerbetriebliche Auseinandersetzung der Wiener Lastwagen- und Autobusfabrik »Gräf & Stift«, bei der sich Betriebsleitung und Betriebsrat nicht einigen konnten. Die Gewerkschaft – damals mit 1,6 Millionen Mitgliedern mit Abstand mächtigste Organisation im Lande – beschloss ganz unerwartet im Fall »Gräf & Stift« eine harte Tour einzuschlagen. Streik und noch härtere Maßnahmen wurden angedroht, und auch die Unternehmer wollten keineswegs nachgeben. Dies alles war in Österreich eine völlig unbekannte harte Kampfmethode, denn die »Republik der Seligen« hatte bekanntlich die niederste Streikstundenzeit aller westeuropäischen Länder. Umso mehr erregte »Gräf & Stift« die Öffentlichkeit, und unsere »Wochenpresse« erschien mit einer ganzseitigen Titelgeschichte: »Die Faust im Nacken«. Die ganze Affäre wurde dann bald, innerhalb weniger Tage, dank der ruhigen und vernünftigen Einstellung sowohl des Gewerkschaftspräsidenten als auch des Chefs der Wirtschaftskammer beigelegt.

Präsident des Gewerkschaftsbundes war 1959 nach dem Tod des überhaus beliebten Schani (Johann) Böhm ein wesentlich jüngerer und kämpferischer Gewerkschaftsfunktionär, nämlich der Präsident der mächtigen Gewerkschaft Bau-Holz Franz Olah geworden. Olah war ein kämpferischer Arbeiterführer, der schon Ständestaat und Nationalsozialismus durchgemacht hatte. Er war im KZ Dachau gesessen und hatte dort Kontakte auch mit den prominenten schwarzen Häftlingen á la Figl oder Maleta entwickeln können. Olah war auch praktizierender Katholik, eher selten für einen prominenten sozialdemokratischen Funktionär jener Zeit. Dadurch hatte Olah in der Nachkriegszeit zum politischen Gegner auch ein anderes Verhältnis als viele seiner primär austromarxistischen Vorgänger und Genossen. Im Oktober 1950 hatte er sich beim letzten kommunistischen Streik- und Putschversuch mit an die Spitze jener gestellt, die ihn scheitern ließen.

Olah war gewiss kein einfacher, sondern ein höchst schwieriger Mann, aber man konnte ihm eine Reihe von Qualitäten wie Großzügigkeit, Treue zur Arbeiterbewegung und persönlichen Mut nicht absprechen. Allerdings standen dem einige persönliche Schattenseiten gegenüber: ein extremes Machtbedürfnis, die falsche Einschätzung sich ergebender Möglichkeiten und eine oft kaum zu tolerierende Härte bei der Durchsetzung von Zielen, die er für richtig hielt.

Durch Jahre gelang es Olah, die positiven Seiten seines Charakters und seines Temperaments so in den Vordergrund zu stellen, dass nicht nur die Arbeiter der Gewerkschaft Bau-Holz, sondern überhaupt ein erheblicher Teil der sozialistischen Wählerschaft seine begeisterten Anhänger wurden. Dies musste bei der auch altersmäßig noch einer anderen Generation angehörenden, ideologisch im austromarxistischen Denken der Zwischenkriegszeit verankerten Führungsgruppe der SPÖ, bei Männern wie Pittermann oder Waldbrunner, aber auch bei jüngeren Intellektuellen wie etwa Christian Broda kaum Begeisterung, sondern viel eher eine zunehmende Ablehnung hervorrufen.

Offenbar hatte sich Olah zum Ziel gesetzt, die Führung der Sozialdemokraten zu übernehmen. Dazu brauchte er natürlich eine starke Presseunterstützung, also her mit den Medien. Denn eines war klar, die wichtigen Zeitungen der Linken, allen voran die »Arbeiterzeitung«, waren, angeführt vom großartigen Chefredakteur Oscar Pollak, in festen Händen des sozialdemokratischen Establishments. Die unabhängigen Qualitätsblätter, sowohl in Wien wie auch in den Bundesländern, würden einen Linksruck ebenso wenig mittragen wie die zwei Wiener Massenzeitungen »Kurier« und »Express«. Also mussten Wege gesucht werden, um vor allem auf dem Sektor der Massenpresse entweder ein bestehendes Organ unter Olahs Kontrolle zu bringen oder aber eine neue Zeitung zu gründen. Olah, der sich mit zwei wichtigen SPÖ-Funktionären, nämlich dem damaligen Vizebürgermeister und späteren Bürgermeister von Wien Felix Slavik und dem Zentralsekretär der sozialistischen Partei Alois Piberger, intelligente und mächtige Berater und Alliierte zugelegt hatte, beschloss auf Nummer sicher zu gehen und eine bestehende Massenzeitung, nämlich den »Express«, unter seine Kontrolle zu bringen. Darüber hinaus wollte er ein neues kleinformatiges Organ, nämlich die seinerzeit auflagenstärkste Zeitung Österreichs bis 1938, die »Kronenzeitung«, damals das hervorragend gemachte »Hausmeisterblattl« par excellence wieder gründen.

Dazu allerdings benötigte es einen hervorragenden, gerade für eine solche Zeitung geeigneten Journalisten und Blattmacher. Wie durch ein Wunder stand ein solcher Mann in diesem Augenblick zur Verfügung. Der »Kurier«-Verleger Polsterer hatte sich nämlich von seinem Chefredakteur Hans Dichand getrennt, und dieser wollte versuchen, selbständig eine neue Zeitung zu gründen oder, besser gesagt, die »Kronenzeitung«, deren Titelrechte verfügbar waren, wieder ins Leben zu rufen. Für das alles war allerdings viel Geld vonnöten. Für Olah kein Problem. Er »borgte« sich zwölf Millionen Schilling von Gewerkschaftssparbüchern aus, und damit konnte Hans Dichand samt einem vom Gewerkschaftspräsidenten entsandten Finanzfachmann namens Kurt Falk im Frühjahr 1959 mit der »Kronenzeitung« auf den Markt kommen. Diese wurde übrigens in meinem »Pressehaus« am Fleischmarkt und später in dessen Neubau in der Heiligenstädter Muthgasse gedruckt.

Olah konnte jedoch nicht wissen, ob die »Kronenzeitung« auch wirklich ein Erfolg werden würde. Daher wollte er auf Nummer sicher gehen und eine der beiden bestehenden Massenblätter unter seine Kontrolle bringen. Beim »Kurier« war das von vornherein ausgeschlossen, da die ÖVP, vertreten durch deren Generalsekretär Alfred Maleta, an diesem Blatt beteiligt war. Also blieb nur der »Express«, der sich damals bereits mit steigender Auflagentendenz nahe an den »Kurier« herangearbeitet hatte.

Der »Express« war im Frühjahr 1958 nach dem Zeitungskrieg aus den beiden bestehenden Boulevard-Blättern »Bild Telegraph« und »Weltpresse« bei uns am Fleischmarkt von mir als Verleger und Herausgeber und von Gerd Bacher als Chefredakteur gegründet worden. Die »Weltpresse« befand sich damals im Besitz einer linksliberalen Gruppe, deren Sprecher der Generaldirektor der Länderbank Franz Ockermüller und der Wiener Rechtsanwalt Christian Broda waren. An der neuen »Express«-Gesellschaft war diese Gruppe »liberaler Kaufleute«, wie sie sich etwas ironisch selbst nannte, einerseits und ich zusammen mit Gerd Bacher andererseits mit je 50 Prozent beteiligt. Die »Weltpresse«-Gruppe hatte eine Option auf ein weiteres Prozent, da sie die am Anfang benötigten Finanzmittel zur Verfügung stellte. Broda und Ockermüller waren sich aber völlig im Klaren, dass eine erfolgreiche Massenzeitung nur von Fachleuten wie Bacher, seiner Redaktion und auch von mir gemacht werden konnte.

Denn jeder parteipolitische Einfluss würde dem Blatt nur schaden.

Nun wurde Christian Broda im Sommer 1959 nach einer Regierungsumbildung der Großen Koalition als Justizminister ins Kabinett gerufen. Das hieß, dass er sofort seine Funktion als Miteigentümer des »Express« aufgeben musste. Es gelang Franz Olah, der sich damals dem Höhepunkt seiner Machtfülle innerhalb der SPÖ näherte, die Nachfolge Brodas beim »Express« anzutreten, wobei er, um in der eigenen Partei nicht Misstrauen zu erwecken, stets mit Slavik und Piberger auftrat. Olah forderte von mir und natürlich besonders auch von Gerd Bacher, dass der »Express« zwar weiter als Massenblatt erscheinen solle, aber in politischen Fragen seine Linie, insbesondere auch in Wahlkämpfen usw. zu vertreten habe, ansonsten würde sich nichts ändern. Für uns war klar, dass eine solche Linienverschiebung des Blattes über kurz oder lang auch seinen Untergang bedeuten müsse. Denn die Stärke des »Express« war es eben, keine der großen oder auch kleinen politischen Lager zu bevorzugen, sondern objektiv zu berichten. Wir wollten auch keinesfalls auf irgendeine parteinahe Linie egal welcher Färbung einschwenken, und der Gedanke, vom Präsidenten des Gewerkschaftsbundes »Weisungen« zu erhalten oder auch nur mit ihm die von uns für richtig empfundene Linie besprechen zu müssen, war uns ein Gräuel.

Aber wir hatten leider auch eine große Schwäche. Der Druck unserer Zeitungen erfolgte im »Pressehaus« am Fleischmarkt, das ich 1956 für zehn Jahre gepachtet hatte. Gepachtet von der Steyrermühl AG, einer Papierfabrik, die aber schon vor der Nazizeit auch die Druckerei am Fleischmarkt betrieben und mehrere Zeitungen herausgegeben hatte. Mir war klar, dass, sollte ich nicht mit Olah einig werden, man den Pachtvertrag mit der Fleischmarkt-Druckerei ganz einfach kündigen würde und ich unmöglich innerhalb kurzer Zeit eine Druckerei für drei oder gar mehr Tageszeitungen und ein Dutzend Wochenblätter aus dem Boden stampfen könnte. Auf der anderen Seite konnte Olah ohne Redaktion und vor allem auf einige Jahre hinaus ohne unsere Druckerei den »Express« nicht produzieren, es musste also ein Kompromiss gefunden werden.

Nachdem weder Gerd Bacher noch unsere anderen engsten Mitarbeiter wie Hellmut Andics oder Wolf In der Maur sich mit dem Gedanken anfreunden konnten, statt für Julius Raab nun für Franz Olah als Leib- und Hofschreiber bzw. Verleger zu fungieren, gab es nur eine Lösung: Den »Express« an die Olah-Gruppe verkaufen mit der Auflage, die Zeitung in unserer Druckerei im »Pressehaus« auf die Dauer seiner Existenz herzustellen. Ein solcher Vertrag wurde schließlich auch abgeschlossen. Auf den Gedanken, dass der nunmehr rote »Express« es fertigbringen würde, von einer Auflage von 350.000 Exemplaren täglich innerhalb von wenigen Jahren auf fast Null abzusinken und daher eingestellt werden musste, wäre allerdings keiner von uns jemals gekommen.

Heute, 2007, wird häufig in der Öffentlichkeit die Meinung vertreten, dass die Medien, zu denen in den letzten fünfzig Jahren allerdings das mächtige Fernsehen hinzugekommen ist, einen starken, ja vielleicht zu starken Einfluss auf die Entwicklung der Politik und damit auch auf die Entscheidungskraft innerhalb der politischen Parteien ausüben könnten. Dies mag bis zu einem gewissen Grad stimmen, weil die fast täglichen TV-Verhöre – viel anders kann man die Interviews mit Politikern aller Richtungen durch die ORF-Moderatoren wohl nicht bezeichnen – in der breiten Öffentlichkeit des neuen Jahrhunderts einen nicht zu unterschätzenden Einfluss haben. Das hat sich nicht nur vor der Oktober-Wahl 2006, sondern in noch stärkerem Ausmaß in den

Monaten danach klar erwiesen. Die ebenfalls neue Erfindung, fast unmittelbar nach irgendwelchen Erklärungen oder Diskussionen im ORF Publikumsbefragungen durchzuführen und diese in »befreundeten« Printmedien oder auch im Fernsehen selbst zu veröffentlichen, vergrößern naturgemäß den Einfluss der »veröffentlichten Meinung« noch weiter.

Wenn man allerdings die Ereignisse auf dem Wiener Zeitungsmarkt in den 50er und frühen 60er Jahren, wie sie in diesem Kapitel als ein nicht unwichtiger Abschnitt in der Entwicklung der Zweiten Republik dargestellt werden, betrachtet, wird man wohl nicht um den Schluss herumkommen, dass auch damals – ein halbes Jahrhundert früher – Einfluss und Kontrolle der Medien bereits eine große Rolle gespielt haben. Vergleicht man die Methoden, die während des Zeitungskrieges von 1958 angewendet wurden, mit dem Kampf um die Neuwahl der Führungsmannschaft des ORF 2006, wird man bald feststellen, dass bei der Wahl des neuen Generaldirektors des ORF ganz offen parteipolitische Bündnisse abgeschlossen wurden. Man wollte erreichen, dass statt einer schwarzen Frau Lindner ein regenbogenfarbener (in Wirklichkeit rot-blau-grüner) Herr Wrabetz an die Spitze des heute wohl mächtigsten Medienunternehmens der Republik kommt. Wo ist da der Unterschied?

Vielleicht aber doch einer: Vor fünfzig Jahren haben sich alle Beteiligten bemüht, die parteipolitischen Zusammenhänge von der Öffentlichkeit fernzuhalten. Heutzutage konnte man monatelang in den Zeitungen lesen, welche Partei wen beim ORF forcieren wollte und was für Bündnisse oder Intrigen jeweils abgewickelt wurden. Dass man heute in der Öffentlichkeit wenigstens über diese Zusammenhänge Bescheid weiß, ist allerdings wiederum jenen Medien zu verdanken, die sich ihre Unabhängigkeit im Wesentlichen bewahren konnten.

10. Kapitel

Konflikt im roten Lager

Der Konflikt im »roten Lager«, der sich am Beginn der 60er Jahre entwickelte und 1967/68 seinen Höhepunkt erreichte, war mit der Persönlichkeit Franz Olahs, der als Gewerkschaftspräsident und gleichzeitig Parlamentsvorsitzender zu jener Zeit den Gipfel seiner Macht anstrebte, eng verbunden. Gerade bei der bewährten Kernschicht der Sozialisten, nämlich der Arbeiterschaft in den Industriegebieten in und um Wien genoss er größte Sympathie. Auch eine Reihe von jüngeren Spitzenfunktionären, die nicht mehr aus dem alten Führungskader austromarxistischer Provenienz kamen wie Kreisky oder Slavik, unterstützten vorerst Olahs politische Linie, weil sie sich eine modernere Entwicklung in der Partei erhofften.
Auf der anderen Seite standen von vornherein der damalige Vizekanzler und Parteiobmann Bruno Pittermann, der Gewerkschaftsführer (und spätere Nachfolger Olahs als ÖGB-Präsident) Anton Benya, der Innenminister Josef Afritsch und bald auch Christian Broda.

Mit Methoden, die in Zeiten friedlicher Koalitionszusammenarbeit der ersten fünfzehn Nachkriegsjahre völlig unbekannt gewesen waren, nämlich mit einer harten Taktik der »Faust im Nacken«, suchte Olah nicht nur den politischen Gegner, sondern im Gegenteil viel mehr noch die eigene Partei zu veranlassen, seine Ambitionen widerspruchslos zu akzeptieren und mitzumachen. Als sich bald zeigte, dass vor allem die jahrzehntelange Führungsschicht der Sozialdemokratie weder eine grundlegende Änderung der Parteilinie und noch viel weniger eine halbautoritäre Führerschaft akzeptieren würde, war der Konflikt vorprogrammiert.

Als eine geheim gehaltene »Spende« des Gewerkschaftsbundes – sprich Olahs – an die Freiheitliche Partei aufflog und bald darauf bekannt wurde, dass Olah auch für die Gründung der »Kronenzeitung« die schon erwähnten zwölf Millionen Schilling von Gewerkschaftssparbüchern (die übrigens später von Seiten der »Krone« voll zurückgezahlt wurden) entnommen worden seien, wurde die harte Auseinandersetzung innerhalb des »roten Lagers« in aller Öffentlichkeit bekannt.

Olah nahm im wie sich später zeigte weit überschätzten Glauben an seine eigene bereits erreichte Machtposition den Kampf voll auf; wie sich allerdings zeigen sollte mit einer grundfalschen Strategie. Bei der nächsten Gelegenheit, nämlich der Regierungsumbildung im Jahr 1963, setzte er seine Ernennung zum Innenminister durch, was natürlich bedeutete, dass er über kurz oder lang seine Funktion sowohl als ÖGB-Vorsitzender wie auch als Nationalratspräsident aufgeben musste. Anscheinend hatte er nicht erfasst, dass er damit in Partei und Gewerkschaft seine Machtpositionen erheblich schwächte.

Als Innenminister begann er überdies nach kurzer Zeit angeblich vertrauliche Dokumente über prominente Politiker vor allem des sozialistischen Lagers der Öffentlichkeit bekannt zu machen, und zwar zum Großteil persönlich in Fernsehsendungen. So veröffentlichte er auf diese Weise unter anderem ein Dokument der österreichischen Staatspolizei, in der Afritsch, sein Vorgänger als Innenminister, der angeblichen Homosexualität beschuldigt wurde.

Diese Vorgangsweise Olahs erweckte in der gesamte Öffentlichkeit, insbesondere aber im sozialistischen Lager, größte Aufmerksamkeit und wurde allgemein als eine für einen führenden Politiker unverzeihliche Handlung angesehen. Nunmehr begann die SPÖ den offenen Kampf gegen Olah. Dieser musste schließlich nicht nur als Minister zurücktreten, sondern wurde auch aus der Partei ausgeschlossen. Vorher hatte es jedoch mehrfach Demonstrationen von tausenden Arbeitern der Bau/Holz, aber auch anderer Gewerkschaften gegeben, in denen die Parteiführung, in erster Linie Pittermann, Benya und Broda, heftig angegriffen wurde. Es stellte sich übrigens heraus, dass es rechtlich gar nicht möglich war, Olah sein Mandat als Abgeordneter zum Nationalrat wegzunehmen, das heißt, er blieb als »wilder« bzw. »freier« Abgeordneter bis zur nächsten Wahl im Parlament.

Hingegen wurde gegen Olah und einen gewerkschaftlichen Tatgenossen wegen Untreue, Veruntreuung und falscher Zeugenaussage ein Strafverfahren eingeleitet. Vorher schon hatte Olah 1965 eine eigene »fortschrittlich-demokratische« Partei gegründet, die den Sozialisten allerdings erheblichen Schaden zugefügt hat. Bei der Nationalratswahl des Jahres 1966 konnte Olah fast 150.000 Stimmen für seine neue Partei erhalten und war damit im Wesentlichen für die schwere Niederlage der SPÖ und in der Folge für den absoluten Sieg der Volkspartei unter Josef Klaus verantwortlich. Olahs öffentliches Leben endete 1969 mit der Verurteilung zu einem Jahr Kerker, das er wohl auch absaß. Eine der größten Begabungen und stärksten Persönlichkeiten der österreichischen Politik nach 1945 hatte sich schließlich durch seine eigenen Fehler endgültig aus dem Spiel gebracht.

Gleichzeitig öffnete er indirekt das Tor für Bruno Kreisky – übrigens in den ersten Jahren der Olah-Auseinandersetzung auf dessen Seite –, der nach der Wahlniederlage von 1966 zum Kampf um die Wahl zum Vorsitzenden der Sozialistischen Partei gegen Bruno Pittermann antrat.

Der Konflikt innerhalb der SPÖ ging also diesmal weiter, und zwar um die Führung der Gesamtpartei. Pittermann war nach der Wahl Schärfs zum Bundespräsidenten bereits im Mai 1957 zum Vorsitzenden der SPÖ gewählt worden und wurde sodann Vizekanzler. Seine größte Leistung war die Ausarbeitung eines neuen Parteiprogramms, das in weiten Bereichen mit der Programmatik des Marxismus brach und auch eine klare Grenze zum Kommunismus zog. Dass diese klare Trennung zum damals noch sowjetischen Kommunismus acht Jahre später zur Wahlniederlage Pittermanns und damit auch zu seiner ein Jahr später folgenden Abwahl als Parteivorsitzender führte, war eine Ironie des Schicksals. Schon ab 1960 musste sich Pittermann dem schweren Kampf mit Franz Olah in den Gremien der Partei stellen. Zu lange versuchte er eine friedliche Lösung, was ihm bei der Masse der Genossen, die in erheblicher Zahl hinter Olah standen, wenige Sympathien einbrachte. Schon seit 1959 war Bruno Kreisky Mitglied des sozialistischen Parteivorstandes. Im Sommer desselben Jahres fiel bei den Regierungsverhandlungen mit Bundeskanzler Raab Olahs berühmt gewordener Satz: »Das Außenministerium hängt für die ÖVP nicht am Christbaum.« Damit hievte er Kreisky als Außenminister in die neue Regierung. Diese Stärkung Kreiskys in Partei und Regierung musste Pittermanns Position weiter schwächen. Nach dem Wahltriumph der ÖVP (absolute Mehrheit – Alleinregierung Klaus) im März 1966 bleibt Pittermann nur noch ein Jahr als Parteivorsitzender, dann wird er Anfang 1967 von Kreisky abgelöst und übernimmt nur noch die Funktion des Klubobmanns im Parlament. – Übrigens genau vierzig Jahre später wird bei der ÖVP nach verlorener Wahl ein gleicher Prozess stattfinden. Anfang 2007 tritt Wolfgang Schüssel als Parteiobmann zurück und übernimmt die Position des Klubobmanns der ÖVP im Nationalrat.

Die jahrelange Auseinandersetzung zwischen Bruno Pittermann und Bruno Kreisky hatte natürlich neben der Olah-Krise auch zu jenem Konflikt innerhalb des »roten Lagers« beigetragen, der die SPÖ während der 60er Jahre immer wieder zurückwarf und erst 1970 durch Bruno Kreiskys Wahlsieg beendet wurde.

Diese Krisenzeit innerhalb der SPÖ hat aber gleichzeitig langfristig dazu beigetragen, das rote Lager auf die dann dreißig Jahre währende Dominanz der Sozialisten in der Republik vorzubereiten. Denn ohne Olahs harte, aber für die Partei wahrscheinlich sehr heilsame Abschiednahme vom alten Austromarxismus und ohne Kreiskys Öffnung der bis dahin versperrten Tür zu erheblichen Wählerschichten der bürgerlichen Mitte hätten die Triumphe der 70er Jahre für die Sozialisten wohl kaum je stattgefunden.

11. Kapitel

Südtirol: *Die gesprengten Masten*

Noch aus Kriegs- und Widerstandszeiten hatte ich eine Nahebeziehung zu Südtirol und dessen Bewohnern entwickelt – was übrigens meine langjährigen persönlichen Freundschaften und Kontakte mit Italien und seinen fast immer liebenswerten Menschen nie gestört hat.

In den 50er Jahren häuften sich die Beschwerden der Südtiroler über die Nichteinhaltung des so genannten »Autonomie-Abkommens« durch die italienischen Behörden, das 1946 auf alliierten Druck abgeschlossen wurde, als man auf der Pariser Friedenskonferenz die Rückgabe Südtirols an Österreich abgelehnt hatte. Die Unterwanderung der »Provinz Bozen« (von den Italienern frisch-fröhlich mit dem Phantasienamen Alto Adige versehen) durch gewöhnlich aus dem Mezzogiorno, dem Süden Italiens, kommende Zuwanderer beschleunigte sich von Jahr zu Jahr mit erheblichem Tempo. Mit noch größerem Aufwand wurden insbesondere um die großen Städte Bozen und Meran neue und immer größere Industrieprojekte errichtet und die dazugehörigen Wohnsiedlungen für viele tausend Einwanderer erstellt. Nachdem Südtirol die am Besten verwertbaren Wasser- sprich elektrische Stromreserven in Italien besitzt, wurden auch Jahr für Jahr neue Kraftwerke erbaut, deren Strom in riesigen Leitungen und auf hohen Masten bis in die lombardischen Industriegebiete geleitet wurde. Das Resultat dieser italienischen Aktivitäten führte dazu, dass der Anteil der Italienisch sprechenden Bevölkerung in Südtirol (Provinz Bozen), der bei der Volkszählung des

Jahres 1908 (als Tirol noch »lei oans« und bei Österreich war) vier Prozent betrug, bis zum Jahr 1958 bereits auf fast 40 Prozent angewachsen war.

Im Frühjahr 1958 wurde in Wien indessen über ein ganz anderes Problem nachgedacht, nämlich darüber, wie man ein für das Folgejahr geplantes und von den Sowjets organisiertes »Internationales Weltjugendfestival«, das zum ersten Mal seit dem Zweiten Weltkrieg außerhalb des sowjetischen Machtbereichs im gerade erst neutralen Österreich durchgeführt werden sollte, etwas im Zaume halten könne. Zu dem Festival würden etliche Zehntausende junge Leute, in der Mehrzahl, aber keineswegs durchwegs Kommunisten, als Gäste der sowjetisch-kommunistischen »Komsomolzen«-Bewegung eingeladen. Sie würden aus aller Welt, vor allem aus Lateinamerika, Asien, Afrika und natürlich aus den kommunistischen Satellitenstaaten in Südosteuropa kommen.

Eine kleine Gruppe westeuropäischer, amerikanischer und natürlich auch österreichischer jüngerer Leute, die sich mit Politik, Medien und Kultur beschäftigten, wollten nun darüber nachdenken, was man als eine Art Gegenfestival – zur gleichen Zeit, am gleichen Ort, also in Wien 1959 – ablaufen lassen könnte. Um diese Pläne in Ruhe zu besprechen, wurde beschlossen, in dem idyllischen und ruhigen Südtiroler Kurstädtchen Meran auf ein paar Tage zusammenzukommen. Neben einer Reihe von einschlägigen Herren aus Deutschland, der Schweiz, Frankreich und den USA fanden sich aus Österreich kommend der Banker Georg Fürstenberg, der Journalist Otto Schulmeister, der Rechtsanwalt Christian Broda, der Staatssekretär im Außenministerium Bruno Kreisky sowie neben einigen anderen interessierten Zeitgenossen auch meine Wenigkeit in Meran ein. Dort wurden etliche Maßnahmen propagandistischer Art beschlossen, die ein Jahr später das sowjetisch gesponserte »Weltjugendfestival« zu einer Blamage für die KP-Veranstalter werden ließen.

Wenige Tage bevor ich zu unserem Treff nach Südtirol reisen konnte, besuchte mich der prominente und angesehene italienische Journalist Indro Montanelli, in jenen Jahren zweifellos der bedeutendste Kolumnist Italiens. Wir waren uns bei diversen gemeinsamen journalistischen Aktivitäten nahe gekommen und ich lauschte daher mit umso größerem Interesse den Mitteilungen Montanellis. Er war in Wien, um herauszufinden, wie die Österreicher in der Südtirol-Frage denken. Er selber befürchtete, dass von italienischer Seite durch die immer schlimmer werdende Unterwanderung der Provinz durch Süditaliener die Gefahr eines durchaus auch für ihn verständlichen radikalen Widerstandes der Südtiroler täglich anwachse. Er erzählte mir, dass er aus durchaus verlässlichen italienischen Regierungskreisen erfahren habe, dass man in den kommenden Jahren die weitere Industrialisierung und Einwanderung italienischer Bevölkerungsgruppen nach Südtirol so forcieren wolle, dass spätestens um 1975 bis 1980 bereits eine klare Mehrheit von etwa 55 bis 60 Prozent Italienern das Land bevölkern würden. Montanelli war ebenso wie ich davon überzeugt, dass gerade in jener Zeit, Ende der 50er Jahre, als nicht nur im fernen Südostasien, sondern auch in Algerien und in Zypern blutige Freiheitskriege im Gange waren, eine ähnliche erschütternde Entwicklung in Südtirol, also im Herzen Europas, Platz greifen könnte. Ich bedankte mich bei Montanelli für seine Ausführungen, versprach ihm, mich in Österreich bei den zuständigen Leuten umzuhören und ihn am Laufenden zu halten.

Schon am nächsten Tag hatte ich in Meran Gelegenheit, den wohl in diesen Fragen äußerst kompetenten Bruno Kreisky, Staatssekretär im Außenministerium, um ein Gespräch zu bitten.

Er stimmte diesem gerne zu und war über meine Mitteilungen gar nicht erstaunt, da er bereits mehrfach von unserer Botschaft in Rom ähnliche Informationen erhalten hatte. Ich schlug ihm vor, den Südtiroler Senator im italienischen Parlament, Dr. Friedl Volgger, von dem ich wusste, dass er sich gerade in Südtirol befand, und den prominenten Anhänger der Südtiroler Freiheitsbewegung Sepp Kerschbaumer aus Frangat bei Bozen zu einem Gespräch nach Meran zu bitten. Kreisky war einverstanden, und am nächsten Tag saßen wir zu viert stundenlang im Park unseres Meraner Hotels. Die beiden Südtiroler – Volgger, der in der Nazizeit jahrelang in einem deutschen KZ gesessen hatte, gehörte eher dem gemäßigten, Kerschbaumer aber dem kämpferischen Flügel innerhalb des Südtiroler Lagers an – waren beide überzeugt, dass die derzeitige Politik der Italiener die gesamte Südtiroler Autonomie ad absurdum führen müsse. Denn wenn ihre Rechnung aufginge, würde Italien in spätestens 20 Jahren eine klare Mehrheit im Land haben, und die Südtiroler könnten sich dann die so genannten Schutzbestimmungen des Status an den Hut stecken. Unsere beiden Gesprächspartner von Etsch und Eisack waren sicher, dass erhebliche Teile der Südtiroler Bevölkerung es nicht soweit kommen lassen würden. Wenn es sein müsse, würden sie lieber zu den Waffen greifen, als ihre Heimat zu verlieren, wie es schon zu Mussolinis und Hitlers Zeiten der Fall gewesen war.

Kreisky versicherte den beiden Südtirolern, dass er alles in seiner Macht Stehende tun würde, um den Landsleuten südlich des Brenners behilflich zu sein. Spätestens im nächsten Jahr wolle er alles daran setzen, damit die österreichische Bundesregierung den Fall Südtirol vor die Generalversammlung der UNO bringen könne. (Dies wurde übrigens auch deshalb leichter, weil der damalige Staatssekretär Kreisky 1959 zum Außenminister bestellt wurde und daher die Südtirol-Aktion bei der UNO im eigenen Wirkungsbereich durchführen konnte.)

Wenige Wochen nach dem Meraner Treffen fuhr ich mit dem damaligen »Express«-Chefredakteur Gerd Bacher und meinem alten Innsbrucker Freund Prof. Wolfgang Pfaundler noch einmal nach Südtirol, um die Lage zu sondieren. Wir besuchten Sepp Kerschbaumer, den ich von einer großen Protestkundgebung der Südtiroler zwei Jahre zuvor auf Schloss Sigmundskron hoch über der Etsch kennen gelernt hatte. Durch ihn trafen wir zwei weitere prominente Anführer des »Befreiungsausschuss Südtirol« (BAS), nämlich den Bauern Louis Amplatz aus Bozen und den Schmied Georg Klotz aus dem Passeier Tal. Alle drei, die in jenem Jahr beschlossen hatten, sollte es notwendig sein, auch mit Gewalt die Italienisierung Südtirols zu verhindern, haben übrigens die kämpferischen Auseinandersetzungen nicht überlebt. Sepp Kerschbaumer, der schon 1960 die ersten Anschläge auf Industriebereiche durchgeführt hatte, ist nach jahrelangem, mit ständigen Folterungen erschwerendem Gefängnisaufenthalt im Kerker umgekommen. Louis Amplatz wurde auf einer Almhütte erschossen, der ihn begleitende Georg Klotz schwer verwundet. Klotz konnte sich noch über die Stubaier Gletscher nach Österreich retten, ist aber dann an den Folgen seiner Verwundungen ebenfalls umgekommen. Seine Tochter Dr. Eva Klotz folgte später seinen Spuren und ging in die Landespolitik, wo sie sich für die Selbstbestimmung Südtirols einsetzt – ganz wie ihr Vater, ehrlich, mutig und immer geradeaus.

Als wir damals im Jahr 1958 schließlich alle noch ganz friedlich bei Georg Klotz im Weiler Walten beieinander saßen, waren wir drei Österreicher noch optimistisch und glaubten, die UNO würde helfen. Die Südtiroler sahen die Lage viel realistischer. Ich, der ich gerade von einer Journalistenreise aus Zypern zurückgekommen war und miterlebt hatte, wie sowohl die zypriotischen Freiheitskämpfer, aber noch viel brutaler die britische Armee ihren Kolonial- oder Befreiungskrieg führten, musste leider in den Folgemonaten, als die Lage in Südtirol sich ständig verschärfte, meinen dortigen Freunden in vielem Recht geben. Trotzdem waren Gerd Bacher und ich damals noch davon überzeugt, dass es auch ohne Waffengewalt und Mastensprengen eine Lösung geben müsse. Wie Figura zeigte, haben wir uns leider geirrt.

Im Gegenteil: Sowohl die Italiener wie auch die immer erregter werdenden Südtiroler bemühten sich ihre wenn auch diametral entgegengesetzten Ziele durch entsprechende Aktionen zu erreichen. In dieser Zeit entstand auch eine Sektion des »Befreiungsausschuss Südtirol« nördlich des Brenners. Zuerst beim »Achenwirt« in Alpbach und später in Innsbruck traf sich ein Kreis, der den Südtirolern im kommenden Jahr helfen sollte, wenn die Lage sich nicht verbessern würde. Sie wollten auch mit Unterstützung aus Österreich ihre Aktionen durchführen. Die Spitzenleute Wolfgang Pfaundler, Helmut Heuberger, Heinrich Klier, Aloys Oberhammer und Kurt Welser unterstützten in zunehmendem Maße ihre Freunde südlich des Alpenhauptkamms. Sie waren nämlich immer mehr davon überzeugt, dass ohne »deutliche Zeichen des Unmuts« von Seiten der Tiroler die Italiener ihrerseits sicher nicht bereit sein würden, in Südtirol irgendein Entgegenkommen zu zeigen und die für das Überleben entscheidende Beendigung der derzeit noch ständig wachsenden Unterwanderung aus dem Süden auch nur zur Diskussion zu stellen.

Die Südtirol-Aktivisten konnten auch in Wien zunehmend Unterstützer finden. Die Staatssekretäre Franz Gschnitzer und Bruno Kreisky bemühten sich, wenn auch vorsichtigerweise im Hintergrund, ebenso um die Sache Südtirols wie der Chef der

Staatspolizei Dr. Oswald Peterlunger. Auch eine Reihe von Abgeordneten und hohen Beamten, wie etwa der spätere Staatssekretär Ludwig Steiner oder der Abgeordnete Peter Strasser sympathisierten mit dem BAS, im Gegensatz zur damaligen Regierungsspitze, die keine neuerlichen Schwierigkeiten mit Italien riskieren wollte. In der Wiener Medienlandschaft, der die Aufgabe zukam, das Südtirol-Problem auch in die weite Welt hinaus zu verbreiten, war mit Gerd Bacher, Max Lersch, Wolf In der Maur und Claus Gatterer sowie meiner Wenigkeit eine recht aktive Gruppe am Werk. Ab Ende 1958 gehörten Bacher, Lersch und ich auch dem BAS-Vorstand in Innsbruck an. Es war aber natürlich, dass alle Hauptaktivitäten bezüglich Aktionen in Südtirol usw. von Innsbruck aus liefen. Dort trug Pfaundler die Hauptverantwortung, bis eines Tages im Frühjahr 1961 die österreichische Polizei aufgrund einer Mitteilung des italienischen Konsulats bei einer Hausdurchsuchung in Pfaundlers Innsbrucker Wohnung größere Waffen- und Munitionslager entdeckte. Nun musste sich Pfaundler aus der ersten Reihe zurückziehen.

Hier sind übrigens zwei prominente österreichische Juristen, der legendäre Dr. Michael Stern aus Wien und der junge energische Dr. Wilhelm Steidl aus Innsbruck zu nennen, die in den Jahren nach dem Südtiroler Losschlagen 1961 die zum Teil nach Nordtirol geflohenen Attentäter vor österreichischen Gerichten nicht nur um Gottes Lohn, sondern auch erfolgreich verteidigten.

Schon im Sommer 1959 war es mir gelungen, Frau Prof. Elisabeth Noelle-Neumann, die Leiterin des europaweit wegen seiner Seriosität berühmten »Demoskopischen Institut Allensbach« zu überzeugen, mit einem umfangreichen Team von deutschen und Schweizer Demoskopen eine Meinungsbefragung in Südtirol durchzuführen. Das Resultat war fantastisch und hat sicher mittelfristig erheblich dazu beigetragen, in Italien ein Umdenken in Sachen Südtirol herbeizuführen. Aufgrund der Allensbacher Untersuchung stellte sich heraus, dass 82 Prozent der deutschsprachigen Bevölkerung Südtirols wieder zu Österreich zurück wollten. Sogar die kleine ladinische (rätoromanische) Minderheit, die etwa 4 Prozent der Bevölkerung ausmachte, wollte mehrheitlich nach Österreich zurück. Erstaunlich war auch die relativ große Zahl jener Südtiroler, die erklärten, wenn unbedingt notwendig auch mit der Waffe in der Hand für eine Befreiung Südtirols kämpfen zu wollen: immerhin 26 Prozent der männlichen Bevölkerung.

Diese und andere alarmierende Nachrichten führten dazu, dass die von Kreisky, der in der Zwischenzeit Außenminister geworden war, eingeleitete Befassung mit dem Südtirol-Problem durch die Generalversammlung der UNO im Herbst 1959 wirklich zustande kam. Neben einer Reihe von Südtiroler Repräsentanten wurden auch mit der Materie vertraute Österreicher nach New York geholt, um sich entsprechend für die Südtiroler Sache einsetzen zu können. Kreisky hatte auch Bacher und mich in die Delegation hinein genommen, und wir konnten diese spannenden, leider aber am Schluss wenig erfolgreichen Verhandlungen genau verfolgen. Bedauerlicherweise waren die Großmächte nach wie vor eher pro-italienisch eingestellt – so wie schon anno 1946 bei den Pariser Friedensverhandlungen. Der Westen wollte Italien im immer noch nicht beendeten Kalten Krieg auf seiner Seite halten, und die Sowjetunion samt Satelliten taten das Gegenteil, um die mächtige KP in Italien zu stärken. Lediglich die »neuen und jungen« Staaten, die aus den diversen Kolonialreichen hervorgegangen waren, hatten Verständnis für die Südtiroler. Diese und eine erhebliche Anzahl von lateinamerikanischen Nationen konnten schließlich wenigstens erreichen, dass einige, wenn auch nicht sehr bindende Versprechungen für eine Verbesserung des Autonomiestatutes empfohlen wurden.

Die Südtiroler waren tief betroffen. Am 8. Dezember 1960 kam es zu einer Konferenz aller führenden BAS-Leute, in der abgestimmt wurde, ob endlich losgeschlagen werden sollte oder nicht. Eine klare und eindeutige Mehrheit stimmte für das Losschlagen. Lediglich eine Minderheit wie etwa Gerd Bacher und ich schlugen vor, noch ein Jahr zuzuwarten und den Bemühungen der österreichischen Regierung, Zugeständnisse zu erreichen, noch eine Frist zu geben. Wir konnten uns nicht durchsetzen, und wie es sich in den folgenden Jahren und Jahrzehnten herausgestellt hat, war die Entscheidung loszuschlagen richtig und hat schließlich – wie ich heute überzeugt bin – nicht nur den Südtirolern ein großes Maß an zusätzlicher Freiheit und Selbstbestimmungsrechten gebracht, sondern auch Italien einen Krisenherd erspart, der langfristig wohl nicht zu vermeiden gewesen wäre.

Von Dezember 1960 an gab es dann in Südtirol eine große Zahl von Anschlägen; Kraftwerke, Industriebauten, in Bau befindliche Wohnanlagen für einwandernde Italiener und vor allem eine große Zahl von riesigen Elektromasten, die die in Südtirol vorhandene Wasserkraft in die lombardischen Industriezonen beförderten, wurden von den »Bumsern«, wie man die Südtiroler Aktivisten damals nannte, gesprengt. Leider kam es auf beiden Seiten auch zu Todesopfern, und eine große Zahl von Südtirolern wanderte auf Jahrzehnte in italienische Gefängnisse – aber glücklicherweise begriffen vernünftige Italiener bald, dass es für niemanden und wohl am wenigsten für sie selber von Nutzen sein könne, wenn es im Herzen von Europa am Alpenhauptkamm ständig zu Unruhen und Sprengungen käme. Es begannen neue Verhandlungen, in die nicht nur Österreich und Italien, sondern eben auch die direkt betroffenen Südtiroler eingebunden waren. Schließlich kam es zu einer Einigung, und der Konflikt um Südtirol konnte nach zehn Jahren blutiger Auseinandersetzungen friedlich und, wie ich es sehe, zum Nutzen vor allem auch der Südtiroler beendet werden. Allerdings muss man sich im Klaren sein, dass es noch immer eine erhebliche Zahl von Tirolern südlich des Brenners gibt, die lieber mit Nordtirol vereint wären. Aber hier ist auch zu bedenken, dass durch die Mitgliedschaft Italiens und Österreichs in der EU und durch das Schengener Abkommen de facto die böse Grenze am Brenner eliminiert wurde.

Für mich endete diese ernste, schließlich aber doch positive Phase des Südtirol-Problems mit einer heiteren Erinnerung. Mitten in der Zeit, als gerade schon richtig verhandelt wurde, fand – wie alljährlich – im Nordtiroler Bergdorf Alpbach das traditionsreiche »Europäische Forum« statt. Ein wichtiger Teil davon war, wie immer auch in diesem Jahr, die »Politische Plenarveranstaltung«, die dieses Mal mit einem Treffen europäischer Justizkoryphäen zusammenfiel. An einem schönen Augustabend hatten meine Frau Hanna und ich etliche prominente Teilnehmer auf die Terrasse unseres »Schreiberhäusls« am Hang einer Bergwiese auf ein Glas Wein eingeladen.

An einem der Tische mit Blick auf schöne Urgesteingipfel saß eine politisierende Runde: Bundeskanzler Kreisky, der Landeshauptmann von Tirol Eduard Wallnöfer, Prof. Wolfgang Pfaundler, Dr. Michael Neider, ein hoher Beamter im Justizministerium, und ich. Thema: Das damals noch wild umstrittene Südtirol-Problem. Der Tiroler Landeshauptmann wollte offenbar Kreisky animieren, noch mehr für Südtirol zu tun und meinte: »Wir zerspragrln uns da in Tirol für unsere Landsleut im Süden, aber von euch in Wien, Herr Bundeskanzler, hört man nicht viel in der Sach. Könnt'st du uns da nit no mehr Unterstützung geben?« Kreisky, wie immer bedächtig, nimmt einen Schluck aus seinem Glas und meint zum Tiroler Landeschef: »Weißt du, lieber Walli, da sitzt du mit deinen Ratschlägen am falschen Dampfer, neben dir sehe ich Prof. Pfaundler, der wird dir bestätigen, dass ich den Südtirolern und ihm schon vor Jahren am Ballhausplatz bei mir in Wien gesagt habe, dass es mir, wenn's um die gute Sache geht, auf ein paar Dutzend gesprengte Masten mehr oder weniger an Etsch und Eisack nicht ankommen soll.«

In dem Moment spürte ich einen schmerzhaften Tritt in mein Knie. Der neben mir sitzende Michael Neider flüsterte mir zu: »Um Gottes willen, schau«, und zeigte mit seiner Hand auf zwei Herren, die genau hinter Kreisky auf der Terrasse standen. Der österreichische Justizminister Broda und sein italienischer Amtskollege. Neider flüsterte mir noch zu: »Der italienische Minister spricht fließend Deutsch.« Ich erschrak und befürchtete, wie wahrscheinlich auch Neider, schwere diplomatische Verwicklungen. Aber glücklicherweise waren die beiden Justiz-Ressortchefs offenbar so tief in ein eigenes Gespräch vertieft, dass sie Wallnöfers und Kreiskys nicht gerade sehr diplomatischen Wortwechsel in Sachen Mastensprengung nicht mitbekommen hatten. Mir gelang es dann, unseren Kanzler und unseren Landeshauptmann recht mühevoll, aber doch, zu einem Themenwechsel zu bewegen. Wenn aber heute noch irgendwann das Thema Südtirol aufkommt, muss ich immer wieder an die schöne Formulierung »auf ein paar Masten mehr oder weniger wird's uns nicht ankommen« denken.

12. Kapitel

ÖVP-Erneuerung: Gorbach, Klaus

In der zweiten Hälfte der 50er Jahre stand Julius Raab auf dem Höhepunkt seiner politischen Karriere. Er konnte nicht ohne Berechtigung einen erheblichen Anteil an der Erreichung des Staatsvertrages für sich verbuchen. Mit dem genialen Wirtschaftsexperten Reinhard Kamitz als Finanzminister legte er im Raab-Kamitz-Kurs die Grundlage für den wirtschaftlichen Aufstieg des Landes. Gleichzeitig war er für eine enge Zusammenarbeit der Arbeitgeber mit den Arbeitnehmervertretern eingetreten. Gemeinsam mit seinem »roten Spezi«, dem erfolgreichen Gewerkschaftsboss Johann (Schani) Böhm, gründete er die bald weit über Österreichs Grenzen hinaus berühmte »Sozialpartnerschaft«. Ihr verdankt Österreich noch heute die Tatsache, unter allen freien Industriestaaten die geringste Zahl an alljährlichen Streikstunden aufzuweisen.

Nach einem leichten Schlaganfall und einigen politischen Fehlentscheidungen begann jedoch Raabs Abstieg. Ein Beispiel zeigt, wie sehr Julius Raab in seinem ganzen Denksystem eigentlich noch im ersten Drittel des 20. Jahrhunderts zu Hause war: Innerhalb der Großen Koalition hatte man sich in der zweiten Hälfte der 50er Jahre entschlossen, die Verwaltung und die Kontrolle über den Rundfunk, der natürlich nach dem Proporz geführt wurde, neu aufzuteilen. Raab wies der ÖVP den damals zahlenmäßig – was Teilnehmer bzw. Hörer betrifft – weit führenden Hörfunk als Arbeits- und Kontrollbereich zu. Den Sozialisten gab er großzügig das noch in den Kinderschuhen steckende Fernsehen, »weil ja eh ka Mensch in die flimmernden Kastln hinein schaun wird«.

Nach einer Wahlniederlage 1959, bei der die Volkspartei nur ganz knapp, dank der Wahlarithmetik, vor der SPÖ blieb, begann in der schwarzen Reichshälfte ein erstes Aufbegehren. Die bis dahin furchtsamen Raab-Kritiker sahen plötzlich eine Chance. »Die Unzufriedenheit mit Raabs diktatorischer Politik«, wie sein eigener Generalsekretär Alfred Maleta es ausdrückte, wurde immer größer. Raab reagierte schnell. Anfang 1960 trat er als Parteiobmann zurück: »Alles hat ein Ende, nur die Wurst hat zwei«, erklärte er seinem Adlatus Fritz Eckert. Knapp ein Jahr später entschloss er sich, ohne dass ihn jemand aufgefordert hätte, auch als Kanzler zu gehen. Acht Jahre hatte er in vielen Breichen für Österreich höchst erfolgreich agiert.

Jetzt aber drängte in seiner eigenen Partei eine nächste, jüngere Generation, die auch endlich mitentscheiden wollte, nach. In Wien wurde eine »Neue Österreichische Gesellschaft« als Reformkeil in Richtung Kanzleramt gebildet. Die Landeshauptleute Josef Krainer sen. (Steiermark) und Josef Klaus (Salzburg) sowie das aus Washington heimgekehrte Tiroler Urgestein Karl Gruber standen an der Spitze, und die »Jungen« in der Partei marschierten begeistert mit.

Als Nachfolger sowohl in der ÖVP-Obmannschaft und dann als Kanzler setzte Raab den gemäßigten Reformer und steirischen Landesparteiobmann Alfons Gorbach durch. Dieser hatte – obwohl er im Ersten Weltkrieg am Isonzo ein Bein verloren hatte – in der Nazizeit, weil prominenter »Vaterländischer«, fünf Jahre im KZ Dachau verbracht, wo er besonders infam gefoltert wurde. Im Mai 1945 war er wieder zu Hause und begann zum Staunen vieler eine »Versöhnungspolitik«, um die so genannten »Minderbelasteten«, also die kleinen Nazis, in die Gemeinschaft zurückzuführen.

Gorbach, mit dem Wolkersdorfer Notar Hermann Withalm als Generalsekretär der ÖVP neu gewählt, versuchte nun in die zahlreichen Gliederungen der ÖVP, die keineswegs in ihren Grundlinien immer übereinstimmten, Ordnung zu bringen. Am Parteitag im Februar 1960 wollte er die moderne jüngere Linie forcieren und holte ein Jahr später, als er Raab auch als Kanzler nachfolgte, im Sinne seiner sachlichen und schon auf eine stärkere Europapolitik hinweisende Linie den Salzburger Landeshauptmann Josef Klaus als Finanzminister und den Kärntner Landesrat Karl Schleinzer als Verteidigungsminister in das nach wie vor großkoalitionäre Kabinett. Aber Gorbach operierte in seiner Regierungszeit mit wenig Fortüne – insbesondere in seiner eigenen Partei. Er war den Reformern vor allem aus der ÖVP der Bundesländer nicht radikal genug und der alten Garde um Unterrichtsminister Drimmel viel zu reformistisch. Zwei Jahre dauerte diese Auseinandersetzung innerhalb des konservativen Lagers.

Hier zeigte sich erstmals, dass die westlichen und die südlichen Landesgruppen in der Volkspartei, die in den ersten 15 Nachkriegsjahren von Wiener oder »Eingewienerten« niederösterreichischen Schwergewichten wie Kunschak, Figl, Raab, Hurdes, Drimmel oder Altenburger, um nur einige zu nennen, beherrscht worden waren, aufzubegehren begannen. Initiiert von etlichen kräftigen Opponenten aus den ehemals westlichen oder südlichen (Besatzungs-)Zonen wie etwa Josef Klaus, Karl Schleinzer, Karl Gruber, Eduard Wallnöfer oder den legendären steirischen Landeshauptleuten Josef Krainer, Vater und Sohn.

Ebenfalls aus der Steiermark, wo die »schwarzen Reformer« offenbar auf den allerdings reichlich vorhandenen Bäumen wachsen, kam fast ein Viertel Jahrhundert später Waltraud Klasnic aus dem Nichts einer Barackensiedlung der Grazer Slums, von ihrer allein erziehenden Ziehmutter liebevoll, aber bescheiden aufgezogen, um nach der Volksschule als Aushilfe in einem Wirtshaus zu arbeiten. Dreißig Jahre später begann sie mit neuen Reformen ihre Volkspartei aufzurütteln und war 1995 Österreichs erste »Landeshauptfrau«. Typisch für Waltraud Klasnic ist übrigens, dass ihr Amtstitel in der Grazer Burg stets Frau »Landeshauptmann« blieb, denn sie setzte auf die Kraft der Frauen, ohne aber Feministin zu werden.

Die Erneuerungsbewegung in Wien haben dann auch Josef Taus und Erhard Busek im schwarzen Lager forciert, sind allerdings trotz hohen IQs und restlosem Einsatz an der damals ihren Höhepunkt erreichenden Überzeugungskraft der »Ära Kreisky«, andererseits an der trotz allen Rückschlägen nicht von der Mehrheit zu vertreibenden »Basis« des roten Wien gescheitert.

Nicht ganz unähnlich, aber seitenverkehrt war die Situation im flächenmäßig größten Bundesland der Republik, Niederösterreich. Hier hielt sich die »schwarze Basis«, bis ein »Landeskaiser« namens Erwin Pröll auftauchte und offenbar auf längere Zeit klare, absolute VP-Mehrheiten sicherte.

In Anbetracht der Tatsache, dass die ÖVP bis in die 60er Jahre in sieben von neun Bundesländern (alle außer Wien und Kärnten) die klare Dreiviertelmehrheit der Landeshauptmänner stellte, jetzt 2007 aber mit bloß vier von neun Landesfürsten (Niederösterreich, Oberösterreich, Tirol, Vorarlberg) klar in die Minderheit geraten ist, sollte es bei der Volkspartei Anlass zu kräftigem Nachdenken geben. Denn das alte Schlagwort »Wien ist rot, die Länder sind schwarz« gilt offenbar nicht mehr. Der unerwartete Erfolg der ÖVP-Liste »AG« bei den gesamtösterreichischen Hochschulwahlen im Mai 2007 (der erste schwarze Wahlerfolg seit etlichen Jahren) mag im bürgerlichen Lager als Ansporn gewertet werden. Doch sollte man andererseits nicht vergessen, dass nur weniger als 30 Prozent der Studierenden es der Mühe wert gefunden haben, zur Wahlurne zu schreiten.

Ich selbst hatte Gelegenheit, als Außenseiter diesen oft geradezu fanatisch geführten Kampf der zwei oder, wenn man Gorbach und Withalm als eigene Gruppe mitzählt, sogar drei Lager innerhalb einer konservativen Partei aus nächster Nähe beobachten zu können. Das kam so: Als 1960 die »Neue Österreichische Gesellschaft« von den Ur-Reformern gegründet wurde, wollte man nicht als eine ÖVP-Gruppe auftreten, sondern als eine moderne, zukunftsträchtige bürgerliche Reformvereinigung. So kam es, dass ein nicht parteigebundener »Paradegoi« (wie man vor 1938 in den zu 90 Prozent jüdischen Redaktionen der Wiener liberalen Zeitungen die wenigen nicht-jüdischen Redakteure nannte) gesucht wurde. Krainer und Gruber, mit denen ich befreundet war, fragten mich, ob ich nicht in diesen zukunftsträchtigen Verein eintreten und im Vorstand als »unabhängiger Liberaler« mitmachen wolle. Ich sagte gerne zu, allerdings unter der Voraussetzung, nicht der ÖVP oder sonst einer anderen Partei beitreten zu müssen. Auf die Weise hatte ich daher Gelegenheit, ein paar Jahre ein bisschen hinter die Kulissen einer österreichischen Großpartei blicken zu können. – Mein einziger seriöser Beitrag zu den Aktivitäten der »Neuen Österreichischen Gesellschaft« war, dass ein guter Freund und Syndikus meines Verlages Dr. Fritz Czerwenka auf mein Ersuchen ebenfalls dem neuen Verein beitrat und die Statuten der »NÖG« gratis und franko verfasste und zur Verfügung stellte.

Im Herbst 1963 kam es in der dreigeteilten Volkspartei endgültig zum Krach. Gorbach verzichtete beim anstehenden Parteitag auf eine Kandidatur zur Wiederwahl als Obmann. Krainer hatte Josef Klaus mit Withalm als Generalsekretär als Kandidat hervorgezaubert. Die alte Kernpartei, deren Schwerpunkt vor allem in Wien lag, stellte Heinrich Drimmel und Hetzenauer (Generalsekretär) als Kandidaten auf. Klaus und Withalm wurden mit deutlicher Mehrheit gewählt – ein klarer Sieg der Reformer. Gorbach hatte die Nase voll, umso mehr als er sich mit dem von ihm selbst aus dem Salzburger Landhaus geholten Finanzminister Klaus von Anfang an nicht vertragen konnte. Dies lag sicher auch an der – freundlich ausgedrückten – zielbewussten Haltung von Josef Klaus. Schon ein halbes Jahr später, im Frühjahr 1964 versagte der Parteivorstand Gorbach ein Vertrauensvotum und dieser machte, tief enttäuscht und verbittert, Klaus auch als Bundeskanzler Platz.

Josef Klaus, der übrigens schon einige Zeit vorher als Finanzminister zurückgetreten war, weil er seinen angestrebten Sparkurs im Rahmen der Koalition nicht durchgebracht hatte, wurde im April 1964 Bundeskanzler jenes Kabinetts, das er kürzlich erst verlassen hatte.

Der neue Kanzler wollte seine sparsame Finanz- und Wirtschaftspolitik, die, das sei festgehalten, in den folgenden zwei Jahren der Republik wesentliche Fortschritte brachte, unbedingt in allen Punkten durchbringen und stieß dabei auf wenig Sympathie seiner sozialistischen Koalitionspartner, mit denen ihn ohnedies auch ideologisch nichts verband. Schließlich war auch das persönliche Verhältnis zwischen dem schwarzen Kanzler und seinem roten Vize Pittermann eher kühl. Es war deutlich zu spüren, dass der neue Bundeskanzler ganz offensichtlich lieber allein regieren wollte. Die Konflikte innerhalb der sozialistischen Partei sollten ihm dabei ebenso helfen wie die optimistische Stimmung, die nach dem Sieg der »jungen Generation« im ÖVPinternen Machtkampf die konservative Reichshälfte belebte. Schließlich profitierte Klaus samt seiner ÖVP auch von der Tatsache, dass die Freiheitlichen durch ihren neuen Obmann Friedrich Peter litten, der wegen seiner Zugehörigkeit als Offizier in einer durch blutige Kriegsverbrechen im Zweiten Weltkrieg berüchtigten SS-Brigade nicht nur in der medialen Öffentlichkeit, sondern auch in liberal-nationalen Kreisen belastet war. Als schließlich bekannt wurde, dass im Zuge der Olah-Affären (Kronenzeitungs-Finanzierung und Spenden für die FPÖ) die Abspaltung einer Teilgruppe der SPÖ als eigene Partei im Gange war, schien für Klaus endgültig eine viel versprechende absolute Mehrheit durch Neuwahlen erreichbar.

1966 konnte dieser Traum, die Große Koalition zu beenden und mit einer bürgerlichen absoluten Mehrheit alleine zu regieren, endlich und einzigmalig in der Zweiten Republik in Erfüllung gehen. (Von 1945 bis 1966 gab es die Große Koalition, nach der Alleinregierung Josef Klaus wechselten große und kleine Koalitionen ab.) Die Volkspartei erreichte bei den Wahlen eine klare absolute Mehrheit an Stimmen und Mandaten. Klaus konnte erstmals seit dem Zweiten Weltkrieg eine Regierung nach seinem Gusto bilden. Österreich wurde – keineswegs schlecht, wenn auch nicht immer fehlerfrei – zum ersten und zum letzten Mal in der bisherigen immerhin bereits über 60 Jahre währenden Geschichte der Zweiten Republik von einer konservativen Alleinregierung geführt. Wie gesagt keineswegs schlecht, aber offenbar doch nicht zum Gefallen der Mehrheit der Wahlberechtigten, denn im Frühjahr 1970 verlor die ÖVP die absolute und die relative Mehrheit. Zwar hätte Klaus, mit der nur allzu koalitionsbereiten Peter-FPÖ eine Regierung mit knapper, aber durchaus arbeitsfähiger Mehrheit bilden können. Dies aber lehnte Klaus, der sich schon im Wahlkampf auf ein alleiniges Weiterregieren festgelegt hatte, ebenso schnell wie eindeutig ab.

Der Kanzler trat zurück und hinterließ seinem Nachfolger ein wohl bestelltes Österreich. Allerdings mit schweren und wenig populären Belastungen (Alkohol- und Autosteuern). An sich waren die positiven Seiten der kurzen Ära Klaus durchaus eindrucksvoll: Reform der verstaatlichten Industrie, Förderungen im Wohnbau- und Bildungsbereich, Großbauvorhaben (wie UNO-City, das neue AKH und schließlich das neue ORF-Gesetz). Der Regierung Klaus gelang es auch in der Außenpolitik, die Verhandlungen über eine engere EWG-Zusammenarbeit seriös aufzunehmen, das Südtirol-Paket im Wesentlichen abzuschließen und die Beziehungen zum benachbarten Ostblock zu normalisieren.

All dies wurde, soweit es vollendet werden konnte, mit »harter Hand« und oft unpopulären Maßnahmen erreicht. Die Begeisterung weiter Teile der Wählerschaft von anno 1966 schwand, was bei Landes- und Gemeindewahlen deutlich merkbar war. Der ernste und mit beschränktem plebs-appeal ausgestattete Kanzler Klaus musste sich im Wahlkampf 1970 mit einem locker lächelnden, stets auf die Probleme des kleinen Mannes eingehenden, sozialistischen Kandidaten Bruno Kreisky messen, der überdies aus der Opposition heraus und »dank 1.400 Ratgeber« – das Blaue vom Himmel versprechen konnte.

Dem stand der zutiefst seriöse, hoch gebildete, aber karge und nicht kommunikative Klaus im ersten merkbar von Fernsehauftritten optisch deutlich beeinflussten Wahlkampf fast hilflos gegenüber. So ging der Traum vom »modernen, aber konservativen Österreich für den Rest des 20. Jahrhunderts« nach nur vier Jahren eindeutig unter. Mit ihm verließen Klaus – nicht einmal 60 Jahre alt – und seine Welt die politische Bühne Österreichs.

Der seriöse, herbe, aber mit dem zwischen Bodensee und Neusiedler See so populären Humor kaum ausgestatteter Politiker war ein hierzulande seltener Typ: er wollte stets alles – oder gar nichts. Persönlich völlig anspruchslos, strebte er auch nach keinen weiteren öffentlichen Ämtern. Er lebte noch über dreißig Jahre, schrieb ein gutes Buch, las und studierte viel, diskutierte gerne im Freundeskreis, liebte seine Frau und hielt sich von jeder politischen Partizipation fern. Hut ab vor Dr. Josef Klaus, der 2001 neunzigjährig in Wien starb.

Mit dem Ende dieser Ära verschwand auch die ÖVP für fünfzehn Jahre aus dem Regierungsbild des Landes, und es sollte dreißig Jahre dauern, bis im Jahr 2000 wieder ein schwarzer Kanzler am Ballhausplatz einziehen konnte.

13. Kapitel

Der große »Zampano«

Als Bruno Kreisky Ende Juli 1990 in einer Wiener Klinik starb und ich die Nachricht von seinem Tod im Radio hörte, erinnerte ich mich tief betroffen an unsere erste Begegnung, die fast 45 Jahre zurücklag, als er sich aus dem schwedischen Exil kommend am halb zerstörten Ballhausplatz einfand, um eine Anstellung im Auswärtigen Dienst anzustreben. Ich hatte den eleganten, brillanten und sympathischen jungen Mann von damals noch genau in Erinnerung. Und als ich dann durch viereinhalb Jahrzehnte teils aus Distanz, teils aus fast freundschaftlicher Nähe immer wieder mit ihm zusammentraf, hat sich – bei allen Meinungsverschiedenheiten und mancher Kritik – der Eindruck immer mehr vertieft, dass Bruno Kreisky der mit Abstand bedeutendste Politiker, ja man kann wohl sagen Staatsmann war, den Österreich im 20. Jahrhundert aufzuweisen hatte.

Aus einer großbürgerlichen industriellen Familie jüdischer Herkunft stammend, begann er schon als Gymnasiast, sein Leben so einzurichten, wie es weder seine Familie, die betuchte Welt, in der er heranwuchs, oder sonst jemand je erwartet hätte. Als Vierzehnjähriger fasste er den Entschluss, sich links zu orientieren und der »Sozialistischen Mittelschülervereinigung« beizutreten. Bald wurde er Obmann der »Sozialistischen Arbeiterjugend«. Während und nach dem roten »Februarputsch« 1934, der sich gegen den Dollfuß-Ständestaat richtete, entschloss er sich, im Land zu bleiben. Nach der Niederschlagung des Aufstandes begann er, natürlich illegal, die »Revolutionäre Sozialistische

Jugend« aufzubauen. Seine Aktivitäten, die sich übrigens schon damals bewusst fernab von den zu gleicher Zeit agierenden und konkurrierenden Kommunisten bewegten, flogen schließlich auf. Ein Gericht des Ständestaates verurteilte ihn wegen Hochverrats zu einem Jahr Kerker. Diesen saß er ab — teilweise zusammen mit Nationalsozialisten, die am »Juli-Putsch« der Nazis, der zur Ermordung von Bundeskanzler Engelbert Dollfuß geführt hatte, teilgenommen hatten und deshalb ebenfalls zu Kerkerstrafen verurteilt worden waren.

Diese gemeinsame »Häfen-Bruderschaft«, wie Kreisky es Jahrzehnte später einmal schmunzelnd erwähnte, machte auf ihn einen gewissen — keineswegs nur negativen — Eindruck. Er lernte damals junge, ebenfalls radikale, wenn auch in ganz anderer Richtung marschierende Menschen kennen, die damals (1934 bis 1937) von der grauenhaften Wendung von Hitlers verbrecherischem Regime noch kaum etwas wissen konnten. Sie träumten, laut Kreiskys Erzählung, von einem »idealistischen Großdeutschland«. Diese Zellengemeinschaft mit jungen Nazis der 30er Jahre hat offenbar dazu geführt, dass der Vorsitzende der SPÖ und regierende Bundeskanzler dreißig und mehr Jahre später eine für viele seiner Genossen und erst recht für »schwarze Antinazis«, von jüdischen überlebenden Heimkehrern ganz zu schweigen, oft unverständliche Geduld, ja gar Sympathie für mehr oder weniger Prominente des »Nationalen Lagers« der Nachkriegszeit entwickelte.

Aber Kreisky, der schon wenige Tage nach der Besetzung Österreichs durch Hitler im März 1938 von der Gestapo verhaftet wurde, hatte dann genügend Gelegenheit, ein halbes Jahr lang Hitlers bedeutend härtere Gefängnismethoden kennen zu lernen. Im Herbst 1938 gelang es Verwandten und Freunden, Bruno Kreisky, der übrigens am Tag vor dem »Anschluss« seine letzte

Prüfung für das Jus-Doktorat abgelegt hatte, die Emigration nach Schweden zu ermöglichen. Dort fand er schnell Kontakt mit den schwedischen Sozialdemokraten. Privat aber blieb er weiter in der Welt seiner großbürgerlichen Kindheit. Er heiratete 1942 Vera Fürth, die ebenfalls aus einer wohlhabenden Unternehmerfamilie jüdischer Herkunft stammte.

Die materielle Sicherheit, die das junge Paar – ein Sohn und eine Tochter wurden in den Folgejahren geboren – von beiden Seiten besaß, ermöglichte es Kreisky, sich bald wieder mehr oder weniger »hauptamtlich« der Politik zu widmen – und das hieß während des Zweiten Weltkrieges den Kampf gegen das Dritte Reich. Er leitete einen österreichischen Emigrantenverein in Stockholm, der sich dadurch auszeichnete, dass er nicht, wie fast überall in der freien Welt, wo sich die geflüchteten Österreicher in diverse Fraktionen zersplittert, unentwegt bekämpften, sondern bemüht waren, zusammenzuarbeiten.

Ähnlich war es nur noch in der Schweiz, wo Konservative, Sozialdemokraten und Monarchisten gemeinsam bemüht waren, den österreichischen Widerstand zu unterstützen. Das Tragische war, dass Schweden und die Schweiz relative kleine, wenn auch durch ihre Nachbarschaft zum Nazireich für die Unterstützung von Widerstandsaktivitäten wichtige Länder waren. In den damals entscheidenden Krieg führenden demokratischen Staaten, nämlich England und den USA, war es leider nie möglich, die verschiedenen Emigrantengruppen zur Kooperation zu bewegen. Dadurch wurde auch die mehrfach geplante Bildung von auf alliierter Seite kämpfenden österreichischen Einheiten und darüber hinaus die Bildung einer gemeinsamen Exilregierung verhindert. Man erinnere sich, dass gleichzeitig in den KZs von Dachau, Buchenwald oder Mauthausen die gepeinigten österreichischen Häftlinge aller Couleurs ihre politischen

Gegensätze von anno dazumal längst im »Geiste der Lagerstraße« bereinigt hatten.

Wie auch immer, Kreisky gelang es, in Schweden die diversen österreichischen Emigranten zu einer gemeinsamen patriotischen Linie zusammenzufassen. Hier ist der Ordnung halber hinzuzufügen, dass auch in Schweden und der Schweiz eine Zusammenarbeit mit den Kommunisten deshalb nie möglich war, da diese keine selbstständigen Entscheidungen treffen konnten, sondern ihre Aufträge und Aktivitätsanordnungen aus Moskau erhielten.

Nach Kriegsende konnte Kreisky relativ bald nach Österreich zurückkehren und in den »Außendienst« eintreten. Nach einer von der damaligen SP-Führung verordneten Emigranten-»Bewährungsfrist« begann Kreisky an der wiedereröffneten Gesandtschaft in Schweden seine Karriere: Präsidentschaftskanzlei unter Körner, Staatssekretär im Außenministerium unter Gruber und Figl, dank Olah ab 1959 Außenminister. 1967, als Bruno Pittermann nach der katastrophalen Wahlniederlage der SPÖ als Parteivorsitzender gehen musste, folgte ihm Kreisky ins höchste Führungsamt der SPÖ. Faszinierend ist übrigens, dass bei der entscheidenden Abstimmung im Parteivorstand, in der er Pittermann schlug, die Wiener Parteiorganisation – natürlich mit Abstand die mächtigste in Österreich – und auch die bereits von Benya geführten Gewerkschaften (damals ca. 1,5 Millionen Mitglieder) gegen Kreisky stimmten. Seine Mehrheit musste er sich daher im Wesentlichen aus den mehrheitlich »schwarzen« Bundesländern holen, wo er schon 1956 in Niederösterreich einen Sitz im Nationalrat bekommen hatte.

Nunmehr beginnt Kreisky sein Meisterstück: innerhalb von drei Jahren kann er die total zerstrittene und in diverse Fraktionen geteilte Partei zu einer ebenso zielbewussten wie wiedervereinten und kampfeswilligen Einheit zusammenfassen. Das Ganze in den drei Jahren, in denen die SPÖ erstmals seit Gründung der Zweiten Republik nicht mehr in der Regierung vertreten gewesen war. Dabei musste Bruno Kreisky schließlich im Wahlkampf 1970 gegen den in Besitz der absoluten Mehrheit befindlichen – allerdings in seinen letzten Regierungsjahren ohne große Popularität – regierenden Bundeskanzler Josef Klaus antreten.

Das Wunder geschah: im März 1970 schlug Kreiskys SPÖ die Volkspartei. Es gelang dem neuen Wahlsieger mit Hilfe eines wenn auch umstrittenen Abkommens mit dem Obmann der Freiheitlichen Friedrich Peter eine Minderheitsregierung zu bilden. Mit Hilfe der sechs freiheitlichen Abgeordneten (als Belohnung gab es eine Wahlrechtsreform) sicherte er sich die Mehrheit so lange, bis er im Oktober 1971 mit einem neuerlichen Triumph die absolute Mehrheit und damit die Alleinregierung für ein Dutzend Jahre erkämpfen konnte.

Am 21. April 1970 wurde Kreisky Bundeskanzler. Zuerst für ein Jahr eines Minderheitskabinetts, dann durch drei denkwürdige absolute Wahlsiege bis April 1983 war er also insgesamt 13 Jahre Chef der österreichischen Bundesregierung. Er war der mit Abstand am längsten dienende Bundeskanzler der Ersten wie auch der Zweiten Republik.

Auch in der im November 1918 untergegangenen österreichisch-ungarischen Habsburger-Monarchie musste man weit, nämlich von Kreiskys Regierungszeit mehr als 100 Jahre bis 1879 zurückgehen, um einen etwa gleich lang dienenden Regierungschef zu finden: 1879 hatte Kaiser Franz Joseph I. für die österreichische Reichshälfte der Doppelmonarchie den Grafen Eduard Taaffe zum Ministerpräsidenten ernannt und dieser schaffte ebenfalls 13 Regierungsjahre.

Wenn wir aber einen österreichischen Regierungschef finden wollen, der wirklich länger als unser »Sonnenkönig Bruno« diente, müssen wir noch viel weiter in der Geschichte des damals noch riesigen Kaiserreichs, das nach Russland der größte Staat Europas war, zurückgehen. Dann allerdings finden wir einen Namen, der nicht nur mehr als dreimal so lang wie Kreisky regierte, sondern im Guten wie im Schlechten eine der größten Figuren der Geschichte Europas war: Clemens Fürst Metternich. Dieser regierte fast 40 Jahre ohne Wahlen, dafür vor allem im ersten Drittel seiner langen Amtsperiode am Ballhausplatz mit zahlreichen Schlachten. Dann gelang es Metternich schließlich, nicht nur die Allianz, die zum Ende der napoleonischen Herrschaft in Europa führte, auf die Beine zu stellen, sondern auch auf dem legendären »Wiener Kongress« (1814–1815), den er meisterhaft dirigierte, für mehr als ein halbes Jahrhundert den Frieden in Europa zu sichern.

Im Jahr 1848 musste Metternich Wien im Zuge der damals weite Teile des europäischen Kontinents überziehenden Revolution fluchtartig verlassen. Dies blieb Kreisky 135 Jahre später anno 1983 erspart. Er ging höchst freiwillig in sein Landhaus nach Mallorca. Von dort machte er seinem noch von ihm ausgesuchten Nachfolger, dem sympathischen Burgenländer mit den traurigen Augen Fred Sinowatz, das Leben durch häufige Einmischungen nicht gerade leicht. Dies mag nicht unwesentlich dazu beigetragen haben, dass dieser in den drei Jahren seiner Amtszeit, die er mangels absoluter Mehrheit mit einer kleinen Koalition mit den Freiheitlichen (Vizekanzler Norbert Steger) ohne große Erfolgserlebnisse, dafür mit dem ersten, wohl härtesten Teil der Waldheim-Affäre durchstehen musste.

Aber nochmals zurück zum »großen Zampano«. Dieser hatte in seinen 13 Regierungsjahren – was die Außenpolitik betrifft, waren es ja insgesamt 20 Jahre – über Mangel an Erfolgserlebnissen nicht zu klagen. Vor allem auf dem internationalen Sektor gab es etliche wichtige Schwerpunkte. Dazu zählten die EWG-EFTA-Verhandlungen, die ja schließlich, wenn auch erst eine Dekade später, zum Beitritt Österreichs zur EU führten. Durch Kreiskys gute persönliche Beziehungen mit den wirklich »Mächtigen« dieser Welt, sowohl in Washington, Moskau, London, Paris, aber auch New Delhi, Kairo und andern Zentren des Nahen Ostens wurden – dank der diplomatischen Sitte der »Gegenbesuche« – auch Wien oder Salzburg häufig zu wichtigen Treffpunkten. Namen wie Kennedy, Nixon, Reagan, Chruschtschow, Bulganin, Gorbatschow, Indira Gandhi, Thatcher, Mitterrand, Golda Meir, Gaddafi, Sadat, Dayan und natürlich die deutschen Genossen Willi Brandt oder Helmut Schmidt finden sich in Kreiskys Memoiren-Werken nicht nur immer wieder, sondern der Autor vermag auch auf das in den meisten Fällen freundschaftliche Naheverhältnis hinzuweisen.

Allerdings mit einer Ausnahme: Golda Meir. Die energische und zielbewusste israelische Regierungschefin hatte sich mit Bruno Kreisky wohl nie vertragen. Dafür gibt es viele Gründe, der wichtigste ist wohl der, dass Golda Meir von Kindesbeinen an begeisterte Zionistin war und sehr wesentlich zum Entstehen und Überleben des Staates Israel beigetragen hat. Kreisky hingegen stammte zwar ebenfalls aus einer jüdischen Familie, hatte aber weder mit dem Judentum als Religion und schon gar nicht mit dem Zionismus etwas am Hut. Er bekämpfte zwar den Antisemitismus so wie alle anderen rassistischen Erscheinungsformen, aber er stand sowohl dem Staat Israel wie auch dem global agierenden »World Jewish Congress« mit großer Skepsis gegenüber. Das konnte ihm die große Mehrzahl der Israelis wie auch der Zionisten nie verzeihen. Als zu Kreiskys Regierungszeit die schon etliche Jahre zuvor über Österreich abgewickelten Auswanderungstransporte jüdischer Sowjetbürger zwar an Zahl ständig zunahmen, gleichzeitig aber durch arabische Terroristen Druck auf Österreich ausgeübt wurde, gab es für Kreisky Handlungsbedarf: Das Lager Schönau in Niederösterreich, in dem ein Großteil der aus Russland kommenden und mehrheitlich nach Israel weiterreisenden Juden wegen der Gefahr von Terroranschlägen vorübergehend zu schließen. Daher reiste Golda Meir im Herbst 1973 nach Wien und forderte in einem langen Gespräch Kreisky auf, von der Sperre Abstand zu nehmen. Dieser aber war der Meinung, dass man damit vor allem die im Transit befindlichen Juden gefährden würde und lehnte ab. Kreisky versprach aber, die Betroffenen an anderen Plätzen unterzubringen. Golda Meir war empört und verließ Kreiskys Büro im Kanzleramt, wobei sie Journalisten mitteilte, der österreichische Bundeskanzler habe ihr während der Konferenz nicht einmal ein Glas Wasser angeboten. Zwei Jahre später reiste Kreisky nach Jerusalem, und es kam zu einer allerdings beiderseits nicht sehr ernst gemeinten Versöhnung. – Auch im Fall Waldheim, Jahre später, hat Kreisky die Angriffe Israels und des »World Jewish Congress« auf Kurt Waldheim zurückgewiesen.

Erfolgreich hingegen waren die Bemühungen Kreiskys während seiner Regierungszeit, trotz des noch immer an den österreichischen Ostgrenzen bestehenden Eisernen Vorhangs die Beziehungen zur Sowjetunion wie auch zu unseren traditionellen Nachbarn aufrechtzuerhalten.

Die Bemühungen Kreiskys insbesondere mit den post-stalinistischen sowjetischen Machthabern gute freundschaftliche Verhältnisse aufzubauen, konnte ich selbst miterleben. Im Jahr 1959 – Kreisky war damals Außenminister – hatte der Kreml erstmals seit der russischen Revolution von 1917 ein westliches Staatsoberhaupt zu einem Staatsbesuch in die Sowjetunion eingeladen: Dr. Adolf Schärf, damals österreichischer Bundespräsident. Der Wunsch der Sowjets, gerade am Beispiel eines neutralen Staates in Mitteleuropa die Verbesserung und Normalisierung im Zuge des zu Ende gehenden Kalten Krieges zu demonstrieren, war offensichtlich. Die Sowjets luden nicht nur den Bundespräsidenten, sondern auch etliche Regierungsmitglieder, einige Wirtschaftsführer und die Chefredakteure der wichtigen Zeitungen zu diesem großzügigst geplanten Staatsbesuch ein. Zu meiner Freude war ich auf der Liste und konnte endlich hoffen, Russland besser kennen zu lernen, als es mir 1942 als Mitglied einer deutschen Wehrmachts-Strafkompanie bei Kämpfen in den Prityev-Sümpfen gelungen ist. Ein Jugendfreund von mir, Otto Eiselsberg, war damals erster Zugeteilter an unserer Botschaft in Moskau. Er wurde von dem hervorragenden, aber sehr strengen Botschafter Norbert Bischoff etliche Monate vor dem Staatsbesuch nach Wien geschickt, um den Bundespräsidenten über die Programmvorschläge der Sowjets zu informieren und etwaige Wünsche nach Möglichkeit zu erfüllen.

Eiselsbergs Großvater war k. u. k. Marineoffizier gewesen, meiner auch. Es war daher kein Wunder, dass mein Freund auch bei mir vorbei schaute und vorschlug, man sollte doch den Bundespräsidenten dazu animieren, eine von den Sowjets sowieso sehr gewünschte Tour über das Schwarze Meer von Jalta nach Sotschi mit dem modernsten Schlachtschiff der Roten Flotte ins Programm einzubeziehen. Die Russen wollten nämlich endlich einmal freundlichen internationalen Besuchern ihre neue Schwarzmeer-Flotte, auf die sie so stolz waren, zeigen. Ich war natürlich begeistert, und Eiselsberg ging zu Kreisky, der ebenfalls gerne zustimmte, und dann weiter zum HBP (Herrn Bundespräsidenten). Schärf wollte natürlich gerne auf alle Vorschläge der

Sowjets eingehen, nur bei der Kreuzfahrt mit der Schwarzmeer-Flotte meinte er, das sei ein bisschen schwierig, weil er immer seekrank würde. Als Eiselsberg meinte: »Natürlich würden die Russen das zur Kenntnis nehmen, obwohl sie ganz besonders gehofft hatten, dem österreichischen Staatsoberhaupt und seiner Delegation ihre neue Flotte zeigen zu können.« Darauf meinte Schärf: »Naja, ich werde das schon aushalten, es gibt ja jetzt Tabletten, die kann ich nehmen.« Und die Schiffsreise wurde ins Programm einbezogen.

Der Staatsbesuch war ein großer Erfolg, Chruschtschow und sogar der grantige Molotow bemühten sich, die Österreicher zufriedenzustellen. Aber dann gab es doch ein Problem: Schärf und Kreisky wollten in der österreichischen Botschaft einen Empfang für die sowjetische Crème de la Crème von Chruschtschow abwärts geben. Botschafter Bischoff erklärte Schärf, dass man die österreichischen Journalisten nicht einladen solle, weil das in Moskau nicht üblich sei und es zu Irritationen mit der Sowjetführung kommen könnte. Schärf nahm das zur Kenntnis und wir Journalisten erfuhren sehr schnell von dieser Entscheidung. Einige von uns, ich glaube Franz Kreuzer, Bacher, Portisch und ich begaben uns sofort zu Kreisky und teilten ihm mit, dass wir den Wunsch Botschafter Bischoffs für absurd hielten, da wir am nächsten Tag beim Empfang Chruschtschows im Kreml ja auch eingeladen seien. Sollte Bischoff weiterhin darauf bestehen, die Journalisten vom Empfang auszuladen, würden wir alle mit dem nächsten Flugzeug nach Wien zurückkehren und wahrheitsgemäß in unseren Zeitungen berichten, dass das österreichische Außenministerium offenbar auf Medienvertreter keinen großen Wert lege. Kreisky lachte, und meinte: »Natürlich seids ihr eingeladen, eure Erpressung hat geklappt.« Alle waren zufrieden, nur Bischoff würdigte uns keines Wortes mehr. Das war ganz typisch für Kreisky, der sich an diesem Abend die Mühe nahm, alle österreichischen Chefredakteure, deren er habhaft werden konnte, Chruschtschow persönlich vorzustellen. Nicht weil er uns alle so sehr mochte, sondern weil er ganz einfach ein kluger Mann war und begriffen hatte, dass die Sowjets den ganzen Staatsbesuch nicht zuletzt auch deshalb organisiert hatten, damit die Journalisten entsprechend darüber berichten.

Kreiskys Sympathien für die arabische Welt, die ihm heftige Kritik aus Israel und vom Jüdischen Weltkongress eintrug, waren legendär. Ich persönlich, aber noch viel mehr andere Leute, die viel häufiger mit Kreisky diesbezügliche Gespräche führen konnten, hatten den Eindruck, dass er es quasi als eine Lebensaufgabe betrachtete, Frieden im Nahen Osten, also zwischen den arabischen Ländern und Israel, zu stiften. Dies ist ihm natürlich nicht gelungen. Aber mit diesem Misserfolg steht er nicht alleine da. Heute, bald 25 Jahre nach dem Ende seiner Regierungszeit, ist es weder den Großmächten, der UNO noch der EU gelungen, dieses Kernproblem des Nahen Ostens zu lösen.

Zum Abschluss der von mir aus gesehen in großen Zügen so erfolgreichen Epistel über den »großen Zampano« Bruno Kreisky ein kurzer Punkt, wo ich mit ihm gar nicht übereinstimmen konnte: Seine Beziehung zu Simon Wiesenthal. Dieser war bemüht, Nazikriegsverbrecher, die mit dem Holocaust zu tun hatten, aufzuspüren. Er wurde von Kreisky aus Gründen, die ich nicht nachvollziehen kann, um es milde auszudrücken, mit großer Abneigung verfolgt. Da ich von beiden betroffenen Herren stets nur recht einseitige Auskünfte zum Thema erhielt, muss ich es dabei bewenden lassen, dass Bruno Kreisky im Allgemeinen und auch in persönlichen Bereichen so viel Positives geleistet und so vielen Menschen geholfen hat, dass man den Fall Wiesenthal in diesem Zusammenhang eben vergessen sollte.

Es kann kaum Zweifel darüber bestehen, dass die erste Hälfte der 13 Kreisky-Regierungsjahre von Bruno, dem großen Zampano, mit Schwergewicht im Bereich internationaler Fragen, im Wesentlichen – wenn auch keineswegs immer – erfolgreicher war als die zweite Phase. Denn diese war nicht nur im Bereich der Wirtschaftspolitik und der Finanzen von zunehmenden Problemen gekennzeichnet, sondern auch von mannigfachen Auseinandersetzungen innerhalb der allein regierenden Sozialistischen Partei gekennzeichnet.

Kreisky hatte ursprünglich gehofft, mit ausgeglichenen Jahresbudgets operieren und gleichzeitig durch den Ausbau nach wie vor großteils verstaatlichter Produktionsbereiche die Arbeitslosigkeit weitgehend bekämpfen und senken zu können. Sein berühmtes Statement »Ein paar Milliarden Schulden sind mir lieber als ein paar 100.000 Arbeitslose« sollte quasi das Motto seiner Wirtschaftspolitik werden.

Schon bei der Bildung seiner ersten Regierung im Frühjahr 1970, die er mit Hilfe seines freiheitlichen Kollegen mit knapper Mehrheit im Parlament durchbrachte, hatte Kreisky offenbar einen idealen Partner für seine großen Wirtschaftsprojekte gefunden. Ein junger Floridsdorfer Wirtschaftsprüfer, Hannes Androsch, der 1966 als 29-Jähriger erstmals ins Parlament einzog, hatte bald des neuen Kanzlers Aufmerksamkeit und Sympathie erweckt. Androsch platzte geradezu vor Ideen und Vorschlägen, die zwar keineswegs überall in dem schon recht überalterten Parteivorstand der SPÖ auf Begeisterung stießen, aber in dem jüngeren Team, das Kreisky mit Typen wie Broda, Leopold Gratz usw. am Ballhausplatz um sich versammelte, breite Zustimmung fand. In den vier Jahren zwischen dem roten Wahldebakel von anno 1966 bis zu Kreiskys Triumph 1970 war es gelungen, mit »1.400 Fachleuten« zumindest den Eindruck zu erwecken, als ob die Sozialistische Partei nunmehr den Schlüssel nicht nur zum sozialen, sondern auch zum wirtschaftlichen Erfolg gefunden hätte. Androsch schien der ideale »Führer des Rudels« zu sein und wurde von seinem Mentor Bruno Kreisky 1970 zum Finanzminister – ganze 33 Jahre alt – auserkoren, was er zehn Jahre bleiben sollte. Allerdings nicht die ganzen 13 Jahre der Regierungszeit Kreiskys: Denn der »Große Alte« und das ebenso ehrgeizige und offenbar am Zuwachs materieller privater Mittel recht interessierte junge Genie begannen sich nach vier, fünf Jahren zuerst auseinander zu leben und dann sogar in aller Öffentlichkeit zu streiten.

Der aus großbürgerlichen und wohlbestallten Verhältnissen stammende Kreisky, der sich schon als 14-jähriger Gymnasiast den Zielen sozialer Gerechtigkeit zuwandte, konnte das offenbare Streben nach Anhäufung materiellen Reichtums seines jungen Partners – den er etwas vorschnell schon zum Vizekanzler und damit zum potentiellen Nachfolger gemacht hatte – auf die Dauer nicht akzeptieren. Aber trotzdem steht außer Zweifel, dass die ersten Jahre des Teams Kreisky–Androsch eine Erfolgsstory darstellten, wie sie bei einer im Kern noch immer proletarischen Arbeiterpartei wohl kaum je vorkommt. Kreisky verließ sich in allen wirtschaftlichen Angelegenheiten ganz auf seinen »Sunnyboy«; für viele in der Partei war der »Hannes« schon der sichere Nachfolger und noch mehr für einen Großteil der Medien.

Mitte der 70er Jahre kommt es aber zu ersten Sprüngen im Vertrauensverhältnis der beiden. Ist Kreisky bloß misstrauisch, dass Androsch allzu bald selber an die Spitze kommen möchte? Oder sind es die Gerüchte, später Fakten, dass Androschs Steuerberatungskanzlei bei allzu vielen staatsnahen Aufträgen mitnaschte? Offen wird der Bruch, als Kreisky erklärt, er habe nicht gewusst, dass Androsch seine Firma »Consultatio« nicht bei Amtsantritt als Minister abgegeben habe. Schließlich wird ein »Consultatio-Geschäftsführer« beim größten Wirtschaftsskandal, der »Affäre AKH«, der um den Neubau des Wiener Allgemeinen Krankenhauses entsteht und Milliarden (Schilling) verschlingt, vor Gericht gestellt und verurteilt. Auch Androsch selbst kommt wegen falscher Zeugenaussage vor das Landesgericht und wird schließlich ebenfalls verurteilt. Dies alles und noch mehr führte 1979/80 zum Rücktritt von Androsch, der allerdings dank seiner mächtigen Freunde wie etwa Gewerkschaftsbundpräsident Benya mit der Ernennung zum Generaldirektor der damals größten österreichischen Bank, der verstaatlichen Creditanstalt, entschädigt wird.

Aber auch Kreiskys hohes Standing war durch die Skandale jener Jahre, die natürlich der alleinregierenden SPÖ angerechnet wurden, angeschlagen. Auch die Tatsache, dass ein viele Milliarden Schilling teures Atomkraftwerk in Zwentendorf an der niederösterreichischen Donau schließlich vor seiner Inbetriebnahme zu einer Volksabstimmung führte, war für Kreisky nicht nützlich; er hatte nämlich erklärt, falls die Mehrheit der Bevölkerung gegen das Kraftwerk stimme, würde er als Bundeskanzler zurücktreten. Genau dies trat ein, die Mehrheit stimmte gegen Zwentendorf, Bruno Kreisky aber blieb Bundeskanzler. Er konnte sogar noch einmal – mit absoluter Mehrheit – eine Wahl gewinnen, verlor aber schließlich im April 1983 die absolute Mehrheit. Dieses Mal weigerte er sich, eine Koalition einzugehen und trat als am längsten dienender Kanzler der Republik endgültig zurück.

Nehmt alles nur in allem – Bruno Kreisky hat in den 13 Jahren seiner Kanzlerschaft Österreich zu einem wesentlich moderneren Staat gemacht, seine Position in Europa gestärkt und schließlich die Dekade der »Insel der Seligen« (Papst Paul VI.) zumindest für die Optimisten im Lande zur Realität werden lassen.

Noch etwas gab es in so ausgeprägter Form nur bei Kreisky, nämlich sein »Kabinett«, wie man im guten alten Wiener Regierungsjargon noch aus k. u. k. Tagen den engsten und quasi intimen Kreis um den Regierungschef nennt: Ein halbes Dutzend junge, durch die Bank ebenso intelligente wie in ihrer Arbeit effektive Herren und eine ebensolche Dame, loyal bis zum letzten Punkt und ihrem Kanzler zu Diensten. Sie sorgten einmalig dafür, dass alles funktionierte, die richtigen und wichtigen Leute schnell, die anderen aber gar nicht empfangen wurden, jedoch stets mit freundlichem Lächeln und einer guten Ausrede, so dass per saldo kaum einer beleidigt sein konnte. Ja, ganz einmalig war sie, Kreiskys kleine Leibgarde: Margit Schmidt, Alfred Reiter, Ferdinand Lacina, Thomas Nowotny, Wolfgang Petritsch, Georg Lenk und natürlich Jo Kunz, der stets dafür sorgte, dass es auch einmal eine Hetz gab. Später haben sie es alle zu etwas gebracht. Ob Minister, Botschafter, Generaldirektor, Verleger oder ORF-Koryphäen. Für viele – sicher für mich – blieben sie die »raschen Sieben« des Bruno Kreisky-Kabinetts.

Über mich hat Bruno Kreisky, der in Heiligenstadt nur eine Straßenecke entfernt von meinem Quartier mit seiner Familie in der Villa des letzten k. u. k. Unterrichtsministers Josef Redlich lebte, als er einmal mit einem mir befreundeten Journalisten auf einem Spaziergang bei unserem Haus in der Eroicagasse vorbeiging, gesagt: »Hier wohnt Flotwell, Raimunds berühmte ›Verschwenderfigur‹« – erstaunter Blick seines Begleiters. Darauf Kreisky schmunzeld: »Fritz Molden, ein netter Kerl, aber auch ein arger Verschwender: denn ob das mit seinem Verlag gut geht?« – Ein paar Jahre später war es mit meinem Verlag nämlich nicht gut gegangen. Ich stand vor dem Zusperren, da erschien ein befreundeter Banker und bot mir an, etliche Millionen zur Sanierung beisteuern zu wollen. Am Schluss des Gesprächs meinte er, dass Bruno Kreisky ihn um diese »Gefälligkeit« mir gegenüber gebeten habe. Ich dankte vielmals und lehnte ab, da weder der Bundeskanzler noch der Banker das Geringste dafür konnten, dass ich meinen Verlag zu großzügig geführt hatte. Aber ich habe beiden Herren ihre Bereitschaft nicht vergessen. – Daher ist mein »Zampano«-Kapitel vielleicht doch nicht so objektiv, wie es sein sollte.

14. Kapitel

Die Affäre Waldheim: Tragödie eines Patrioten

Normalerweise müsste man annehmen, dass eine Nation sich glücklich und stolz schätzen würde, wenn einer ihrer Bürger es im Laufe einer langen Karriere nicht nur zum Außenminister und schließlich sogar zum Bundespräsidenten im eigenen Lande bringt, sondern auch zweimal für das höchste Amt in der Staatenstruktur dieser Welt, nämlich zum Generalsekretär der Vereinten Nationen, mit großer Mehrheit gewählt wurde. –

So allerdings wird es bei uns in Österreich nicht gespielt. Weil eine politische Partei (SPÖ) einen sympathischen Arzt aus Oberösterreich namens Kurt Steyrer unbedingt zum Bundespräsidenten wählen lassen wollte, dieser aber außerhalb des engen inneren Parteiapparates fast unbekannt war, war zuerst einmal guter Rat teuer. Denn die andere große Partei (ÖVP) hatte den oben bereits beschriebenen, langjährigen UN-Generalsekretär und zeitweiligen Außenminister Dr. Kurt Waldheim als ihren Kandidaten für die Bundespräsidentschaft ausgesucht. Dieser nun war dank seiner jahrzehntelangen internationalen Karriere bei den Österreichern nicht nur gut bekannt, sondern auch deshalb beliebt, weil er sich nie um innenpolitische Fragen gekümmert hatte, aus kleinbürgerlichen niederösterreichischen Verhältnissen kam (sein Vater war Bezirksschulinspektor in Tulln) und daher die Chance hatte, zum ersten Mal nach dem Zweiten Weltkrieg ein nicht von den Sozialisten aufgestelltes Staatsoberhaupt bei der Wahl durchzubringen. Für die innerhalb der SPÖ zuständigen Funktionäre, die Steyrer zum Staatsoberhaupt machen sollten, ergab sich nun eine schwierige Situation.

Nach längeren Überlegungen und übrigens zur Empörung des allerdings schon in Pension befindendlichen Bruno Kreisky beschlossen die zuständigen Funktionäre, »den Waldheim halt ein bisserl anzuschmieren«. Man musste, was gar nicht so einfach war, Mittel und Wege finden, aus dem überaus korrekten Karrierediplomaten aus einer katholisch-kleinbürgerlichen Familie ein womöglich nicht wählbares Geschöpf, am besten also einen »g'standenen Nazi, noch besser einen Kriegsverbrecher« zu machen. Dem damaligen Bundeskanzler und SPÖ-Vorsitzenden Sinowatz war die Sache sicher auch nicht angenehm, aber er war eben ein treuer und loyaler Genosse und ließ daher seine erfolgsgierigen Mitarbeiter an die Sache heran. Es gelang, mit Hilfe eines österreichischen und eines jugoslawischen Journalisten, Dokumente (die sich allerdings durch die Bank als gefälscht erwiesen) im Belgrader Geheimdienst-Hauptquartier aufzutreiben, die Kurt Waldheim während des Zweiten Weltkrieges als Kriegsverbrecher an Partisanenerschießungen – Waldheim war damals Leutnant in der Wehrmacht – sowie als Judenverfolger und enger Mitarbeiter des deutschen Oberbefehlshabers Generaloberst Löhr darstellten.

Mit diesem von vornherein nicht sehr glaubwürdig wirkenden »Dokument« allein hätte die »SP-Jagdgruppe Waldheim« die Sache sicher nicht geschafft. Jedoch tauchten glücklicherweise zwei Helfer, ja Verbündete auf, die ebenfalls, wenn auch aus ganz anderen Gründen, noch ein Hühnchen mit Waldheim zu rupfen hatten. Es handelte sich um den »World Jewish Congress«, der ebenso wie der zweite Helfer, nämlich die weltweit renommierte »New York Times«, Waldheim seine offenbar zu objektiv-neutrale Haltung in der Nahost-Israel-Frage in den Jahren seiner

Funktion als Generalsekretär nicht verzeihen konnten. Aus Sicht der naturgemäß extrem Israel-freundlichen und Holocaustverbrechen verfolgenden Organisation wie dem »World Jewish Congress« war es nicht unverständlich, dass man den Generalsekretär der UN, gleichgültig, ob er Waldheim, U-Thant oder Hammarskjöld hieß, extrem kritisch betrachtete. Man schaute ihm nicht nur genau auf die Finger, sondern nahm ihm auch laufend übel, dass er, während der jeweilige UN-Generalsekretär zu einer möglichst neutralen Haltung in den heiklen Fragen des Nahost-Konflikts und der häufigen Kriege zwischen Israel und seinen arabischen Nachbarstaaten verpflichtet war, die Interessen Israels nicht genügend vertrat. Dass Waldheim, ebenso wie seine Vorgänger oder Nachfolger, dabei nie auch nur annähernd auf die Zustimmung beider Lager hoffen konnte, war klar. Ebenso klar war aber auch, dass die prominenten Medien der westlichen Welt in den 80er Jahren in ihren Grundsympathien eindeutig auf der Seite Israels und schon aus oft unausgesprochenen Schuldgefühlen in allen Holocaust-nahen Problemen auf der Seite des »World Jewish Congress« standen. Heute, 20 Jahre später, nicht zuletzt auch durch die arabischen TV-News beeinflusst, hat sich das schon etwas geändert.

Kurt Waldheim hatte im Übrigen auch Pech: Denn wäre er bereits drei Jahre vorher zur Präsidentenwahl angetreten, hätte Bruno Kreisky, der damals wohl mächtigste Mann in Österreich, sicher aber im sozialistischen Lager, eine rein pro-israelische »Kampagne«, noch dazu ohne halbwegs überzeugendes Beweismaterial nie zugelassen. Kreisky hatte schon viele Jahre vorher immer wieder betont, dass er die Kandidatur Waldheims in den UN stets unterstützt habe und mit ihm gut auskomme. Außerdem wollte Kreisky nie einen »parteigebundenen Bundespräsidenten« haben. Nicht ohne Grund hatte er seinerzeit den parteilos-katholischen Kirchschläger als Bundespräsidenten forciert. Außerdem war es Kreisky klar, dass man seiner sozialistischen Partei eine peinliche Niederlage ersparen müsse und daher nicht Steyrer gegen Waldheim aufstellen könne.

Nun, 1985, war alles anders, Kreisky war weg vom Fenster in Mallorca und die SPÖ brauchte dringend einen Wahlsieg. Der amtierende rote Kanzler Sinowatz, ein nicht nur ehrenwerter, sondern auch zehn Jahre lang erfolgreicher Unterrichts- und Kultusminister, war mit der weiten Welt draußen und mit ihren Gefahren, Chancen und Problemen nicht vertraut. Neufeld im Burgenland, Eisenstadt und vielleicht gerade noch Wien waren die Welten, in denen er sich erfolgreich bewegen konnte. Als man ihm klar machen wollte, dass Waldheim in der weiten Welt kaum geliebt, darüber hinaus auch noch ein Nazi gewesen sei und man nur auf diesem Weg des scharfen Angriffs die Präsidentschaftswahlen für Steyrer gewinnen könne, wird er dies wohl oder übel akzeptiert haben. Internationale Intrigen waren nicht seine Sache, also nahm das Schicksal seinen Lauf.

Die 1947, angeblich von Tito selbst in Auftrag gegebene Fälschung eines jugoslawischen Geheimdokumentes wurde vom Belgrader Geheimdienst deshalb produziert, um die für 1948 in London angesetzten Fortsetzungen der österreichischen Staatsvertragsverhandlungen im jugoslawischen Sinne zu unterstützen. Damals forderte Tito Kärnten südlich der Drau, womöglich mit Villach, für Jugoslawien. Zu diesem Zeitpunkt war die Sowjetunion noch mit Tito verbündet und Stalin hatte in seinen Gesprächen mit Milovan Djilas eine diesbezügliche Zusage gemacht. Daraufhin wurden jene Unterlagen produziert, die die österreichische Delegation bei den Londoner Verhandlungen diskreditieren sollte. Der Chef der Österreicher, Außenminister Gruber, schied leider aus, da er als Führer der Österreichischen

Widerstandsbewegung in Tirol und klarer Vertrauensmann des Westens kaum als Nazi-Kriegsverbrecher in Frage kam. Überdies war er nie in seinem Leben in Jugoslawien gewesen. Dort begangene Kriegsverbrechen konnten ihm daher schwer angelastet werden.

Doch der zweite Mann in der österreichischen Delegation, Kurt Waldheim, war zwar nur als schäbiger Leutnant während des Krieges auf dem Balkan, in Griechenland, Jugoslawien und Albanien gewesen. Vor allem als Dolmetscher zum damals noch mit den Deutschen verbündeten italienischen Oberkommando, dann in Thessaloniki und Athen im Stab des deutschen Oberkommandierenden Generaloberst Löhr, zwar immer nur als Ordonnanzoffizier, niemals mit eigener Befehls- oder Kommandogewalt, aber immerhin − er war wenigstens dort gewesen. − Jugoslawen anno 1947 schrieben noch einige nicht beweisbare, aber ebenso schwer zu widerlegende Geiselerschießungen und ähnliche Kriegsverbrechen in das Papier. Dieses hatte nur zwei Nachteile: einerseits war es von A bis Z gefälscht, um bei den Verhandlungen Österreich zu schwächen, und zweitens wurde es niemals vorgelegt oder auch nur veröffentlicht. Denn 1948 zerkrachten sich Stalin und Tito. Die Sowjetunion beendete die Unterstützung der jugoslawischen Ansprüche auf Südkärnten. Auch Tito erkannte mit einem Blick auf die Landkarte, dass er außer dem Stückchen Grenze mit Österreich keinen einzigen Nachbarn im Westen hatte, der nicht auf Seiten Stalins gegen ihn stehen würde. Daher begannen die Jugoslawen schon 1950, die Beziehungen mit Wien wieder zu verbessern.

Das geheimnisvolle Dokument aus Belgrads Geheimdienstzentrale war nicht nur gefälscht, sondern wurde schon ab Anfang 1958 nicht mehr anerkannt oder gar in Einsatz gebracht. Einige Jahre später hatte ich die Möglichkeit, an der Belgrader Buchmesse teilzunehmen. Unser Botschafter in Belgrad Karl Hartl, der sich in der Nazizeit als Widerständler ausgezeichnet hatte und offenbar mit Tito auf sehr gutem Fuß stand, hatte für Janko Musulin, den Molden-Verlagslektor in Frankfurt, und für mich eine Privataudienz beim jugoslawischen Präsidenten herbeigezaubert. Tito – der ja selber Kroate war – hatte wegen meines Urgroßvaters Petar von Preradovic, der Mitte des 19. Jahrhunderts als Nationaldichter galt, einen Narren an mir gefressen. So hatte ich mehrfach bei Jugoslawienreisen Gelegenheit, Tito besuchen zu können. Petar Preradovic war im Übrigen nicht nur Nationaldichter, sondern auch österreichischer k. u. k. General gewesen. Auch dies schien Tito in keiner Weise zu stören. An jenem Nachmittag in Titos Palast kam das Gespräch auch auf die Tatsache, dass Kurt Waldheim österreichischer Außenminister geworden war. Tito lächelte: »Was es für sonderbare Irrtümer gibt, vor dreißig Jahren haben bei uns irgendwelche Schnüffler den Waldheim, der damals bei der österreichischen Staatsvertragsdelegation in London mit dabei war, als einen Kriegsverbrecher und Hochverräter hinstellen wollen, um unsere jugoslawische Position in der Kärnten-Frage zu verbessern. Das Ganze führte sich selbst ad absurdum, da Stalin in Moskau zu dieser Zeit die Beziehungen nach Jugoslawien abbrach. Daher ist auch aus dem ganzen Theater mit Waldheim nichts geworden. Jetzt«, und wieder grinste Tito, »wäre es auch noch blamabel, wenn der Waldheim, der nun Außenminister wurde, plötzlich mit irgendwelchen Naziverbrechen zu tun gehabt hätte.« – Erst fast 20 Jahre später sollte ich den Hintergrund, der für uns drei Österreicher an jenem Nachmittag völlig unerklärlich schien, verstehen.

Waldheims angeblich verbrecherische Vergangenheit ging dann Mitte der 80er Jahre schnell um die Welt. Die Premiere erfolgte am 1. Februar 1986 im Wiener politischen Magazin

»Profil«. Anhand der in Wehrmachtsarchiven gefundenen »Wehrstammkarte« Kurt Waldheims war festzustellen, dass dieser Mitglied der SA und der NS-Studentenschaft gewesen sein sollte. Beides ist falsch. Denn Waldheim war (vor dem Anschluss) Mitglied des Reitklubs der Konsularakademie, wo er eben seine Abschlussprüfungen absolvierte. Unmittelbar nach dem Anschluss wurden alle privaten Sportvereine aufgelöst und in die Reiter-SA oder Reiter-SS übergeführt. Allerdings hatte Waldheim keine Gelegenheit mehr, sich als Reiter-SA-Mann zu betätigen, da er zu diesem Zeitpunkt die Abschlussprüfungen der Konsularakademie beendet hatte. Was die NS-Studentenschaft betrifft, wurde jeder Student nach dem Anschluss in diesen Verband eingegliedert, denn ohne Mitgliedschaft hätte er sein Studium nicht beenden können. Dass die festgestellten »Nazi-Beweismittel« gar keine waren, interessierte allerdings weder das »Profil« noch die Rechercheure in der SPÖ oder die im vollen Einsatz befindlichen »Waldheim-Jäger« bei der »New York Times« bzw. beim »World Jewish Congress«. Sowohl der »World Jewish Congress« wie auch israelische Regierungsstellen teilten mit, falls die Österreicher Kurt Waldheim zum Bundespräsidenten wählen sollten, jeder einzelne von ihnen dafür zu büßen haben würde.

Der Gründer des jüdischen Dokumentationszentrums Simon Wiesenthal stellte allerdings in einer Pressekonferenz fest, dass aufgrund der ihm zur Verfügung stehenden Quellen die Basis der Jagd auf Waldheim in Österreich zu suchen sei. Es müsse eben alles geschehen, um wegen der bevorstehenden Präsidentschaftswahl den nicht-sozialistischen Kandidaten als Nazikriegsverbrecher darzustellen. Faszinierenderweise allerdings stellte sich neben Simon Wiesenthal auch Alt-Bundeskanzler Bruno Kreisky eindeutig auf die Seite Waldheims. Beide bezeichneten die Attacken des jüdischen Weltkongresses als eine ungeheure Niedertracht. Der amtierende UN-Generalsekretär Perez de Cuellar erklärte die gegen Waldheim erhobenen Vorwürfe als völlig absurd.

Aber die »Campaign« geht munter weiter. Neben Österreich insbesondere in den USA und in Israel. Der amtierende österreichische Bundespräsident Kirchschläger bietet sich der österreichischen Bundesregierung in der Causa Waldheim als »Schiedsrichter« an. Nach der Prüfung aller Dokumente, die die UN-Archive und der »World Jewish Congress« zur Verfügung gestellt haben, erklärt Kirchschläger, dass er aus seiner beruflichen Sicht (er diente ursprünglich als Richter) aufgrund der mangelhaften Dokumentation keine Anklage gegen Waldheim erheben könne. – Im Juni 1986 wird Waldheim dann schließlich mit einer absoluten Mehrheit von 54 Prozent zum Bundespräsidenten gewählt. Aber die Angriffe gehen weiter, sowohl in den USA wie in anderen Ländern wird nunmehr nicht nur Waldheim als »Nazi« bezeichnet, sondern auch die große Mehrzahl der Österreicher, die ihn gewählt hat. Im April 1987 verständigen hohe Beamte des US-Justizministeriums die österreichischen Behörden, dass die angeblichen Kriegsverbrechen, die zwar nicht notwendigerweise Waldheim persönlich, aber andere deutsche Einheiten begangen haben, genügen, um das neue österreichische Staatsoberhaupt an der Einreise in die USA als »unerwünschte Person« zu hindern. Während Israel sich der US-These anschließt, lehnen Großbritannien und die Sowjetunion die auf »reine Verdachtsmomente« gegründete Entscheidung grundsätzlich ab.

Am 11. Juli 1987 bestellt Außenminister Mock für die österreichische Bundesregierung den Ex-Außenminister Karl Gruber, ferner den langjährigen Botschafter Hans Reichmann und schließlich meine Wenigkeit zu »Sonderbotschaftern«, um weltweit die wahren Zusammenhänge der »Causa Waldheim« aufzuklären. Unsere Aufgabe war es, als Kenner der Kriegszeit und selbst im antinazistischen Kampf tätig gewesen, Beweismittel und Dokumentationen, die sich in immer größerer Zahl fanden, den relevanten Regierungen in aller Welt vorzulegen, um aufzuzeigen, dass die Beschuldigungen gegen Waldheim nicht aufrechterhalten werden können.

Es war weder eine einfache noch eine vergnügliche Aufgabe, die man uns aufgetragen hatte. Jeder von uns versuchte sich Länder auszusuchen, in denen er sich halbwegs auskannte und wo er womöglich schon einmal österreichische Interessen vertreten hatte. Ich bekam als erste Station Holland zugewiesen. Am Amsterdamer Flughafen erfolgte eine freundliche Begrüßung, bei der mich mehr oder weniger freundliche Studenten liebevoll mit faulen Eiern bewarfen. Ich hatte noch Glück, denn das eine mir zugedachte Ei konnte ich mit meiner Aktentasche abfangen, die roch dann nicht gerade sehr gut, aber sonst war nichts passiert. Ein zweites Ei allerdings traf die Mütze eines mich begleitenden Polizisten. Ich ließ mich nicht verschrecken und hielt in Den Haag wie auch in Amsterdam wie geplant Vorträge und Pressekonferenzen. Unsere österreichischen Diplomaten haben sich übrigens, mit ganz wenigen Ausnahmen, hervorragend und hilfreich verhalten. Einfacher erging es mir dann in Dänemark, Schweden und Norwegen, wo keine österreichischen Nazibonzen während des Krieges als Reichsstatthalter für Hitler tätig gewesen waren. Insgesamt war ich, glaube ich, etwa vier oder fünf Monate unterwegs. Am längsten in Amerika, wo ich feststellen konnte, dass gerade dort ansässige österreichische jüdische Emigranten sich besonders bemühten, unsere Causa positiv zu vertreten. Es war dabei auch sehr interessant, dass sich die offenbar bedeutendste jüdische Vereinigung in den USA, »The American Jewish Committee«, in der gesamten Waldheim-Angelegenheit wesentlich zurückhaltender verhielt und mich bei manchen Diskussionen sogar unterstützte, während der »World Jewish Congress« jeden Kontakt mit uns, wo es nur immer ging, vermied.

In Los Angeles waren Karl Gruber und ich gemeinsam für eine größere Vortragsveranstaltung eingeteilt. Als Moderator und Chairman agierte ein prominenter judaistischer Universitätsprofessor und Rabbiner, der sich die Mühe genommen hatte, die Kriegsleben von Gruber und mir genau zu überprüfen und dadurch eine mehrstündige Diskussion mit mehreren hundert Besuchern herbeiführte. Bis spät in den Abend saßen wir dann noch in einem kleinen Kreis, und unser Gastgeber verabschiedete sich schließlich, nachdem er uns zum Hotel gebracht hatte, mit den Worten: »I wish you good luck on your most difficult journey and I hope that at least the questionable watch list decision on your president will soon be lifted.«

Heute, fast genau 20 Jahre später, ist die »fragwürdige Entscheidung« der amerikanischen Regierung, den schließlich im Juni 2007 in Wien verstorbenen Kurt Waldheim nicht in die USA einreisen zu lassen, noch immer in Kraft. – Durch puren Zufall habe ich vor wenigen Monaten ein zerschlissenes Blatt Papier in einer meiner Laden gefunden, es handelte sich um eine Kopie des kaum noch lesbaren Gau-Aktes in Sachen Kurt Waldheim. Es war eine Eintragung aus dem Jahr 1944: »Dr. Kurt Waldheim ist aufgrund der katholisch-reaktionären Einstellung seiner christlich-sozialen Lehrerfamilie für keinerlei Einsatz in nationalsozialistischen Institutionen aller Art geeignet.«

Herrn Edgar Bronfman, der übrigens dieser Tage »wegen unklarer Gebarung« als Präsident des »World Jewish Congress« zurücktreten musste, würde ich noch heute nachträglich ganz gerne eine E-Mail schicken: »Nett von Ihnen, dass Sie im Gegensatz zur Nazi-Gauleitung dem Waldheim doch noch ein paar Gemeinheiten gegen den ›Führer‹ und das bisserl abgekürzte tausendjährige Reich haben durchgehen lassen. Eigentlich hätte der Baldur von Schirach, Reichsstatthalter von Wien, Ihnen in letzter Stunde, etwa zu Führers Geburtstag 1945, das Goldene Parteiabzeichen verleihen sollen. Denn in dieser letzten Phase des ›Dritten Reiches‹ ist es Ihnen als Präsident des World Jewish Congress – wenn auch erst 40 Jahre später – gelungen, aus einem von der NS-Hierarchie völlig abgelehnten katholisch-konservativen Burschen, der lieber Hitlerjungen verprügelte, als dem Führer siegen zu helfen, doch noch einen aufrechten Nazi-Kriegsverbrecher erster Klasse zu machen. Juden von Saloniki nach Auschwitz. Partisanen in slavonischen Wäldern vom Diesseits ins Jenseits! Großartig geplant, und beinahe hätte es Ihnen die halbe Welt auch geglaubt, Herr Bronfman. Aber leider – das alte Wiener Sprichwort hat sich doch wieder einmal bewahrheitet und heißt nach wie vor: ›Es ist alles nicht wahr!‹« –

Meine obigen frechen Randbemerkungen haben im Übrigen Herrn Bronfman nicht gestört, auch nach Waldheims Tod behauptet der »World Jewish Congress« bei jeder sich bietenden Gelegenheit, dass Waldheim und mit ihm ein erheblicher Teil der Österreicher nach wie vor Nazis seien. Allerdings könnte man auch glauben, dass die Welt jetzt anno 2007 andere Sorgen hätte. Die Welt und insbesondere der Nahe Osten und Israel. Kurt Waldheims Schicksal aber, von ihm selbst wohl durch Ungeschicklichkeiten und Unterlassungen in der Darstellung seines eigenen, an sich völlig normalen Daseins als Leutnant in der deutschen Wehrmacht, für viele missverständlich gezeichnet, wurde nun durch den „unbereinigten" Tod des alten Mannes zur Tragödie eines österreichischen Patrioten.

15. Kapitel

Die Koalitionäre werden müde

Die Causa Waldheim hatte nicht nur weltweit für Aufsehen und scharfe Auseinandersetzungen gesorgt, sondern auch in der österreichischen Innenpolitik jede Menge Konflikte heraufbeschworen, wie man sie seit dem Justizpalastbrand von 1927 und dem Bürgerkrieg 1934 nicht mehr gekannt hatte. Es herrschte erstmals wieder ein Ton, und zwar nicht nur in den Medien und bei Wahlversammlungen, sondern auch im Parlament, den die Republik nach fast sechs Jahrzehnten endgültig überwunden geglaubt hatte.

Innerhalb von wenigen Monaten entstand der Eindruck, dass der viel gelobte »Geist der Lagerstraße«, der die großen politischen Gruppen nach jahrzehntelangen, oft blutigen Kämpfen zu einem gemeinsamen Bemühen um ein friedliches Miteinander zusammengeführt hatte, quasi über Nacht, wie durch ein grauenhaftes Unwetter, endgültig verschwunden war. Mit einer Gehässigkeit, die durch mehr als 40 Jahre – nämlich von Kriegsende 1945 bis zur Nominierung Kurt Waldheims als Präsidentschaftskandidat 1985 – nicht einmal andeutungsweise zu hören war, gingen sonst ruhige und geradezu für ihre Friedfertigkeit bekannte Politiker, Historiker oder Publizisten aufeinander los. Der berühmte Satz des damals amtierenden Bundeskanzlers Fred Sinowatz über den Präsidentschaftskandidaten und vor allem langjährigen UN-Generalsekretär Kurt Waldheim »vielleicht war Waldheim nicht bei der SA, dann war es eben sein Pferd« bleibt unvergessen.

Auch nach der Wahl im Mai 1986, in der Kurt Waldheim mit 54 Prozent der Stimmen zum Staatsoberhaupt gewählt wurde, wollte und konnte sich die Atmosphäre in Österreich nicht beruhigen. Dies war zum Teil darauf zurückzuführen, dass die Sozialdemokraten nicht nur zum ersten Mal nach dem Zweiten Weltkrieg eine Bundespräsidentenwahl verloren hatten, sondern auch deshalb, weil sie diese Niederlage durch ihre Wahlkampfmethoden quasi selbst herbeigeführt hatten. Darüber hinaus hatte die Tatsache, dass ein erheblicher, wenn nicht sogar der überwiegende Teil des Wahlkampfes gar nicht in Österreich, sondern in weiten Teilen der westlichen Welt und Israels stattfand, dazu geführt, dass sich in den Köpfen des Gutteils der Wähler der Eindruck festsetzte: »Wir lassen uns nicht vom Ausland vorschreiben, wen wir bei uns in Österreich als Bundespräsident haben wollen.« Sinowatz trat schon am Tag nach der Wahl als Kanzler zurück, und Franz Vranitzky konnte die »kleine Koalition« mit den Freiheitlichen nur wenige Monate fortführen. Denn nachdem der am rechten Flügel der FPÖ platzierte Jörg Haider zum Parteiobmann des freiheitlich-nationalen Lagers gewählt worden war und damit auch Partner in der rot-blauen Koalition wurde, war für Vranitzky die innenpolitische Situation so belastet, dass er die Zusammenarbeit mit dem Juniorpartner aufkündigte. Bei der breiten Mehrheit der Wähler zeigte sich nunmehr deutlich eine steigende Politikmüdigkeit.

Die ÖVP war nach dem Wahlsieg Waldheims unter Führung ihres Obmanns Alois Mock wieder siegessicherer geworden und stimmte daher baldigen Neuwahlen für den Nationalrat gerne zu. Allerdings ohne Erfolg. Obwohl auch die Sozialisten gegenüber den Präsidentenwahlen an Stimmen verloren, fiel die ÖVP gegenüber dem »Waldheim-Wahlwunder« erheblich zurück, und Franz Vranitzky konnte mit dem bereits durch Krankheit gezeichneten Alois Mock wieder eine große Koalition bilden. Diese sollte zehn Jahre das nicht gerade sehr lebendige Koalitions-Proporzdasein Österreichs prägen. Kanzler in immerhin fünf Kabinetten war stets Vranitzky, während die ÖVP ihre Vizekanzler laufend auswechselte (Mock, Riegler, Busek, Schüssel). Anfang 1997 löst der bisherige Finanzminister Viktor Klima Bundeskanzler Vranitzky ab, Schüssel bleibt Vizekanzler.

Seit dem Rücktritt Bruno Kreiskys im Mai 1983 hatte es also bis Anfang 2000 sieben Regierungen gegeben, alles kleine oder große Koalitionen. Es war zur lieben Gewohnheit der österreichischen Koalitionspolitik geworden, beim Wechsel der jeweiligen Regierungschefs auch eine erhebliche Anzahl der Minister, und zwar natürlich beider gerade regierender Koalitionsparteien auszutauschen. Es sollten bei solchen Gelegenheiten stets etliche weitere Parteifreunde bedacht werden. Das wiederum führte dazu, dass bei vielen staatlichen oder halbstaatlichen Institutionen die personelle Besetzung dem Einfluss der jeweils gerade regierenden Koalitionsparteien – um es gelinde auszudrücken – unterstand, wie dies etwa für die Oesterreichische Nationalbank und für ganz oder teilstaatlich kontrollierte Verwaltungs- und Wirtschaftsbereiche galt. Typisches Beispiel: die Österreichische Bundesbahn (immer mit Verlusten arbeitend) oder die großartige, stets Gewinne abwerfende Österreichische Mineralölverwaltung (OMV). So kam es, dass etwa ein aus welchen Gründen auch immer abservierter Minister versorgt werden musste und dieser zum Beispiel zum Vorstandsvorsitzenden (Generaldirektor) einer unter staatlichem Einfluss stehenden Großbank oder Schlüsselindustrie gemacht wurde. Das wiederum brachte eine ganze Personalrochade in Bewegung. Denn der geheiligte Proporz musste natürlich erhalten bleiben, und daher musste oft der ganze oder ein erheblicher Teil des Vorstandes einer großen

Industrie oder Bank im Sinne der Proporzerhaltung umbesetzt werden. Ähnlich wurde auch bei den gleichfalls sehr gut dotierten Aufsichtsräten von staatsnahen Institutionen vorgegangen.

Es ist faszinierend, dass offenbar einem großen Teil der führenden Funktionäre der jeweiligen Regierungsparteien gar nicht mehr zu Bewusstsein kommt, dass diese von den Parteien betriebene »Postenvermittlungsagentur« bei der erheblichen Mehrheit der Bevölkerung, die ja kaum je eine Chance hatte, in den Genuss solcher Politparteibelohnungen zu kommen, nicht nur wenig Zustimmung, sondern auch weit verbreitete Verärgerung, ja sogar Ablehnung bringt.

Nun ist natürlich zu bedenken, dass die eben geschilderte Koalitions-Proporz-Posten-Vermittlung nicht nur auf Bundesebene stattfindet, sondern – wenn auch zum Teil in anderer Form – auch in den neun Bundesländern, wobei es hier ebenso wie auch im Bund sehr häufig gar nicht um wirtschaftliche, sondern eher um kulturelle, künstlerische oder wissenschaftliche Jobvergaben geht. Wenn etwa die Direktion eines Landestheaters neu zu besetzen ist und hierfür eben ein »Schwarzer« zum Zug kommen soll, wird man zweifellos trachten, für die Leitung des Landesmuseums, die ja auch irgendeinmal neu besetzt werden muss, eine »rote« Kandidatin zu finden. Es soll hier keineswegs gesagt werden, dass die »Parteibuch-Kandidaten« nicht unter Umständen auch die sachlich besten Leute sein können. Aber es ist – so scheint es mir – trotzdem ein Jammer, dass überhaupt schon ganz selbstverständlich, wenn über Postenbesetzungen geschrieben, gesprochen oder berichtet wird, immer auch die politische Richtung der jeweiligen Kandidaten Erwähnung findet. Ein Jammer ist es deshalb, weil viele, oft vielleicht besonders begabte vor allem jüngere Kandidaten für entsprechende Tätigkeiten aufgrund der fast als unvermeidlich empfundenen Proporzpraxis und weil keiner politischen Gruppe nahe stehend für die Besetzung sachlich wichtiger Funktionen quasi ausfallen und eine große Zahl begabter und gescheiter Leute ins Ausland geht. Das wiederum führt dazu, dass viele Vorstandspositionen internationaler Industriekonzerne, vor allem in Deutschland, in einer für unser relativ kleines Land erstaunlich großen Zahl mit Österreichern besetzt wird und man auch an bedeutenden Opernhäusern »all over the world« bzw. an wichtigen deutschsprachigen Bühnen österreichische Akteure in leitender Position finden kann. Das ist an sich sehr erfreulich, aber weniger erfreulich ist es, wenn sich bei näherer Recherche herausstellt, dass die jeweils in Frage kommende Dame oder der Herr in Österreich mangels passendem Parteimitgliedsbuch nichts Geeignetes finden konnte.

Natürlich soll man das Kind nicht mit dem Bade ausgießen, und natürlich gibt es eine große Zahl von Leuten in wichtigen Positionen, die nicht nur erstklassig fachlich geeignet, sondern eben auch bei der richtigen Partei sind. Bedauerlich aber ist es, dass diese doch sehr österreichische Tendenz, die eigenen Leute dem Parteibuch entsprechend unterzubringen, in den vergangenen Jahren eher zu- als abgenommen hat.

Ein anderes Phänomen, wenn auch entgegengesetzter Richtung ist das Faktum, dass sowohl in der Bundespolitik wie auch in der Länderpolitik häufig junge und sicher ehrgeizige Leute, egal welchen Geschlechts, gleich als Partei-, Kammer-, Gewerkschafts- oder Vertretungsbehördensekretäre ihre berufliche Laufbahn beginnen. Dann gehen sie – weil oft eben sehr begabt – emsig und fleißig den Instanzenweg und enden schließlich als Kammer- oder Gewerkschaftspräsidenten oder gar als Landesräte, Landeshauptleute, Bundesminister oder, wie es ja in den letzten Jahren auch schon mehrmals vorgekommen ist, als Bundeskanzler. Das heißt, rein politische, durch den jeweiligen Parteisekretär vorgezeichnete Karrieren. Obwohl die genannten Politkarrieristen möglicherweise hervorragende IQs besitzen und für ihre Tätigkeit vielleicht bestens geeignet sind, stimmt es ein bisschen nachdenklich, wenn ein so hoher Prozentsatz doch im Wesentlichen aufgrund von Parteikarrieren stattfindet.

Für die allgemein in Österreich herrschende Politmüdigkeit, die sich nicht zuletzt in der relativ geringen Wahlbeteiligung widerspiegelt, spielt zweifellos das Gefühl weiter Schichten der Bevölkerung eine Rolle, dass die »Politiker ohnedies machen, was sie wollen« und die wichtigen Entscheidungen im kleinen Kreis, von vielleicht einem Dutzend Parteibonzen, fällen. Dieses bedauerlicherweise in den verschiedensten Bereichen deutlich spürbare Gefühl, man könne ohnedies keinen Einfluss auf diese Entscheidungen im Lande nehmen, da die Politiker das ja unter sich ausmachen, führt schließlich dazu, dass gerade die an den öffentlichen Dingen interessierten Bürger sich vom allgemeinen Geschehen zunehmend zurückziehen. Wenn es soweit kommt, dass ein Minister die Idee vorgibt, man solle doch lieber im Burgenland, in Tirol oder im Mühlviertel Urlaub machen, als auf die Malediven zu fliegen, und dieses Thema innerhalb von Tagen im Vordergrund der öffentlichen Diskussion steht, ist zu befürchten, dass wirklich brennende Fragen, mögen sie nun den öffentlichen Verkehr, die Energieversorgung, ja die Kernkraft oder das Bildungswesen betreffen, unter »ferner liefen« figurieren. Seit mehreren Jahren und wahrscheinlich noch zumindest 2007 wurde die Frage der Anschaffung von Eurofightern zum politischen Kernthema der Nation. Das Absurde daran ist, dass die Grundsatzentscheidung schon vor etlichen Jahren in einer Koalitionsregierung gefasst wurde, jetzt aber der Eindruck entsteht, als müsse das Parlament, die Bundesregierung, also im Grunde genommen das Volk von Österreich, alles noch einmal entscheiden. Für den Durchschnittsbürger scheint mir das eine Überforderung seiner begreiflicherweise beschränkten Wissensfähigkeit, was Notwendigkeit, Nutzen oder Kosten von Eurofightern betrifft, und damit eine kaum zu akzeptierende Zumutung. Aber weil eben eine Partei – wenn auch etwas verspätet – gegen, die andere aber für die Anschaffung von ein bis zwei Dutzend Flugzeugen eintritt, wird das Volk von Österreich eben noch ein paar Monate oder gar Jahre mit dieser Thematik beschäftigt sein müssen. Ob das allerdings die Begeisterung für unsere Koalitionsregierungen, ihre beschränkten Entscheidungsfähigkeiten und per saldo natürlich für das System des Proporzes vergrößern wird, erscheint mir zumindest zweifelhaft.

Denn eines wird auch dem naivsten Bürger in absehbarer Zukunft klar werden, nämlich dass die nicht geringe Kaufsumme von zwei, drei oder gar vier Milliarden Euro von ihm selber – nämlich dem Steuerzahler – finanziert und per saldo in bar entrichtet werden muss. Dass quasi als Kompensation dafür die Erbschafts- und/oder auch die Schenkungssteuer abgeschafft werden sollen, ist wohl als eine Art Ersatzleistung gedacht, allerdings nur für eine sehr beschränkte Zahl von betuchten Bürgern. Wobei noch immer die Frage offen bleibt, warum wir nicht schon im Jahr 2000 wissen bzw. entscheiden konnten, ob unser Bundesheer für die Verteidigung der Heiligen Kuh »Neutralität« die Eurofighter eigentlich braucht oder nicht. Fest steht allerdings schon nach einem halben Jahr parlamentarischer Sonderausschuss »Eurofighter«, dass der geniale Demagoge Peter Pilz – was immer der Ausschuss schließlich beschließen mag oder nicht – den Österreichern wieder einmal gezeigt hat, wie man ein noch so kompliziertes Thema so zerreden kann, dass sich schließlich keiner mehr auskennt.

Im Grunde ist die seit Anfang 2007 in Amt befindliche neue große Koalitionsregierung Gusenbauer/Molterer Peter Pilz und den anderen Ausschussarchitekten auf breiter Front hineingefallen. Es sei denn, es geschieht ein kleines Wunder, und die beiden Regierungspartner erinnern sich an die ein gutes halbes Jahrhundert zurückliegenden Zeiten, als die große Koalition wirklich noch gemeinsam sinnvolle Lösungen erarbeitete. Allerdings gab es damals noch keine jetzt schon fast mehrmals wöchentlich stattfindenden von geschickten Moderatoren gesteuerten Fernsehdiskussionen aller Art, wobei jeweils ein roter oder ein schwarzer Minister den Kollegen von der anderen Reichshälfte seine – milde ausgedrückt – beschränkte Entscheidungsfähigkeit vorhält.

16. Kapitel

Nach dem »Eisernen Vorhang« kam die EU

Bald nach Ende des Zweiten Weltkrieges hat der »Eiserne Vorhang« West-, Mittel- und Osteuropa, und damit auch Österreich, in zwei schier unüberwindbare Teile getrennt. Heute, 60 Jahre später, aber leben wir prosperierend und ungestört in der Mitte der Europäischen Union. Trotz mancher noch offener Probleme eine – langfristig gesehen – großartige Entwicklung! Wir in Österreich haben diesen Wiedereinzug nach Europa nicht zuletzt auch Alois Mocks langjährigen Bemühungen zu verdanken.

Im Wesentlichen hatte der Kalte Krieg in Europa Ende der 60er Jahre mit dem tragischen Ablauf des »Prager Frühlings« sein Ende gefunden. Wobei natürlich die Ereignisse in Polen mit Lech Walesa und später das Ende der DDR sowie jenes der rumänischen Spezialdiktatur in dem Grenzbereich liegen, der schließlich die entscheidende Wende, nämlich den Zusammenbruch des sowjetischen Imperiums herbeiführte. Im Grunde begann ja alles schon 1956 in Polen mit Gomulka und kurz darauf in Ungarn mit Imre Nagy oder, wenn man noch etwas exakter sein will, mit dem Tod des großen Diktators Josef Stalin. Dieser wiederum hatte seine nach dem Ende des Zweiten Weltkrieges so viel versprechende weitergehende Expansion nach Westen zum ersten Mal 1948 durch den im Grunde von ihm selbst veranlassten Bruch mit Tito-Jugoslawien zum Stehen gebracht.

Aber in großen Zügen waren die Herrschaftsbereiche in Europa von 1945 bis zum Ende der 80er Jahre mehr oder weniger klar und – wenn man so will Frieden erhaltend – durch den Eisernen Vorhang quer durch den Kontinent in die durch Jahrhunderte immer wieder von Kriegen aller Art gefurchte Erde gezeichnet. In dem halben Jahrhundert zwischen dem Zweiten Weltkrieg und der Perestroika fanden die großen Weltkonflikte anderswo statt. In China, Korea, Vietnam, im Nahen Osten und in Afghanistan. Die Konflikte in Afrika waren unendlich blutig, aber hatten trotzdem stets nur regionalen Charakter.

Die bedeutenden Staatsmänner der USA, der Sowjetunion und Europas wussten in der zweiten Hälfte des 20. Jahrhunderts sehr wohl, große Konflikte mit atomgebundenen, die ganze Welt bedrohenden Gefahren hintanzuhalten. Das galt für Chruschtschow, Breschnew oder Gorbatschow ebenso wie für Truman, Kennedy, Kissinger und schließlich auch für De Gaulle, Thatcher, Adenauer, Helmut Schmidt, Kohl oder De Gasperi.

Österreich war nicht nur zu klein und zu unbedeutend, um in diesen Jahrzehnten auch nur am Rande mitspielen zu können. Aber an gut der Hälfte seiner Grenzen trennte der »Eiserne Vorhang« das, was man damals den Osten und den Westen dieser Welt bezeichnete. Teils waren es meterhohe Betonwände, teils mehrfache Stacheldrahtverhaue, teils Minenfelder, oft auch von jedem etwas und alles das auf der Ostseite von schwer bewaffneten »Beschützern der Freiheit« gehütet. Aber Österreich lag, rein geografisch gesprochen, an einem zentralen und stets gefährdeten Punkt des Kontinents. Das wussten vor allem in den ersten Jahrzehnten nach Hitlers Krieg alle Beteiligten. Deshalb auch das lange Ringen um den Staatsvertrag und aus demselben Grund die schließlich doch schnelle Einigung zu einem Zeitpunkt, der den großen Mächten für alle Beteiligten relativ ungefährlich erschien. Im Rahmen seiner würstchenartigen geografischen Lage und in Anbetracht der Tatsache, dass ab Mitte der 50er Jahre die wirklich Mächtigen dieser Erde zur Überzeugung gelangt waren, dass es für alle Beteiligten besser sei, Österreich bei entsprechendem Wohlverhalten in Ruhe zu lassen.

Österreich spielte im Übrigen ordentlich mit, hielt sich von der NATO ebenso fern wie vom Warschauer Pakt und pflegte im Grunde mit jedermann soweit es ging halbwegs gute Beziehungen. Natürlich war das Land schon aufgrund seiner tausendjährigen Geschichte dem Westen eng verbunden, hatte aber andererseits dank seiner Lage im Donauraum stets auch mit Ost- und Südosteuropa ebenso wie mit dem Balkan nahe Kontakte gepflogen.

Aber noch blieb der »Eiserne Vorhang«, und aus allen Teilen der freien Welt kamen Neugierige angereist, um sich dieses Phänomen – wohl einmalig in der Geschichte – anzusehen. Zu den »Vorhang-Touristen« zählte Mitte der 60er Jahre auch mein alter Freund Arthur Koestler, einer der bedeutendsten Autoren des 20. Jahrhunderts und seit vielen Jahren regelmäßiger Teilnehmer an den alljährlichen »Alpbacher Gesprächen«, der nach Ende dieser Tiroler Veranstaltung zu Besuch nach Wien kam. Da sein wohl bedeutendstes und weltweit auch bekanntestes Werk »Sonnenfinsternis« in den Moskauer Gefängnissen der GPU der 30er Jahre spielt, war es nahe liegend, dass Koestler sich den »Eisernen Vorhang«, wenn auch von der anderen, der sicheren Seite ansehen wollte.

Da Arthur einer der Top-Autoren meines Verlages war, stand ich natürlich schon Gewehr bei Fuß. Er wollte irgendwohin zum »Eisernen Vorhang«, und ich beschloss, ihm noch in Erinnerung an den ungarischen Freiheitskampf von 1956 zwei mir typisch erscheinende Plätze zu zeigen. Zuerst führte ich ihn nach Andau, einem Nest im Seewinkel östlich des Neusiedler Sees, und dann ganz in den Süden des Burgenlandes in das bewaldete Güssinger Hügelland. Bei Andau kamen wir zu einem Kanal, die Grenze zwischen den beiden Ländern, auf der gegenüberliegenden Seite ein hoher Drahtverhau dazwischen und daneben ein sichtlich mit dem Rechen behandelter Erdboden, ganz offenbar ein Minenfeld. Dahinter ein schon halb verfallenes ungarisches Grenzwärterhäuschen. Auf beiden Seiten des Kanals ging ein Weg entlang. Ein netter österreichischer Gendarm erklärte uns die Gegend und die Punkte, wo man aufpassen müsse, da manchmal auch im Kanal Minen lägen. Etwa alle 15 Minuten passierten wir einen ungarischen Polizisten, der begreiflicherweise eher gelangweilt unsere Gruppe betrachtete. Die beiden Uniformierten, der Ungar und der Österreicher, schienen sich nicht zu lieben, was ja eigentlich auch verständlich war, aber sie salutierten einer dem anderen, wenn auch nur kurz, so doch höflich. Arthur Koestler, der offenbar die ganze Zeit an irgendwelche Details seiner »Sonnenfinsternis« dachte, war von diesem Spaziergang ebenso fasziniert wie später am Tag in einem Grenzwäldchen nahe der alten Festung Güssing, in der einst die Österreicher den Türken getrotzt hatten.

»Wenn ich mir hier die Situation ansehe«, meinte Arthur, »habe ich den Eindruck, ich werde wohl nie mehr in meinem Leben in meine ungarische Heimat zurückkehren können.« Er hatte damit auch Recht, denn er starb Anfang der 80er Jahre in London, nicht allzu lange bevor der österreichische und der ungarische Außenminister in einer feierlichen Zeremonie die ersten Drahtverhaue des »Eisernen Vorhangs« entfernten. Heute ist von diesem Phänomen nirgendwo das Geringste zu sehen.

Wirtschaftlich hatten der Marshall-Plan und die auch von den Sowjets geduldete Mitgliedschaft bei der im Gegensatz zur

EWG nicht politisch aggressiven EFTA (European Free Trade Association) den Kontakt mit Westeuropa und damit auch den USA ermöglicht. Später konnte die Zusammenarbeit Österreichs mit dem Westen auch auf die EWG ausgedehnt werden. Schließlich hatte das Ende des roten Imperiums dazu geführt, dass gerade die osteuropäischen Staaten eine engere und heute sogar sehr enge Kooperation mit Österreich ganz oben auf ihrer Agenda stehen hatten. Und mit Gorbatschow, später Jelzin und dann Putin wurde auch die Mitgliedschaft Österreichs bei der EU zu einer Selbstverständlichkeit.

Für die osteuropäischen Staaten, die im letzten Jahrzehnt des 20. Jahrhunderts endgültig der russischen Vorherrschaft entkommen konnten, war es nahe liegend, gerade mit Österreich, das viele noch aus den Zeiten der alten Monarchie als Partner kannten, wieder engere Kontakte zu pflegen. Dasselbe gilt natürlich für Österreich. Das große Wirtschaftswunder der Zweiten Republik hat sich im Wesentlichen in den letzten Jahrzehnten in Mittel-, Ost- und Südosteuropa abgespielt. Eine Reihe von großen und sogar im europäischen Rahmen bedeutenden österreichischen Industrie- oder Finanzinstitutionen haben in unseren Nachbarstaaten zwischen March und Drau einerseits, dem Balkan, dem Schwarzen Meer und dem Dnjepr andererseits ordentlich Fuß fassen können. Die Tatsache etwa, dass die OMV in den meisten der osteuropäischen Staaten auf dem Erdöl-, Erdgas- und Raffineriesektor federführend ist, oder auch dass die Erste Bank zusammen mit der BA-CA und der Raiffeisengruppe auf dem Finanzsektor ebenfalls in der ersten Reihe stehen, hat nicht nur die allgemeine wirtschaftliche Lage in Österreich wesentlich verbessert, sondern wird auch langfristig die Zusammenarbeit in diesem Teil Europas zum Nutzen aller Beteiligten entscheidend verstärken.

Gerade die mit voller Kraft angelaufene und in den kommenden Jahren sich zweifellos noch verstärkende Diskussion um die dringend notwendigen Maßnahmen zur Klima- und Energiesanierung hat für Österreich und Osteuropa besondere Bedeutung. Die Donau und ihre Fortsetzung über Rhein/Main wird in den kommenden Jahrzehnten bedeutende Teile der Schwertransporte bei seriösen und realistischen Bemühungen anziehen können. Es sollte möglich sein, den noch immer stark wachsenden LKW-Verkehr von Ost- nach Westeuropa zu einem sehr erheblichen Teil wenn nicht zur Hälfte auf die Donau zu verlagern. Allein das könnte für Österreich, aber auch für seine Nachbarn sowohl im Osten wie im Westen von großer Bedeutung sein.

Schließlich wird Österreich in absehbarer Zukunft unter einem stetig wachsenden Arbeitskräftemangel zu leiden haben. Gerade unsere mit Mitteleuropa seit so vielen Jahrhunderten verbundenen Nachbarn in Ost- und Südosteuropa sollten hier von uns aus angesprochen werden. Bekanntlich hatte das Wiener Telefonbuch in den 30er Jahren des 20. Jahrhunderts fast die Hälfte seiner Namenseintragungen mit tschechischen, slowakischen, ungarischen, polnischen, slowenischen, kroatischen, serbischen und italienischen Namen gefüllt. Wie wir alle wissen, ist Österreich an dieser »Überfremdung« keineswegs zugrunde gegangen, sondern hat sich sowohl wirtschaftlich wie auch kulturell und geistig positiv entwickeln können. All dies sind Chancen, die es heute wieder für das kleine Österreich zu nutzen gilt. Statt uns vor »Überfremdung« zu fürchten, sollten wir diese natürlich im Rahmen des für uns Nötigen und Nützlichen wahrnehmen. Vergessen wir nicht: von acht Bundeskanzlern der Zweiten Republik (von 1945 bis 2000) haben genau die Hälfte deutschsprachige und die andere Hälfte mittelosteuropäische (slawische, ungarische, rumänische, etc., etc.) Namen. Wir sollten uns also nichts antun, wenn wir neben einem Herrn Pospischil eine Frau Müller und neben einer Frau Petrovic einen Herrn Moser im Telefonbuch finden. – Allerdings scheint es mir eine unbedingte Notwendigkeit, Einwanderer, die wir in den kommenden Jahrzehnten zweifellos in zunehmendem Umfang benötigen werden, um den anscheinend bis auf Weiteres nicht zu stoppenden Rückgang der Geburtenziffern auszugleichen, in unsere österreichisch-nationale Einheit zu integrieren. Es ist jedoch wohl unabdingbar, dass relativ frisch eingewanderte oder auch schon hier geborene Kinder, egal wo ihr familiärer Background auch ursprünglich liegen mag, in unserem deutschen Sprachgebrauch und in unserer österreichischen kulturellen Welt heranwachsen. Nur dann wird es möglich sein, gerecht und gleichmäßig einer jungen Generation Kenntnisse, Bildung und damit auch gleiche Chancen zu vermitteln. – Gelingt dies, haben wir den Kampf um unser gemeinsames und allen gerecht werdendes Leben als kleine, aber nicht zu Unrecht selbstbewusste Nation gewonnen. Dann ist es nämlich egal, ob ein Politiker Vranitzky oder Busek heißt, solange er eine gute Politik für Österreich macht. Oder ein Bildhauer Wotruba und eine Schriftstellerin Preradovic. Solange die von ihnen geschaffene Kunst zufriedenstellend ist.

Natürlich wird es trotzdem notwendig sein – keineswegs nur in Österreich, sondern im ganzen EU-Raum –, gewisse uns alle betreffende, wissensmäßige und zum Teil auch sprachliche Grundlagen zu schaffen. Wenn es aber möglich ist, in Indien bei über einer Milliarde Einwohner zwanzig Hauptsprachen, etwa zweihundert Nebensprachen mit lediglich zwei Verkehrssprachen, nämlich Hindu und Englisch, durchzukommen, dann müsste dies in Europa noch viel einfacher sein. Ob es uns passt oder nicht, es ist ja heute schon – auch in Europa – Englisch zumindest im wirtschaftlichen, politischen und zu einem gewissen Grad bereits im kulturellen Leben zur Verkehrssprache geworden, ohne dass deswegen die nationalen Sprachen ihren Sinn oder gar ihren Wert verloren hätten.

Gefährlich ist es nur, wenn, was aufgrund der historischen Entwicklung vor allem noch in Osteuropa der Fall ist, die eigene Sprache sozusagen zu einem mythischen, fast chauvinistischen Vorbild wird. Das alles hat im Übrigen aus meiner Sicht nicht das Geringste mit sprachlichem Minderheitenschutz zu tun. Der noch immer anhaltende, aber deswegen noch keineswegs sinnvoller werdende Streit um ein paar Dutzend zweisprachige Ortstafeln in Kärnten mehr oder weniger wird nicht weniger absurd, wenn in einer Gemeinde acht, zwölf oder fünfzehn Prozent sich zur sprachlichen Minderheit bekennen. In Südtirol beträgt die Zahl der Ladiner minimal zweieinhalb, maximal aber vier Prozent der Bevölkerung, und trotzdem haben sie, wo sie wollen, ihre Schulen und, wo es ihnen ansteht, ihre Ortstafeln. – Vielleicht wären den so hart und unverdrossen um ihr »Volkstum« ringenden Kärntner Slowenen ebenso wie den wild gewordenen Kämpfern ihrer deutschsprachigen Mehrheit wärmstens zu empfehlen, doch endlich einmal nach Südtirol, ins Friaul oder ins dreisprachige Graubünden auf Urlaub zu fahren und festzustellen, dass gerade die kleinen Minderheiten ihre Sprache und Kultur besser und problemloser behandeln können als umgekehrt.

Natürlich sind die oben erwähnten, zum Teil für Österreich typischen Problempunkte keineswegs unbedingt für die Entwicklung der Europäischen Union besonders relevant; aber sicher ist auch, dass ein so mannigfaltiges Europa Fragen dieser Art mindestens ebenso ernst nehmen muss wie die Quadratmetergröße der Raucher- oder Nichtraucherräume in Restaurants aller Art zwischen Finnland und Sizilien. Es ist schließlich auch selbstverständlich, dass die in den vergangenen Jahren mit beängstigender Geschwindigkeit heranwachsende Grundfrage der Klima- und Energieentwicklung ernst genommen werden muss und nicht allein nach jeweils regional-wirtschaftlichen Prinzipien entschieden werden kann. Österreich wird nicht in der Lage sein, alle oder auch nur einige dieser Fragen selbstständig zu lösen. Aber es ist, so scheint mir, sehr wohl prädestiniert, in einigen Bereichen nicht nur mitzureden, sondern auch mit zu entscheiden.

Am 10. Juni 1994 stimmte eine Zweidrittelmehrheit der Österreicher für einen Beitritt der Zweiten Republik zur Europäischen Union. 66 Prozent der österreichischen Wähler hatten ihre Stimme für das gemeinsame Europa abgegeben, das war im Vergleich zu anderen europäischen Staaten ein bemerkenswertes Ergebnis. Für Alois Mock, seit 1987 Bundesminister für Auswärtige Angelegenheiten, war es der Höhepunkt seiner politischen Laufbahn, den er noch dazu gleichzeitig mit seinem 60. Geburtstag feiern konnte. Schon 1979 hatte Mock, damals ÖVP-Klubobmann, eine im offensichtlichen Niedergang befindliche Partei als Obmann übernommen. Es war kein leichter Job, den Mock selbst als »Himmelfahrtskommando« bezeichnete. Obwohl es ihm 1983, trotz bereits angeschlagener Gesundheit gelang, die absolute Mehrheit der SPÖ zu brechen, konnte er doch sein Klassenziel, nämlich die Kanzlerschaft, nie erreichen. Im Jahr 1986 wählte zwar eine absolute Mehrheit der Österreicher den ÖVP-Kandidaten Waldheim zum Bundespräsidenten, aber wenige Monate später, quasi zum Ausgleich, konnte der junge »Nadelstreif-Sozialist« Vranitzky die SPÖ wieder nach vorne führen und zum Bundeskanzler werden. In den folgenden Jahren verlor die ÖVP alle nur möglichen Landtagswahlen, und Mock übergab die Funktion des Parteiobmanns an den damaligen Landwirtschaftsminister Josef Riegler, einen außerordentlich sympathischen, aber ebenso erfolglosen steirischen Föderalisten. Mock aber blieb Außenminister trotz seiner sich deutlich verschlechternden gesundheitlichen Situation. Er wollte, und dies war sicher sein Lebensziel, Österreich in die Europäische Gemeinschaft führen. Als ihm dies mit der eindrucksvollen Mehrheit im Jahr 1994 gelang, war er, wie es die Österreicher im Fernsehen beobachten konnten, ebenso glücklich wie gesundheitlich angeschlagen.

Ein Jahr später übergab er dem neuen am Himmel aufsteigenden Star der ÖVP, Wolfgang Schüssel, der bereits nach einer schweren Wahlniederlage des damaligen Parteiobmanns Erhard Busek die Führung der Volkspartei übernommen hatte, auch das Außenministerium. Der im ländlichen Niederösterreich an der Donau unweit von Amstetten geborene Alois Mock kam offenbar aus einer Gegend, die immer wieder aus dem ländlichen Milieu stammende katholisch-konservative Spitzenpolitiker hervorbrachte. Engelbert Dollfuß stammte aus dem Kleinen Erlauftal, wurde 1934 im »Juliputsch« als Bundeskanzler am Ballhausplatz von den Nazis ermordet und wird heute noch von den einen als »Austrofaschist und Arbeitermörder« und von den anderen als »Heldenkanzler« bezeichnet. Er ist – und dies steht wohl außer Streit – der einzige europäische Regierungschef gewesen, der sich in den 30er Jahren vollkommen offen gegen Hitlers Nazideutschland stellte und dafür auch sein Leben gab. Der nächste niederösterreichische Bauer mit historischem Format war Leopold Figl, über den hier bereits entsprechend berichtet wurde. Der dritte aber ist zweifellos Alois Mock, ebenfalls aus bescheidensten ländlichen Verhältnissen kommend und in einer klar katholischen Welt aufgewachsen. Den vierten »großen schwarzen Niederösterreicher« des 20. Jahrhunderts, Julius Raab, kann man nicht zu dieser Gruppe zählen, da er aus bürgerlichen und nicht bäuerlichen und daher im Grunde ganz anderen Verhältnissen kam. Gemeinsam mit Julius Raab hat Mock allerdings, dass beide das pädagogisch hoch geschätzte Benediktiner-Gymnasium in Seitenstetten absolvierten. – Zu Alois Mock ist übrigens noch ein weit über Österreich hinaus gehendes historisches Ereignis zu berichten: Als die Zeit der sowjetischen Herrschaft über Osteuropa an der Wende der 80er zu den 90er Jahren zu Ende ging, begann schließlich auch der »Eiserne Vorhang« zu fallen. Es war Alois Mock mit seinem bereits post-kommunistischen Amtskollegen Gyula Horn, der an der österreichisch-ungarischen Grenze im Burgenland gemeinsam das erste Stück dieses schandbaren Mahnmals zerstörte und so den Fluchtweg für Tausende von damals aus der DDR über Ungarn nach dem Westen strebende Flüchtlinge freimachte.

17. Kapitel

Die Zeit der Wenden

Im Grunde ist es ein kaum verzeihbares Wagnis, in der Mitte des Jahres 2007 auch nur halbwegs relevante und dauerhafte Aussagen über die Periode der großen Koalition und der politischen Wenden in Österreichs Innenpolitik der letzten bald 25 Jahre, aber auch im kommenden Jahrzehnt zu machen. Fest steht nur, dass diese Periode 1983 mit dem Ende der sozialistischen Alleinregierung und dem Rücktritt des Langzeitkanzlers Bruno Kreisky begann. Fest steht auch, dass in den ersten 25 Jahren der Zweiten Republik fünf Regierungschefs, wenn auch mit etlichen Variationen in ihren Kabinetten, regierten. Es waren dies der zeitlichen Reihenfolge nach Karl Renner, Leopold Figl, Julius Raab, Alfons Gorbach und Josef Klaus. Die Alleinregierung Kreiskys (wenn auch auf vier Kabinette aufgeteilt) war quasi eine »Spezialität«, die in einschlägigen Betrachtungen auch ganz speziell als »Ära Kreisky« bezeichnet wird. Sie ist auch weder mit der ersten noch mit der derzeit noch laufenden dritten Periode der Zweiten Republik zu vergleichen, da Kreisky eben wirklich allein regierte, sich seine Minister selber aus seinem Kreis aussuchte und seine Vizekanzler sich im Wesentlichen dadurch auszeichneten, dass sie nichts zu reden hatten.

In den Mitte 2007 hier niedergeschriebenen Feststellungen umfasst die nunmehrige dritte Phase der Zweiten Republik bisher fünf Regierungschefs: Fred Sinowatz, Franz Vranitzky, Viktor Klima, Wolfgang Schüssel und Alfred Gusenbauer, die mit insgesamt bisher zehn Kabinetten regierten. In der bis dato 62

Jahre dauernden Periode der Zweiten Republik haben also elf Regierungschefs das Schicksal des Landes gesteuert. Am längsten Bruno Kreisky, nämlich über 13 Jahre. Am kürzesten Karl Renner (der allerdings nicht vom Volk gewählt, sondern von einer provisorischen, durch die sowjetische Besatzungsmacht ausgesuchten Nationalversammlung bestellt wurde) mit sieben Monaten. Vranitzky regierte über zehn Jahre, Raab neun Jahre, Figl über sieben Jahre, Schüssel sieben Jahre, Klaus sechs Jahre, Gorbach und Sinowatz je drei Jahre und schließlich Klima etwas über zweieinhalb Jahre sowie Gusenbauer, der derzeit noch im ersten Regierungsjahr steht.

Wenn man nun die Regierungsperioden der Zweiten Republik nach der Parteizugehörigkeit des jeweiligen Kanzlers einteilt, ergibt sich eine knappe Führung der Volkspartei-Kanzler mit insgesamt bisher 32 Jahren Regierungsvorsitz vor den Sozialisten mit 30 Jahren. Das bedeutet auf den ersten Blick eine relativ ausgeglichene politische Teilung von Einfluss und Macht in den bisher 62 Regierungsjahren. Die Führung der ÖVP, die zwei Jahre mehr an Regierungsvorsitz zu bieten hat, wird allerdings leicht durch die Tatsache ausgeglichen, dass Kreisky 13 Jahre allein, das heißt also mit viel stärkerem Einfluss als all seine Kollegen, als Kanzler gedient hat. Diese zugegebenermaßen zwangsweise oberflächliche Berechnung der Dauer und damit des Einflusses der beiden »Großparteien« wird dadurch noch interessanter, weil sie im Grunde genommen natürlich auch die etwa gleichmäßige Aufteilung des für Österreich so typischen Proporzsystems widerspiegelt.

Nicht berücksichtigt wurden die Jahre der so genannten »kleinen Koalitionen«. Dies ist darauf zurückzuführen, dass nur die jeweiligen Regierungschefs als sozusagen »Hauptverantwortliche« ihren Parteien zugerechnet wurden. Ingesamt gab es zehn

Jahre »kleine Koalitionen«, und zwar sieben davon unter Federführung der ÖVP (Schüssel) und drei unter Federführung der SPÖ (Sinowatz und Vranitzky). Es ist kaum möglich, Berechnungen über den Einfluss der jeweils kleinen Koalitionspartner auf die Politik ihrer jeweiligen Regierungschefs anzustellen. Im Großen und Ganzen kann aber, glaube ich, gesagt werden, dass sich der Einfluss der Juniorpartner mit wenigen Ausnahmen durchaus in Grenzen hielt. Die wichtigste Ausnahme war wohl der Finanzminister, der ursprünglich von der FPÖ gestellte Karl-Heinz Grasser, der jedoch der ÖVP immer näher rückte und im Wesentlichen die Politik Wolfgang Schüssels mitgemacht hat. Bei den anderen kleinen Partnern waren die Einflussmöglichkeiten so gering, dass die Politik des jeweiligen Kabinetts mit der Parteifarbe des Regierungschefs gleichzusetzen war. Dies galt auch für den an sich zweifellos nicht einflusslosen Kärntner Landeshauptmann Jörg Haider, mit dem Schüssel ja im Jahr 2000 die Vereinbarungen für die kleine Koalition traf. Da aber in Europa, ja weltweit, Haider wegen seiner »rechtsnationalen« Tendenzen ebenso angegriffen wurde wie in weiten Teilen des Inlands, ist er nicht nur von vornherein als Mitglied der Bundesregierung (Vizekanzler) ausgefallen, sondern Schüssel konnte auch unter Hinweis auf negative Folgen von starken FPÖ-Einflüssen in allen wesentlichen Fragen eine Politik verfolgen (vielleicht mit Ausnahme der Kärntner Ortstafeln), die mit der der ÖVP, nicht aber mit der Haiders übereinstimmte.

Die »Zeit der Wenden« begann, aus meiner Sicht, in der jetzt stattfindenden Phase, die mit dem Ausklang der Ära Kreisky, zu der ich noch das von diesem entrierte und quasi noch unter seinem »Schutz« stehende Kabinett Sinowatz (1983 bis 1986) zähle, endete. Mit der Angelobung von Franz Vranitzky, des bisherigen Finanzministers und gerne als »Nadelstreif-Sozialist« gekennzeichneten Bankiers als Bundeskanzler im Juni 1986 begann quasi eine neue Zeit. Vranitzky beendete die kleine Koalition mit den Freiheitlichen baldigst, da er Haiders Machtübernahme ablehnte. Im November fanden Neuwahlen statt, in der die SPÖ 80 Mandate (Verlust zehn) und die ÖVP 76 Mandate (Verlust vier) einspielten. Es wurde wieder eine große Koalition (Vranitzky–Mock) gebildet. De facto regierte Vranitzky neun Jahre gemeinsam mit einer sich ebenfalls verjüngenden ÖVP. Mock, der schon zur Zeit der Alleinregierung Klaus durch Übernahme des Unterrichtsressorts 1967 Minister wurde und später als Außenminister wirkte, setzte sich zunehmend durch; aber durch eine sich stetig verschlechternde Parkinsonsche Krankheit behindert, gegen die er tapfer ankämpfte, zwang diese ihn schließlich 1989, nach einer neuerlich verlorenen Nationalratswahl als Vizekanzler zurückzutreten. Sein Abschuss erfolgte in der offenbar schon seit den frühen Tagen der Zweiten Republik innerhalb der ÖVP üblich gewordenen von Intrigen geprägten Weise und keineswegs auf die »feine britische Art«.

Ihm folgte der ebenso sympathische wie stille Bauernbündler Josef Riegler als Vizekanzler und Föderalismusminister. Er holte sich ein junges und bis dahin in ihren jeweiligen Ressorts bereits erfolgreiches Team in die ÖVP-Hälfte der neuen Koalitionsregierung: Busek, Schüssel und Fischler. Schon eineinhalb Jahre später gab es wegen ständiger Koalitionsstreitereien Neuwahlen, die Riegler mit Bomben und Granaten verlor. Die ÖVP fiel auf 60 Mandate zurück, Riegler musste, wie das eben bei den »Schwarzen« üblich war, gehen und gab die nicht sehr hell flammende Fackel an Erhard Busek weiter. Der in Wien bereits erstaunlich erfolgreiche Busek konnte sich auf Bundesebene aber nicht halten, obwohl er von der ÖVP anfänglich auf ihrem Parteitag mit fast 96 Prozent der Stimmen gewählt worden war. Als

Vizekanzler und Unterrichtsminister war er, trotz erstaunlich modernen Ideen, nur beschränkt erfolgreich. Im Frühjahr 1995 wurde er von Wolfgang Schüssel als Parteiobmann abgelöst, der auch Vizekanzler wurde und Mock als Außenminister beerbte. Mit Schüssel begann der Wiederaufstieg der ÖVP, zuerst innerhalb der großen Koalition und fünf Jahre später, zum Schrecken vieler, aber per saldo erfolgreich, in einer kleinen Koalition mit den Freiheitlichen.

Vranitzky hatte seine Partei in den späten 80er und in den frühen 90er Jahren offenbar wesentlich besser im Griff. Der gut aussehende Banker, der ursprünglich keineswegs aus dem Apparat der SPÖ gekommen war, wurde im Juni 1986 Kanzler und blieb es fast genau zehn Jahre lang. Er war ein Praktiker, offenbar nicht nur in wirtschaftlichen Führungspositionen, sondern auch in der Politik. Sein legendärer Satz »Wer Visionen hat, sollte zum Arzt gehen« kennzeichnete seine moderne und ruhige Arbeitsweise. Allerdings hatte seine sozialdemokratische Partei nichts mehr mit den Austromarxisten früherer Tage zu tun, sondern entwickelte sich zu einer ebenso sozialen wie liberalen Partei der Mitte. Dies erklärte auch, weshalb es einige Jahre später zu immer mehr Wählerverlusten gerade aus der bis dato sozialistischen Arbeiterschaft kam, die in großer Zahl zu der sich linkspopulistisch gebenden FPÖ überlief.

Durch die langen Jahre der unter Vranitzky wieder geschaffenen großen Koalition ergab sich allerdings auch eine Rückkehr zum verstärkten Parteiproporz, der in allen Bereichen des öffentlichen, wirtschaftlichen, kulturellen und wissenschaftlichen Lebens direkt oder indirekt vom Staat beeinflusst, vor allem die Postenvergabe nach dem schönen Prinzip »je ein Roter und ein Schwarzer« durchsetzte. Das aber führte dazu, dass beide »gerade noch« Großparteien immer mehr enttäuschte Wähler verloren, die die Jobvermittlung nicht mit der Parteizugehörigkeit identifizieren wollten. Diese Stimmen gingen entweder in das wachsende Lager der Nichtwähler über oder aber stärkten die langsam von Klein- zu Mittelparteien werdenden Blauen und Grünen sowie – in der relativ kurzen Zeit seiner Existenz – das Liberale Forum Heide Schmidts.

Bis fast zum Ende des 20. Jahrhunderts war aber die von Vranitzky zielbewusst geführte SPÖ der jahrelang durch Führungskämpfe geschwächten ÖVP voraus. Die beiden brillanten, mit überdurchschnittlichen IQ ausgestatteten und ebenso ehrgeizigen Politiker Erhard Busek und Wolfgang Schüssel waren in einem Jahre dauernden Konkurrenzkampf um die Führung der Volkspartei verwickelt. Beide kamen aus Wiener mittelbürgerlichem Milieu, beide wurden während des Zweiten Weltkriegs geboren und wuchsen in einer katholischen, aber nicht dem CV zugeneigten Atmosphäre auf. Bei Schüssel, der die benediktinische Kaderschmiede des Wiener Schottengymnasiums absolviert hatte, wurde sein weltanschauliches Lebensbild besonders deutlich geprägt und sein Weg in dieser Richtung bis heute gezeichnet. Vom Sommer 1991 bis zum April 1995 war Busek Obmann der ÖVP, konnte sich aber nie zu einer wirklichen Integrationsfigur entwickeln. Er war zu intellektuell, zu leicht verführbar, dem jeweiligen Gesprächspartner zu beweisen, dass er, Busek, es besser wisse – was im Übrigen meist auch der Fall war. Freunde hat es ihm allerdings nicht viele gebracht. Der ruhige, schon immer eher schweigsame Wolfgang Schüssel spielte sein Spiel ganz anders. Mit großer Mehrheit im Frühjahr 1995 zum Parteiobmann gewählt, erklärte er sofort: »Ich will mit eurer Hilfe Bundeskanzler werden.« Wenige Tage später löste er Erhard Busek als Vizekanzler ab und wurde daneben auch noch Außenminister. Den noch langen Weg zur Kanzlerschaft beschritt er sofort und umgeben von einem verjüngten Team mit Maria Rauch-Kallat, Martin Bartenstein und Elisabeth Gehrer. Im Parlament bemühte sich Andreas Khol als Klubobmann. Dieses ÖVP-Team blieb in großen Zügen auch nach den nächsten Wahlen, als Vranitzky die Kanzlerschaft an Viktor Klima abtrat, dasselbe. – Busek hatte sich übrigens aus der aktiven Politik ganz zurückgezogen. Er übernahm mit großem Erfolg die Präsidentschaft des Europäischen Forums Alpbach, wo in allsommerlichen Konferenzen die geistigen, wissenschaftlichen, wirtschaftlichen und natürlich auch politischen Eliten nicht nur Österreichs, sondern auch weiter Teile der Welt zusammentrafen. Darüber hinaus wurde er zum Balkan-Koordinator bzw. EU-Sonderbeauftragten für Ost- und Südosteuropa bestellt.

Bei den im Herbst 1999 fälligen Nationalratswahlen schien Schüssels Ankündigung, Bundeskanzler werden zu wollen, nicht sehr realistisch. Die ÖVP war in den Monaten vor der Wahl, nach Auffassung der Meinungsforscher, auf unter 25 Prozent abgesunken. Bei der Wahl selbst kam sie zwar auf 26,9 Prozent, aber mit 415 Stimmen hinter die Freiheitliche Partei. Auch die SPÖ war übrigens zurückgefallen und kam mit 33 Prozent auf das schlechteste Resultat der Zweiten Republik.

Es war klar, dass es schwer sein würde, eine Regierung zu bilden. Schüssel hatte, etwas vorschnell, vor der Wahl erklärt, wenn er etwa gar auf dem dritten Platz landen würde, der Weg in die Opposition der einzig mögliche wäre. Dieses vorschnelle Statement wurde ihm jetzt innerhalb und außerhalb seiner Partei täglich vorgehalten. Bundespräsident Klestil versuchte eine große Koalition zusammenzubringen, aber weder die ÖVP und noch weniger die SPÖ sahen darin eine reale Möglichkeit. Der linke Flügel der Sozialisten erreichte eine Ablehnung einer Koalition mit den Freiheitlichen, die ja – wenn auch nur sehr knapp –

zweitstärkste Partei geworden waren. Nach monatelangen höchst unerfreulichen Verhandlungen, in denen Bundespräsident Klestil eine bedauernswerte Rolle spielte, gelang es schließlich Schüssel, einen Schulterschluss mit dem Kärntner Landeshauptmann Jörg Haider durchzuziehen und eine kleine Koalitionsvariante, ÖVP mit Schüssel als Bundeskanzler und FPÖ mit Susanne Riess-Passer als erste Vizekanzlerin in der Geschichte des Landes, einem tief verärgerten Staatsoberhaupt unterzujubeln.

In Anbetracht der sowohl in Österreich wie in vielen Bereichen des westlichen Auslands herrschenden Meinung, dass die Freiheitlichen eine rechtsradikale Partei seien, kam es sowohl in Österreich wie in vielen EU-Staaten zu scharfen Demonstrationen gegen die neue Regierung. Die Staats- und Regierungschefs der EU beschlossen nun so genannte Sanktionen gegen Österreich, indem sie den direkten zwischenstaatlichen und diplomatischen Verkehr mit Österreich weitgehend einschränkten. Aber schon nach wenigen Monaten stellte sich heraus, dass die angeblichen Vorwürfe gegen Schüssel und seine neue schwarz-blaue Regierung in Sachen allzu rechter Einstellung aus der Luft gegriffen waren. Eine nach Wien entsandte »Weisenrat« genannte Kommission der EU stellte fest, dass es keine Grundlage mehr für die Fortsetzung der Sanktionen gegen Österreich gibt. Diese wurden schließlich im September 2000 aufgehoben.

Übrigens hatte es auch im sozialistischen Lager bei dieser bemerkenswerten Regierungsbildung Anfang 2000 viele Probleme gegeben. Klima konnte sich im eigenen Haus nicht durchsetzen. Führende Gewerkschaftsfunktionäre, damals noch nicht durch BAWAG-Probleme am harten Auftreten gehindert, weigerten sich, ein mühevoll von Klima und Schüssel zusammengezimmertes Regierungspaket zu unterschreiben. Dies führte übrigens dann schließlich zur schnellen Entscheidung Schüssels, mit Haider abzuschließen. Klima aber hatte genug und trat zurück. Ebenso wie sein Vorgänger Vranitzky – wenn auch politisch keineswegs auch nur annähernd so begabt – war Viktor Klima aus einer niederösterreichischen sozialdemokratischen Familie kommend über die Wirtschaft, und zwar über die Österreichische Mineralölverwaltung (OMV), wo er schließlich im Vorstand landete, in die Politik gekommen. Als Bundeskanzler allerdings schaffte er es nur zwei Jahre und legte Parteivorsitz und Regierungsauftrag nieder. Die Volkswagenwerke boten ihm die Leitung ihrer argentinischen Fabriken an, was Klima sofort akzeptierte.

Die Partei allerdings ließ er in einem eher desolaten Zustand zurück. Innere Kämpfe führten dazu, dass ein linker Flügel der Sozialisten, angeführt von Wissenschaftsminister Caspar Einem, und der zum rechten Flügel der Partei zählende und als Favorit geltende Innenminister Karl Schlögl einen harten Kampf um die Führung austrugen. Sozusagen als letzten Dienst an der Partei setzte Klima den aus Ybbs an der Donau stammenden Nationalratsabgeordneten Dr. Alfred Gusenbauer als Parteivorsitzenden durch, der erst seit wenigen Wochen Bundesgeschäftsführer war.

Gusenbauer, den bis dahin auch in seiner Partei außerhalb des politischen Bezirkes Ybbs kaum jemand gekannt hatte, wurde mit 96,5 Prozent der Stimmen zum Vorsitzenden gewählt. Er hatte es zuerst nicht leicht, da sowohl innerhalb der verschiedenen Flügel seiner Partei wie auch in der allgemeinen Öffentlichkeit anfänglich erhebliche Zweifel darüber bestanden, ob der nette Herr aus Ybbs an der Donau, der offensichtlich ebenso allgemein gebildet und politisch interessiert wie auch dem Genuss von alkoholischen Getränken zugeneigt war, der richtige Mann sei, um die SPÖ wieder nach vorne zu führen.

Wolfgang Schüssel holte sich quasi als einzigen interessanten »Freiheitlichen« den Finanzmann und Wirtschaftsexperten Karl-Heinz Grasser in die Regierung und machte ihn zum Finanzminister. Dies erwies sich immerhin für zwei Regierungsperioden als durchaus erfolgreicher Schachzug. Grasser, den offensichtlich keinerlei ideologische Bande an Haiders Freiheitliche Partei knüpften, stellte sich voll und ganz Schüssel zur Verfügung und erreichte in den ersten Jahren auch erhebliche Erfolge in seinem Finanzressort. Im Jahr 2001 gelang ihm sogar ein »Nulldefizit« beim Budget.

Aber auch sonst war sowohl bei den Finanzen wie in der allgemeinen Wirtschaft in den Jahren der Regierung Schüssel, immerhin von 2000 bis 2007, ein erheblicher Aufschwung spürbar. Im wirtschaftlichen Ranking erreichte das Land innerhalb einer Dekade den dritten Platz unter den EU-Ländern. Die Anzahl der Beschäftigten stieg von Jahr zu Jahr und die Zahl der Arbeitslosen ging, wenn auch nur zögerlich, ebenfalls laufend zurück. Dies führte dazu, dass bei den Neuwahlen von November 2002 Schüssel einen erheblichen Gewinn verbuchen konnte. Er hatte den Wahlkampf mit großer Geschicklichkeit geführt und schließlich auch melden können, dass Finanzminister Grasser in einer von ihm geführten neuen Regierung wiederum, dieses Mal aber als parteifreier Finanzminister, tätig sein würde.

Der Wahlsieg der Volkspartei war unerwartet groß und hatte im Übrigen Medien- und Meinungsforscher in diesem Umfang sehr überrascht. Die Sozialisten verloren ihre Position als stärkste Partei, welche nunmehr die ÖVP mit 79 Mandaten vor der SPÖ mit 69 einnahm. Erheblich abgerutscht waren die Freiheitlichen auf 18 Mandate. Die Grünen blieben ungefähr dort, wo sie waren. In den Folgejahren allerdings kam es laufend zu Streitereien innerhalb der ohnedies schon geschwächten Freiheitlichen Partei, die sich schließlich in zwei Flügel spaltete. Der eine, wie bisher FPÖ, und der zweite, viel kleinere, Bündnis Zukunft Österreich (BZÖ) unter Führung des früheren Generalsekretärs der Freiheitlichen Peter Westenthaler. Haider, der als Landeshauptmann in Kärnten blieb, schlug sich auf die Seite des kleinen BZÖ, während Heinz Christian Strache, rechtsradikales Urgestein der Freiheitlichen, die FPÖ anführt.

In Schüssels zweiter Legislaturperiode 2002 bis 2006 sieht es zwar anfangs, wie gesagt, durchaus günstig für den Kanzler und seine Partei aus, und in den Jahren 2005 und 2006 brachte ein für bescheidene österreichische Verhältnisse fast unvorstellbarer Finanz- und Korruptionsskandal bei der BAWAG, Österreichs viertgrößter Bank im Besitz des Gewerkschaftsbundes, die Gemüter fast der gesamten Bevölkerung zum Kochen und die Ratings der SPÖ-Wählerbefragungen in den Keller. Der langjährige und allgemein bis dahin hoch geachtete Präsident des Gewerkschaftsbundes und sozialistische Abgeordnete Fritz Verzetnitsch scheint in dieser oder jener Form in die BAWAG-Affäre insoweit involviert, dass er als Präsident des mächtigen ÖGB zurücktreten musste. Um die Gefahr eines Konkurses der BAWAG zu vermeiden, musste die Bundesregierung aus Staatsmitteln 900 Millionen Euro zur Verfügung stellen.

Gleichzeitig wurde seit 2003 in zunehmendem Maße über den Ankauf von 24 Eurofighter-Abfangjängern gestritten. Die Sozialisten waren der Meinung, man könne sich die vier Milliarden Euro ersparen, denn wer solle schon das friedliche Österreich angreifen. Schüssel und die ÖVP hingegen glaubten, dass Österreich, trotz der Kosten, die Abfangjäger anschaffen müsse, um innerhalb der EU seine Bereitschaft zur Teilnahme auch an Verteidigungsmaßnahmen klarzustellen.

Im Sommer 2006 hatten sich die höchst unerfreulichen Hackereien zwischen den beiden Lagern so verschärft, dass Schüssel, unterstützt von seinem kleinen Koalitionspartner BZÖ, Neuwahlen abzuhalten beschloss. In Anbetracht der guten wirtschaftlichen Lage einerseits und des grässlichen BAWAG-Skandals andererseits hielt man in fast allen medialen Voraussagen einen Sieg der ÖVP für wahrscheinlich. Aber offenbar hatte sich die Volkspartei eine falsche Wahlkampfstrategie ausgedacht. Statt ihre Erfolge und Verdienste auf den verschiedensten Sektoren, unter anderem auch die Herabsetzung der Wehrpflicht auf sechs Monate usw., in den Vordergrund der Kampagne zu spielen, wurde ausschließlich Wolfgang Schüssel auf Plakaten wie auch in der Fernseh- und der Medienwerbung in den Vordergrund gestellt. Dieser aber, was im Übrigen seinem Temperament entspricht, stellte sich nur selten und offenbar ohne große Begeisterung dem Wahlvolk. Der große Kanzler schwieg. Damit konnte er, wie sich zeigt, keine Wahl gewinnen.

Im Oktober 2006 verloren sowohl ÖVP wie SPÖ, aber auch die Freiheitlichen und das BZÖ Stimmen. Lediglich die Grünen konnten aufholen. Die SPÖ verlor ein Prozent der Stimmen und erhielt 68 Mandate, die ÖVP, die acht Prozent verlor, fiel auf 66 Mandate zurück. Die Freiheitlichen auf 21, ebenso die Grünen und das BZÖ auf sieben Mandate.

Fast vier Monate musste verhandelt werden, denn anfangs war der Schock bei der Volkspartei und der unerwartete Jubel bei den Sozialisten zu groß, um vernünftige Gespräche zu ermöglichen. Endlich, fast schon zu Jahresende 2006, einigte man sich darauf, genau das wieder zu praktizieren, was viele Österreicher und darunter auch meine Wenigkeit schon glücklich als hinter uns befindlich betrachtet haben: eine neue große Koalition mit allen dazugehörigen Schikanen, wie Proporz, Postenvergabe usw., usw. Gusenbauer wurde Kanzler, Wilhelm Molterer Vizekanzler und Finanzminister. Ansonsten wurde die neue Regierung mit dem Rechenstift genau auf je sechs rote und sechs schwarze MinisterInnen bzw. ein paar Staatssekretäre aufgeteilt. Ich kann das nur so verstehen, dass quasi die Sozialisten der ÖVP für den Verzicht des Kanzlers die wichtigsten Ressorts, nämlich Finanzen, Wirtschaft, Äußeres und Inneres, überlassen mussten. Diese unerwartete Stärkung der Volkspartei, die gerade die Wahl verloren hatte, ist darauf zurückzuführen, dass die Sozialisten zwar zwei Mandate mehr als die ÖVP, aber keineswegs die Mehrheit im Parlament haben, und nachdem sie nicht mit den Freiheitlichen bzw. mit dem BZÖ kalieren wollten, gezwungen waren, die Teilnahme der zutiefst verstörten ÖVP um einen hohen Preis einzukaufen.

Die Zeit der Wenden hat nun ausgiebig stattgefunden. Aber herausgekommen ist bisher wenig. Wenn Österreich in den kommenden Jahrzehnten aus einem ewig streitenden und proporzbeherrschten Groß- oder Kleinkoalitionsgebilde herauswachsen will, wird es sich – so sehe ich es zumindest – entschließen müssen, endlich die seit Generationen immer wieder besprochenen Verfassungs- und Wahlrechtsreformen durchzuführen. Erfolgen werden diese dringend notwendigen Schritte leider wohl kaum. Das derzeit dem Land zwangsweise aufgedrückte Koalitionssystem dürfte es zurzeit kaum ermöglichen, mehr zu tun; nach außen hin wird man ohne viel Krach, aber leider auch ohne spürbare Fortschritte weiterwursteln. Was aber kann bei einem solchen Stillstand die »viel gewünschte Wende« zum Besseren bringen? Und – großes Fragezeichen – wie soll sich die »Zweite Republik« in ihrer nicht gerade viel versprechenden derzeitigen Phase zum Besseren verändern können?

18. Kapitel

Blick in die Zukunft

Ist nun die Form der »groß-koalitionären« Republik, deren Regierungspartner einander ganz offensichtlich nicht ausstehen können, sich daher auch ständig bekriegen und öffentlich beschimpfen, ohne aber die Konsequenz von Neuwahlen auch nur ernsthaft ins Auge zu fassen – denn Gott soll abhüten, man könnte ja gar dabei verlieren – noch das geeignete Modell, um das 21. Jahrhundert zu bewältigen? Meiner Meinung nach nicht. Ein echter Wandel und eine Erneuerung der Strukturen scheint mir dringend erforderlich.

Bei Betrachtung dieses schönen österreichischen Landes und seiner Lage, etwa in der Mitte des Jahres 2007, habe ich den Eindruck, dass das Land in seiner derzeitigen Form als »Zweite Republik« sich dem in den letzten Jahren so viel diskutierten Seniorenalter nähert. Nach den gerade in den letzten Jahren in häufiger Veränderung begriffenen österreichischen Pensionsgesetzen müsste eigentlich die derzeitige Form der Republik – im richtigen Alter von 62 Jahren – bald einmal versuchen, mit Hilfe diverser novellierter Paragraphen in die Frühpension zu gehen. Natürlich wäre dies nur mit der emsigen Unterstützung von fleißigen und erfahrenen Beamten diverser Ministerien möglich. An sich wäre eine solche vorzeitige Ruhestellung unserer Staatsinstitution keineswegs zu früh, denn die Mehrzahl der arbeitenden BürgerInnen dieses Landes neigt immer öfter dazu, schon in der zweiten Hälfte ihrer Fünfzigerjahre ihre harte Erwerbsarbeit zu beenden und es sich »in der Renten« gut gehen zu lassen. Was so vielen Bürgern erstrebenswert erscheint, könnte ja auch, wenn auch natürlich unter anderen Umständen und Voraussetzungen, für das gesamte, in vielen Bereichen offenbar schon recht ermüdete Staatsgefüge zumindest angedacht werden.

Ohne Zweifel hat die Zweite Republik höchst aktive und erfolgreiche Jugend- und Arbeitsjahrzehnte hinter sich gebracht und aus fast nichts außer Trümmern, Armut und harten Besatzungszeiten einen neuen und – wie sich herausstellte – im Großen und Ganzen pickfeinen Staat geschaffen. Einen Staat, der seinen Bewohnern zunehmend wieder eine sichere Heimstatt, wirtschaftliche und im Wesentlichen auch soziale Sicherheit bieten konnte und kann. Auch die Masse der Babyboomer der 60er bis 80er Jahre fand Arbeit und eine ordentliche Lebensbasis. Ein guter Beweis für diese These: auf einen erwachsenen Österreicher zwischen 20 und 60 Jahren kommt heute bereits ein Personenkraftwagen.

In die Zeit der stärksten und schaffenskräftigsten Lebensjahre zwischen dem 25. und dem 55. Lebensjahr, im Falle unserer Republik etwa die Periode zwischen den Jahren 1970 und 2000, fällt ja auch die viel zitierte Traumzeit unseres angeblichen Aufenthalts auf der »Insel der Seligen«. In den letzten sieben bis bald zehn Jahren – bei gleich bleibendem wirtschaftlichen Wohlstand und sich sogar noch ausweitendem Wachstum – haben sich aber nicht nur im öffentlichen Leben selbst, sondern auch in der »Zufriedenheitsauffassung« der 8,3 Millionen Österreicher (bis 2030 werden es dank Lebenszeitverlängerung und Zuwanderung trotz Geburtenrückgang wohl ca. 9 Millionen sein) im Lande zunehmend kritische Stimmen gezeigt. Nun ist seit ewigen Zeiten bekannt, dass der Österreicher gerne raunzt und leidenschaftlich dazu neigt, auch an sich durchaus erfreuliche Zustände im privaten Leben oder auch in der Gemeinschaft des ganzen

Landes als unerfreulich oder gar schlecht hinzustellen. – Aber diesmal, im beginnenden dritten Jahrtausend, häufen sich in der Tat wenig erfreuliche Entwicklungen und Zustände, die dem Durchschnittsbürger im Lande das Leben schwieriger und wesentlich weniger selig erscheinen lassen, als man es sich doch verdient zu haben geglaubt hatte.

Das ist sicher nicht zuletzt auch auf die politisch-weltanschauliche Lagerwanderung der Wählerschaft in den vergangenen Jahrzehnten zurückzuführen. War es doch so, dass sich vor etwa 25 oder 30 Jahren noch ca. 80 Prozent, weitere zehn Jahre früher an die 90 Prozent der wählenden Bürger in einem der beiden großen politischen Lager zu Hause fühlten. Dieses soziale Milieudenken (Arbeiter, Proletarier, Marxisten = SPÖ einerseits; Bauern, Kleinbürger, Bürger, ob klerikal, monarchistisch oder liberalnational = ÖVP andererseits) hatte seit mehr als 120 Jahren das politische und auch gesellschaftliche Leben zuerst noch der Monarchie und dann der Republik geprägt. Das nationale Lager samt »Nazi-Zeit« habe ich da ausgelassen, da es nach 1945 in der politischen Gestaltung der Republik keine wichtige Rolle mehr spielte. Durch die schnellen Veränderungen in den gesellschaftlichen Entwicklungen schon der ersten, aber noch viel stärker der zweiten Hälfte des 20. Jahrhunderts ist hier nun ein erheblicher Wandel eingetreten. Die Mehrzahl der Familien, die viele Generationen lang entweder »schwarz«, »rot« oder im geringeren Ausmaß auch »blau« (teilweise sogar braun) wechselnd gewählt hatten, veränderten ihre Standplätze oder verschwanden überhaupt von der demografisch-politischen Landkarte, auf der in den letzten zwei Jahrzehnten die neue Gruppe »grün« auftauchte.

Diese Verschiebungen des »Lagerdenkens« haben dazu geführt, dass, wie es heute aussieht, bei etwa vorgezogenen Wahlen weder Sozialisten noch Volkspartei von einer absoluten Mehrheit für ihre Partei auch nur träumen können. Warum?

Erhebliche Teile der Bevölkerung haben offenbar die Nase voll. Die Ansicht, dass sich die »Großkopferten«, per saldo wohl kaum mehr als ein Dutzend Funktionäre pro Ex-Großpartei oder Koalitionspartner, zwar ständig für die Öffentlichkeit höchst unerfreulich und gehässig streiten, um sich dann im entscheidenden Moment doch alles nach Wunsch der beiderseits regierenden Cliquen »auszuschnapsen«, wird wohl schon von einer Mehrheit der Bevölkerung geteilt. Wenn dann noch, wie es seit mehr als einem Jahr der Fall ist (und in den letzten Jahrzehnten häufig genug schon passierte) zwei Monsterskandale (BAWAG und Eurofighter) die regierenden Koalitionsparteien in, gelinde gesagt, peinliche Situationen bringen, die täglich von Printmedien, TV und Funk ausgeschlachtet werden, darf es nicht erstaunen, wenn das Vertrauen in die »politische Prominenz« beider großen, aber auch selbst schon zunehmend kleiner werdenden Lager immer weiter absinkt.

Dazu kommt noch, dass gerade jetzt wieder im verstärkten Maß die Proporzpolitik der »klassen Jobs« fast täglich zur Kenntnis der Öffentlichkeit gelangt. Zum Teil weil durch sieben Jahre (ÖVP–FPÖ-Koalition) schwarz-blau eingefärbte Ministerien, aber auch viele andere öffentliche und wirtschaftliche in Regierungsnähe befindliche Organisationen nach Rückkehr der Sozialisten an die so lange vermissten Futtertröge der Macht, zumindest die Hälfte der alteingesessenen Sesseln wieder rot überzogen werden müssen. In früheren Jahrzehnten ist die Verteilung der »Beute« nach Machtwechseln weitgehend hinter verschlossenen Türen verhandelt worden. Die Öffentlichkeit hat wenig davon erfahren. Jetzt aber – dank der wesentlich intensiver recherchierenden Massenmedien – kann sich auch der/die kleine

Mann/Frau leicht ausrechnen, wie man in Österreich gut weiterkommt. Nämlich dann, wenn man den richtigen Onkel, Taufpaten, Trauzeugen oder eben Freund bei der ebenfalls richtigen Partei hat. »Hast du diese ›Connections‹ aber nicht, wird jeder Protektionsexperte dem besagten ›kleinen Mann‹ mitleidig sagen, ›dann kannst du gefälligst baden gehen‹«. — »Dies alles und noch mehr erzählt mir täglich mein Friseur«, hatte Karl Farkas, der große Kabarettist zwischen den beiden Kriegen und auch noch bis in die 70er Jahre, gewitzelt, wenn er laufende, stets aktuelle Pointen seinem Publikum zu berichten hatte. Heute kann man dasselbe, wenn auch nicht so witzig, aber umso schärfer pointiert, in den Glossen der Boulevardblätter oder der unzähligen sich wie die Mäuse vermehrenden Hochglanzmagazine lesen.

Kein Wunder, dass das Publikum zunehmend die Glaubwürdigkeit solcher Statements der Politiker in Frage stellt. In einer Untersuchung wurde kürzlich nachgewiesen, dass in der Skala des Vertrauens in die Glaubwürdigkeit bzw. Seriosität verschiedener Berufsgruppen die Österreicher an den obersten Stellen Feuerwehrmänner, Apotheker, Krankenschwestern und übrigens recht bald auch Priester reihen. Am unteren Ende der besagten Skala befinden sich zwei Berufsgruppen: Journalisten und noch dahinter die Politiker. — Sicher verzerrt und ungerecht, aber das Faktum bleibt: die Masse der Bevölkerung und damit auch Teile der früheren Stammwähler haben ihr Vertrauen gegenüber der Politik und deren Akteure, aber auch in die Medien verloren. Das führt dazu, dass eben breite Wählergruppen aus den ursprünglichen Stammlagern abmarschieren und entweder gar nicht oder andere Parteien wählen. Dass diese Tendenz stimmt, ist damit zu beweisen, dass bei den Wahlen 1999 in Wien mehr Arbeiter die FPÖ als die vertraute SPÖ gewählt haben, aber auch damit, dass 2005 die seit ewigen Zeiten schwarzen Steirer sich plötzlich zum »Schrecken« des bürgerlichen Lagers einen roten Landeshauptmann ausgesucht haben, obwohl die vorher regierende Landeschefin Waltraud Klasnic allseits geachtet gewesen war. Die alte, so lange bewährte Sitte der generationenlangen Treue zu einer bestimmten auch ideologisch passenden Partei geht mit erstaunlicher Geschwindigkeit zu Ende.

Was tun, fragen sich mehr oder weniger bewährte Funktionäre, ebenso wie ganze Trauben von Meinungsforschern, die nun umso öfter bei ihren Vorhersagen falsch liegen?

Verfassungsexperten und sonstige Kenner der Grundsituation im Lande sind sich seit langem im Klaren darüber, dass viele der Schwächen unseres Systems auf ein antiquiertes und in keiner Weise mehr den Notwendigkeiten einer funktionierenden Demokratie des 21. Jahrhunderts entsprechendes Wahlrecht und einigen in gewissen Bereichen lange überholten Bestimmungen unserer Verfassung zurückzuführen sind. Nachdem es dank der Medien und ihrer in den letzten Jahrzehnten »laufend indiskreter« gewordenen Berichterstattung offenbar wurde, dass vor allem beim Verhältniswahlrecht, wie es bei uns wahrgenommen wird, keineswegs der Wähler (also der Souverän), sich die Kandidaten/Innen, die er für geeignet hält, seine Interessen im Parlament zu vertreten, aussuchen und sodann direkt wählen kann. Vielmehr bestimmen ein paar Funktionäre/Sekretäre der jeweils kandidierenden Parlamentsparteien, wer auf jene entscheidende Partei-Liste kommt, auf der der Wähler schließlich sein Kreuzerl machen darf.

Wir haben derzeit 183 Abgeordnete im Hohen Haus. Dank entsprechenden Bestimmungen der Nationalratswahlordnung (Klubzwang) muss ein von einer Partei (nicht etwa vom Wähler direkt) ins Parlament entsandter Abgeordneter (in Österreich untertänigst oft »Nationalrat« genannt) genauso abstimmen, wie es ihm jeweils der Klubobmann seiner Partei vorschreibt. Ausgenommen und zur freien Entscheidung freigegeben sind lediglich moralisch-ethische Grundentscheidungen (etwa beispielsweise die Abstimmung über die Todesstrafe, die bei uns allerdings längst durch Verfassungsgesetz abgeschafft wurde). Ansonsten aber beschließt der Parteivorstand, häufig auch je nach Macht und Einfluss der Parteiobmann allein, wie die Abgeordneten der jeweiligen Partei abzustimmen haben. Das entsprechende Diktum wird ihnen sodann durch den Klubobmann mitgeteilt.

Nach der Wahl vom Oktober 2006 und der darauf folgenden Konstituierung des Nationalrates sowie schließlich nach Bildung der neuen großen Koalition Alfred Gusenbauer/Wilhelm Molterer wurde der bisherige und langjährige Bundeskanzler Wolfgang Schüssel zum Klubobmann der ÖVP gewählt. Diese Entscheidung, den seit zwölf Jahren als Parteichef der Volkspartei und fast sieben Jahren als Kanzler amtiert habenden Wolfgang Schüssel, das nominell erst an dritter Stelle der Parteirangliste stehende Amt des Klubobmanns zu übergeben, war ebenso unerwartet wie ungewöhnlich. Es darf hier hinzugefügt werden, dass Wolfgang Schüssel – zumindest in der breiteren Öffentlichkeit – Zeit seines politischen Lebens als der wo nur immer möglich allein entscheidende Politiker betrachtet wurde. – Es wird abzuwarten sein, welche weiteren Lebensweg-Entschlüsse der – manchmal recht vorschnell – als der »große Schweiger« bezeichnete Schüssel in den kommenden Zeiten für sich wählen wird. – Für mich ist im Rückblick der bedeutenden Kanzler der Zweiten Republik neben Leopold Figl, Julius Raab, Bruno Kreisky und Franz Vranitzky auch Wolfgang Schüssel in der »ersten Liga«. Es würde mich daher nicht wundern, wenn wir so oder so noch einiges von ihm oder über ihn hören sollten.

Das derzeitige österreichische Wahlrecht ist ein typisches »Verhältniswahlrecht« in seiner extremen Form. In vielen Ländern mit teilweise Jahrhunderten an parlamentarischer Erfahrung (zum Beispiel Großbritannien, USA, Kanada, Australien, Frankreich und bis zu einem gewissen Ausmaß die Bundesrepublik Deutschland) wird nach dem Mehrheitswahlrecht gewählt. De facto besteht der Unterschied darin, dass durch das »Verhältniswahlrecht« (wie etwa in Österreich) die Parteien Listen von Kandidaten nach ihren Wünschen erstellen und der Wähler nur die Wahl zwischen einzelnen Parteilisten (in Österreich sind derzeit fünf im Parlament vertreten), nicht aber zwischen individuellen Kandidaten hat. – Es gibt zwar die Möglichkeit der so genannten Vorzugsstimmen, die aber von der breiten Masse der Wählerschaft weder verstanden, noch auch nur in größerer Zahl wahrgenommen wird.

Dadurch fehlt jeder direkte Kontakt zwischen den Wählern und jenen Abgeordneten, denen sie ihr Vertrauen für die Entscheidungen im Parlament schenken wollen. Das hat schon lange dazu geführt, dass die übergroße Mehrheit der Wähler ihre KandidatInnen, die im Nationalrat ihre Interessen vertreten sollen, nicht einmal dem Namen nach, geschweige denn persönlich kennt. Der Abgeordnete fühlt sich daher auch nicht dem Wähler, der ja nicht ihn persönlich, sondern bloß eine Parteiliste gewählt hat, wohl aber seiner Partei in Gestalt ihres »Klubobmanns« verpflichtet. Etwas scharf formuliert könnte man zu diesem »Wahlrecht für Funktionäre« sagen, dass unser österreichisches Parlament nicht wie jetzt 183 Abgeordnete brauchen würde, sondern pro Partei mit einem/einer Person (derzeit also fünf) genug hätte. Diese fünf Damen oder Herren könnten sich dann vom jeweiligen Parteivorstand Weisungen holen, wie sie abzustimmen haben.

Zustände wie die oben geschilderten führen zwangsweise dazu, dass in einer Zeit wie heute, in der die ideologischen Bindungen der einzelnen Wähler an ihre »Lagerparteien« zunehmend schwinden, das Interesse der Bürger am parlamentarischen Entscheidungsprozess sukzessive abnehmen muss. Dies aber – so scheint mir – ist eine höchst bedauerliche Entwicklung unseres demokratischen Lebens. Umso wichtiger wäre es, baldmöglichst eine echte Verfassungs- und somit Wahlrechtsreform durchzuführen. Eine Reform, die nicht bloß, wie es derzeit geplant ist, die bisher vierjährige auf eine fünfjährige Legislaturperiode verlängert und damit dieselben von den Parteien bestellten und von der Republik entsprechend honorierten Abgeordneten automatisch ein Jahr länger im Parlament sitzen lässt (gegen die ebenfalls geplante Herabsetzung des aktiven Wahlalters auf 16 bzw. des passiven auf 18 Jahre ist nichts einzuwenden, wenn es auch voraussichtlich nur einen beschränkten Effekt haben wird).

Das bisherige Verhältniswahlrecht aber sollte auf ein – zumindest teilweises – Mehrheitswahlrecht umgestellt werden. Eine Verfassungsänderung sollte – etwa nach der Zahl der Bezirkshauptmannschaften (in Wien magistratische Bezirke) – eine Neueinteilung der Wahlkreise in ca. 121 Wahlbezirke vornehmen. Wenn man, was zu empfehlen wäre, Bezirke mit über 100.000 Einwohnern teilt, würden sich insgesamt ca. 130 bis 140 Wahlkreise ergeben. In jedem dieser neuen »Wahlbezirke« wäre dann aus einer Zahl von Kandidaten, egal ob sie von einer Partei nominiert sind oder als Unabhängige antreten, der mit den meisten gültigen Stimmen versehene Kandidat im direkten Wahlgang nach dem normalen Mehrheitswahlrecht auszuwählen. Damit würde eine große Mehrheit der Abgeordneten (ca. 140 von 183) von den Wählern direkt in den lokalen Wahlbezirken auserkoren werden. Der persönliche Kontakt zwischen dem Wähler und seinem Abgeordneten wäre leicht herstellbar und läge im direkten Interesse des Kandidaten, aber auch des Wählers. Denn dieser wüsste, an wen er sich in der kommenden Legislaturperiode zu halten hätte, wenn er etwa ein Problem haben würde, das aus seiner Sicht auch das Hohe Haus beschäftigen sollte. Die restlichen ca. 40 Kandidaten könnten (so wie es etwa in Deutschland gehandhabt wird) über eine der Parteilisten gewählt werden (Zweitstimmensystem). Dadurch könnte der oft vorgebrachte Vorwurf, dass bei der Direktwahl sehr viele Wählerstimmen kleiner Parteien überhaupt nicht berücksichtigt werden können, zumindest erheblich vermindert werden.

Naturgemäß würde eine solche Reform vor allem den wählenden BürgerInnen wie auch den von ihnen ausgesuchten und gewählten Abgeordneten zugute kommen, da der Kontakt, den der Kandidat, um seine Chance, überhaupt gewählt zu werden, zu wahren, mit seinem potentiellen Wähler herstellen muss, dazu führen wird, dass der einzelne Bürger an der Arbeit des von ihm Gewählten und damit des ganzen Parlaments verstärkt Anteil nehmen wird. Zum Handkuss kämen allerdings die führenden Parteifunktionäre, deren bisheriger Einfluss auf die Auswahl der Mandatare entsprechend sinken würde. Das Resultat einer solchen Wahlrechtsreform würde auch die Bildung von einfachen Mehrheitsregierungen erleichtern. Das wiederum würde die ständigen Zwangsehen von großen oder auch kleinen Koalitionen, deren erhebliche Nachteile wir gerade in dieser Zeit so deutlich spüren, vermeiden helfen.

Herwig Hösele und Klaus Poier, zwei Steirer der jüngeren Generation – einer in der Grazer Landesregierung tätig, der andere Politologe an der dortigen Universität –, haben Mitte 2007 eine »Plattform für Einführung eines Mehrheitswahlrechtes« gestartet. Diese verfolgt, wenngleich mit anderen Argumenten, dasselbe Ziel: ein Mehrheitswahlrecht, wie ich es hier darzustellen versucht habe. Eine Reihe von Persönlichkeiten des öffentlichen Lebens – wie Erhard Busek, Norbert Leser oder Gerd Bacher – scheint die Initiatoren der Plattform bereits überzeugt zu haben. So, als wäre die Zeit reif für ein solches Vorhaben.

Die »Zweite Republik« könnte sich auf diese Weise durch eine neue Verfassung, deren Änderungen keineswegs nur, aber doch auch wesentlich, von dem oben bereits beschriebenen Wahlrecht gekennzeichnet sein sollten, relativ schnell in eine verjüngte, moderne und leistungsfähigere »Dritte Republik« verwandeln. Ein runderneuertes Staatswesen, gesund im Herzen der Europäischen Union platziert. Ein neues Österreich, das hoffentlich für die Bewohner des Landes der Berge und am Strome noch mehr als bisher zu einer sinnvollen, lebens- und liebenswerten Heimat werden kann. Ein Österreich, das auch in seinen engen Grenzen in der Mitte unseres Kontinents und damit der Europäischen Union ein durchaus selbstbewusstes Stück des endlich trotz aller Probleme wieder vereinten Abendlandes sein könnte.

Ein Land also, auf das die Generationen des 21. Jahrhunderts wieder stolz sein können. Zumal dann, wenn sie die neuen sich stellenden Aufgaben auch wirklich bewältigen, so wie es ihre Ahnen schon vor tausend und mehr Jahren, trotz allen Fehlern und Patzern, immer wieder hingekriegt haben.

Ganz im Sinne des alten, im 15. Jahrhundert in seiner feuchtkalten Burg zu Wiener Neustadt sitzenden Kaisers Friedrich III., der fast immer pleite war, doch alles Notwendige zur höheren Ehre Österreichs tat, damit es unter seinen Nachkommen Maximilian dem letzten »Ritter« und Karl V., »in dessen Reich die Sonne nicht unterging«, zu ungeahnten Höhen aufsteigen konnte. Schließlich ließ der alte Friedrich an vielen Wänden seiner Burgen und Schlösser das handschriftlich eingekratzte Rätselwort »AEIOU« zurück, über dessen Bedeutung die Historiker lange Zeit streiten konnten. Die wahrscheinlichste Lösung ist wohl »Aller Ehren Ist Oesterreich Voll« oder aber die lateinische Variante »Austria Erit In Orbe Ultima« (Österreich wird immer sein). Als Schlüsselwort für das hoffentlich bald wieder frisch renovierte Land könnte man ja 550 Jahre nach dem geheimnisvoll gekratzten AEIOU Friedrichs III. nunmehr das »Codewort« des österreichischen Widerstandes 05, das in den 40er Jahren des 20. Jahrhunderts von den damaligen Kämpfern für Österreichs Wiedererstehen in die romanische Westfassade des Wiener Stephansdoms rechts vom Riesentor und vielfach anderen Orts eingeritzte Hoffnungszeichen für baldige Befreiung verwenden. Denn ohne die Befreiung des Jahres 1945 hätte es keine Zweite Republik samt viel Glanz und allerdings auch einiges Elend geben können. Jetzt aber, mehr als 60 Jahre später, könnte das Symbolzeichen 05 (Österreich 1945) den Weg zu einer noch mehr befriedigenden, quasi einer Dritten Republik weisen.

Das wäre doch kein schlechter Start für die Zukunft des Ländchens zwischen Bodensee und Neusiedler See – vielgeprüft und neu erstanden. Ich für meine Person zumindest würde denen, die nach mir kommen und sich als Österreicher fühlen, ein solches runderneuertes Land als Heimstätte und zum ordentlichen Gebrauch wünschen.

Zeittafel 1804–1945

Dieser Überblick umfasst die für das Schicksal Österreichs wesentlichen Daten seit Beginn des 19. Jahrhunderts, ab der Zusammenfassung aller habsburgischen Länder zum Kaisertum Österreich im Jahr 1804. Also über das Biedermeier, die Revolutionen von 1848, die 68-jährige Regierungszeit Kaiser Franz Josephs, den Ersten Weltkrieg, den Zusammenbruch der Donaumonarchie 1918 hin zur Ersten Republik, den Ständestaat, die Zerstörung Österreichs durch Hitler bis zur Befreiung 1945. Diese Zeittafel soll bei der Lektüre des vorliegenden Buches zum besseren Verständnis der geschilderten Ereignisse zwischen 1945 und 2007 beitragen und nützliche und wesentliche Rückblicke auf die jüngere Vergangenheit ermöglichen.

1804 – Kaiser Franz II. fasst durch Annahme des Titels eines erblichen Kaisers von Österreich alle bisher im »Heiligen Römischen Reich« befindlichen habsburgischen Länder und Gebiete zu einem »österreichischen Kaisertum« zusammen.

September 1804 – Frankreich erklärt Österreich den Krieg, der mit einem Sieg Napoleons bei Austerlitz endet.

Dezember 1805 – Friede von Pressburg zwischen Österreich und Frankreich. Österreich muss Venetien und Dalmatien an Italien, Tirol und Vorarlberg an Bayern abtreten.

Februar 1806 – Erzherzog Karl wird mit dem Wiederaufbau der Armee beauftragt. Der junge Graf Clemens Metternich wird als Gesandter nach Paris zu Napoleon geschickt.

August 1806 – Kaiser Franz I. von Österreich legt die bisher getragene Würde eines Römischen Kaisers nieder. Damit findet das seit Karl dem Großen bestehende Heilige Römische Reich Deutscher Nation ein Ende.

1809 – Neuerlicher Krieg Österreichs mit Napoleon. Abkommen zwischen Erzherzog Johann und Andreas Hofer über eine Volkserhebung gegen Napoleon. Tirol wird österreichische Militärhilfe zugesagt, die es nie erhält. Napoleon zieht durch Österreich Richtung Wien.

April–Mai 1809 – Tiroler schlagen Franzosen und Bayern in drei Schlachten am Bergisel.

Mai 1809 – In der Schlacht bei Aspern schlägt Erzherzog Karl erstmals Napoleon.

Juli 1809 – In der mehrere Tage dauernden Monster-Schlacht bei Wagram schlägt Napoleon die Österreicher.

August 1809 – In der vierten Schlacht am Bergisel schlägt Andreas Hofer neuerlich die Franzosen und die Bayern. Trotzdem ist das Schicksal Tirols durch die Niederlagen Österreichs an den anderen Fronten besiegelt. Nach der fünften und letzten Schlacht am Bergisel muss Andreas Hofer aufgeben und wird im Februar 1810 auf Befehl Napoleons erschossen.

Oktober 1809 – Friede von Schönbrunn. Schwere Territorialverluste Österreichs an allen Grenzen des Reiches.

1812 – Am 1. Januar tritt das Allgemeine Bürgerliche Gesetzbuch in Kraft. Es wird zur Grundlage der Gesetzgebung des gesamten Staates und ist in seinen wesentlichen Grundlagen heute noch gültig.

Napoleon zwingt Österreich und Preußen, an seinem Feldzug gegen Russland teilzunehmen. Dieser geht für Frankreich verloren. Österreich und Preußen wenden sich mit Russland gegen Napoleon.

August 1812 – Metternich, inzwischen Außenminister von Kaiser Franz, überreicht Napoleon ein Ultimatum der verbündeten Staaten. Dieser lehnt ab. Neuerlicher Krieg, der in der »Völkerschlacht bei Leipzig« im Oktober 1813 mit einer vernichtenden Niederlage Napoleons endet. Die

Schlacht wurde nach einem Plan von Generalstabchef Radetzky durch den Oberkommandierenden Karl Fürst Schwarzenberg erfolgreich geschlagen.

September 1814 – Der »Wiener Kongress« beschließt die Neuordnung Europas nach der Zeit der napoleonischen Herrschaft.

Februar 1815 – Napoleon verlässt sein Exil auf der Insel Elba und zieht in Paris ein. Nach 100 Tagen wird er von den Vereinigten Armeen Österreichs, Russlands, Englands und Preußens vernichtend geschlagen; der Wiener Kongress bildet den »Deutschen Bund« und führt mehrere Grenzveränderungen in ganz Europa durch. Dabei erhält Österreich seine früheren Herrschaftsgebiete in Italien zurück.

September 1815 – Eine »heilige Allianz« der christlichen Staaten Europas soll den Frieden langfristig sichern.

1815–1848 – Unter Metternich wird in den Gebieten des Kaisertums Österreich eine strenge absolutistische Herrschaft eingeführt. Geheimpolizei, Spitzelwesen, strenge Pressezensur usw. kennzeichnen diese Periode. Gleichzeitig bringt die Epoche des »Biedermeier« erheblichen Auftrieb im Bereich von Architektur, Kunst und Wissenschaft. Diese und die Literatur werden allerdings durch die strenge Zensur stark behindert.

März 1835 – Kaiser Franz I. stirbt 67jährig. Sein Nachfolger wird sein Sohn Ferdinand, genannt der »Gütige«.

November 1837 – Erste Fahrt einer Eisenbahn – der »Kaiser Ferdinands Nordbahn« – in Österreich. Die Strecke führt von Floridsdorf nach Deutsch-Wagram.

Juni 1841 – Eröffnung der ersten Teilstrecke der Südbahn von Wien nach Wiener Neustadt.

1845 – Petition der Wiener Schriftsteller, die auch von Franz Grillparzer und Eduard Bauernfeld unterschrieben wird, an den Kaiser, das strenge Zensurverfahren zu entschärfen. Im selben Jahr fordern die niederösterreichischen Stände die Wiederherstellung ihrer verfassungsmäßigen Rechte.

1848 – Revolution in Österreich. – Ab März erhebt sich von Wien ausgehend eine revolutionäre Bewegung, die bald weite Teile des Reiches erfasst. Am 13. März kommt es nach einer Sitzung des Niederösterreichischen Landtages zu Unruhen unter den Demonstranten. Am Nachmittag greift Militär unter Führung von Erzherzog Albrecht ein. Es kommt zu blutigen Zusammenstößen: 50 Tote. Staatskanzler Clemens Fürst Metternich tritt zurück und flüchtet nach England. In den Folgetagen bewaffnen sich Studenten der Wiener Universität. Kaiser Ferdinand hebt die Zensur auf und gestattet eine »Nationalgarde«. Mitte März verspricht der Kaiser eine freiheitliche Verfassung für ganz Österreich. Die Ungarn verlangen eine eigene nationale Regierung. Aufstände in Venedig und Mailand. – Ende März Erhebungen in Ungarn, wo ein »liberales Ministerium« gebildet wird. In Kroatien wird General Jellačić zum Banus gewählt und die Unabhängigkeit von Ungarn beschlossen. – Feldmarschall Radetzky räumt Mailand.

April 1848 – Die Vertreter Österreichs treffen zur ersten Tagung des deutschen Parlaments in Frankfurt am Main ein. Ein neues, von Kaiser Ferdinand erlassenes Pressegesetz tritt in Kraft.

Mai 1848 – Einberufung eines provisorischen konstituierenden Reichstages nach Wien. Dort finden Straßenkämpfe statt. – Kaiser Ferdinand flüchtet am 17. Mai nach Innsbruck.

Frühjahr 1848 – Neuer Aufstand der Studenten in Wien, Bildung eines Arbeiterkomitees, Erscheinen einer großen Anzahl von Zeitungen, die nicht mehr der Zensur unterworfen sind; darunter am 3. Juli erstmals »Die Presse« als liberale Zeitung mit dem Motto »gleiches Recht für alle«.

26. Juni – Erzherzog Johann übernimmt mit Vollmacht des Kaisers die Leitung der Regierung. Wenige Tage später wird er vom Frankfurter Parlament zum »Reichsverweser« als Chef eines Reichsministeriums gewählt. In Prag findet der erste »Slawenkongress« statt.

Sommer 1848 – Radetzky schlägt bei Sommacampagna und bei Custoza die Italiener (Piemontesen und Sardinier) und besetzt neuerlich die gesamte Lombardei sowie die Gebiete südlich des Po.

August 1848 – Karl Marx, der in Wien anlässlich der Revolution eingetroffen war, spricht zu Arbeitern über sein »kommunistisches Manifest«.

Herbst 1848 – Schwere Kämpfe in Ungarn. Kaiser Ferdinand ernennt Banus Jellačić zum Stadthalter in Ungarn. Ein Bürgerkrieg beginnt. – Oktoberrevolution in Wien. Blutige Kämpfe in der Innenstadt, dabei wird der Kriegsminister General Baillet von Latour in seinem Ministerium ermordet. Die Generäle Windischgrätz und Jellačić treffen in Wien ein und schlagen in wochenlangen Kämpfen die Revolutionäre. Ende Oktober wird die Stadt von der Armee komplett wieder erobert. Bei den Revolutionären gibt es mehr als 2000 Tote. Die Führer der Aufständischen werden hingerichtet. – Felix Fürst Schwarzenberg wird Ministerpräsident. – Ein »österreichischer Reichstag« wird in Kremsier eröffnet. Dort dankt Kaiser Ferdinand am 2. Dezember ab. Sein 18-jähriger Neffe Franz Joseph I. wird Kaiser von Österreich.

1849 – Neuerlicher Aufstand in Ungarn. Mit Hilfe einer russischen Interventionsarmee gelingt es Windischgrätz und Jellačić, die Aufständischen zu schlagen. – In Österreich beenden Franz Joseph und sein Ministerpräsident Schwarzenberg die durch die »Märzverfassung« verkündeten Freiheiten und führen den Neoabsolutismus ein. Im Laufe des Jahres 1849 werden die Aufstände in Ungarn und Italien vor allem durch Einsatz der österreichischen und russischen Armeen beendet. Radetzky zieht feierlich in Venedig ein. Die Festung Peterwardein an der Donau wird Jellačić übergeben.

1850–1866 – Neoabsolutismus in Österreich.

Februar 1853 – Attentat auf Kaiser Franz Joseph durch einen ungarischen Studenten. Der Kaiser wird am Hinterkopf leicht verletzt, der Attentäter hingerichtet.

1859 – Kaiser Napoleon III. von Frankreich erklärt Österreich den Krieg und verbündet sich mit Sardinien. In der Entscheidungsschlacht von Solferino am 24. Juni wird die österreichische Armee, deren Oberbefehl Kaiser Franz Joseph innehatte, vernichtend geschlagen. Österreich muss die Lombardei an Sardinien abtreten.

1864 – Österreich und Preußen erklären Dänemark den Krieg, da dieses sich mit Schleswig vereinen will. Die österreichische Flotte unter Admiral Tegetthoff kann bei Helgoland der wesentlich stärkeren dänischen Flotte standhalten. Preußische und österreichische Truppen überschreiten die dänische Grenze und erzwingen einen Waffenstillstand, anschließend verzichtet Dänemark auf Schleswig.

Sommer 1866 – Preußen und Italien erklären Österreich den Krieg. Am 24. Juni gelingt es Erzherzog Albrecht in der Schlacht bei Custoza, die Italiener vernichtend zu besiegen. Ebenso besiegt Admiral Tegetthoff bei Lissa die italienische Flotte. Die entscheidende Schlacht findet jedoch zwischen Preußen und Österreichern bei Königgrätz in Böhmen statt. Die Österreicher unter Führung von Feldzeugmeister Benedek verlieren die Schlacht. Die preußische Armee hatte bereits moderne Zündnadelgewehre (Hinterlader), während die Österreicher noch mit altmodischen Vorderladern kämpfen mussten. Das Resultat: Österreich muss Venetien an Italien abtreten und scheidet aus dem Deutschen Bund aus. Bismarck hat gesiegt.

Februar 1867 – »Österreichisch-Ungarischer Ausgleich«, Neuregelung durch Gleichberechtigung der beiden Reichshälften Österreich und Ungarn als ein Staatsgebilde. Nur der Herrscher und die Ministerien für Äußeres, Finanzen und Verteidigung/Krieg sind gemeinsam, ebenso eine Währungs- und Zollunion. Österreich (Cisleithanien) umfasst das Gebiet der nunmehrigen österreichischen Republik, ferner Südtirol, Krain, Görz, Gradiska, Triest, Istrien, Dalmatien, Böhmen, Mähren, Schlesien, Galizien und die Bukowina. Die ungarische (Transleithanien) Reichshälfte umfasst das heutige Ungarn, Siebenbürgen, Kroatien und Slawonien.

Benachteiligt werden durch diesen Ausgleich die slawischen Völker der Monarchie (Tschechen, Slowaken, Polen, Ukrainer, Serben, Kroaten, Slowenen). Dies führt zur Entstehung des Panslawismus und wird damit 50 Jahre später zum Hauptgrund des Zerfalls des Habsburger-Reiches.

1867–1918 – Konstitutionelle Monarchie

Dezember 1867 – Kaiser Franz Joseph unterzeichnet das vom österreichischen Reichsrat beschlossene »Staatsgrundgesetz über die allgemeinen Rechte der Staatsbürger«. Dieses Staatsgrundgesetz ist auch heute noch als Basis der Verfassung der Republik in Kraft.

Frühjahr 1868 – Der erste »Allgemeine Arbeitertag« in Wiener Neustadt entscheidet sich für die von Ferdinand Lassalle geschaffene radikale Richtung der sozialdemokratischen Bewegung. Im Mai dieses Jahres wird in Wien ein »Manifest an das arbeitende Volk in Österreich« beschlossen.

Dezember 1869 – Arbeiterdemonstrationen auf dem jetzigen Rathausplatz für das Recht zur Bildung von Gewerkschaften.

Herbst 1871 – Vergebliche Bemühungen zur Errichtung einer Autonomie der böhmischen Länder (Tschechen). Der Konflikt in Sachen Panslawismus verschärft sich.

Mai 1873 – Eröffnung der »Wiener Weltausstellung«, die von großer wirtschaftlicher und auch politischer Bedeutung ist. Sie wird jedoch durch den großen »Börsenkrach« gestört, der in Folge der Spekulationen der »Gründerzeit« ausbricht und als »schwarzer Freitag« den wirtschaftlichen Aufschwung schwer beeinträchtigt.

Mai 1874 – Die verschiedenen Gruppen der Sozialisten schaffen sich mit dem »Neudörfler Programm« eine einheitliche Basis. Allgemeines direktes Wahlrecht für alle Staatsbürger, vollständige Pressefreiheit, Trennung von Kirche und Staat, obligatorischer Schulunterricht, Unabhängigkeit der Richter und Einführung eines Normalarbeitstages sind die wichtigsten Forderungen.

1878 – Die seit Jahren schwebende orientalische Krise betreffend die verbliebenen türkischen Besitzungen auf dem Balkan führen zur Okkupation Bosniens und Herzegowinas durch Österreich-Ungarn. Nach teilweise heftigen Kämpfen sind diese Gebiete Ende Oktober in österreichischer Hand. Während der folgenden 40 Jahre entwickelt sich eine Epoche des zivilisatorischen Aufbaus einer modernen Verwaltung und Gerichtsbarkeit, der Schaffung eines Eisenbahnnetzes sowie der Errichtung eines obligatorischen Schulwesens.

Juni 1879 – Georg Ritter von Schönerer veröffentlicht sein deutsch-nationales politisches Programm. Es bildet die Grundlage für das drei Jahre später (September 1882) beschlossene »Linzer Programm« der Deutschnationalen, in dem später erstmalig »die Beseitigung des jüdischen Einflusses auf allen Gebieten des öffentlichen Lebens« gefordert wird.

1881–1883 – Die moderne Technik erreicht Wien und damit Österreich. 1881 wird die erste Telefongesellschaft gegründet. 1882 wird die erste elektrische Bahn Europas zwischen Mödling und Hinterbrühl in Angriff genommen, und 1883 nimmt die erste Dampfstraßenbahn in Wien ihren Betrieb auf.

1887 – Im März wird der Christlichsoziale Verein parallel zur »Partei vereinigter Christen« gegründet. Die Initiatoren sind Karl von Vogelsang, Ludwig Psenner und Karl Lueger. Die wichtigsten Programmpunkte: soziale Reformen, die auf der christlichen Lehre beruhen, Gleichberechtigung der Staatsbürger, Stärkung Österreichs und der Habsburger sowie Kampf gegen den deutschen liberalen Nationalismus, gemäßigter Antisemitismus.

Dezember 1888 – Erster Parteitag der Sozialdemokraten in Hainfeld. Viktor Adler und Engelbert Pernersdorfer setzen sich mit ihrer gemäßigten Richtung in der Partei durch.

Januar 1889 – Selbstmord des Thronfolgers und Kronprinzen Erzherzog Rudolf im Jagdschloss Mayerling. Sein Nachfolger wird nach einer Zwischenphase sein Neffe Erzherzog Franz Ferdinand.

20. April 1889 – Adolf Hitler wird in Braunau am Inn geboren.

1. Mai 1890 – Erster Maiaufmarsch der Wiener Sozialdemokraten.

Jänner 1896 – Das Programm der Christlichsozialen Arbeiterpartei wird beschlossen. Neben sozialen Forderungen wird das allgemeine Wahlrecht ab dem 24. Lebensjahr gefordert und in einer Resolution die Treue zu Kaiser, Staat, dem Papst und den Bischöfen hervorgehoben.

April 1896 – Karl Lueger wird bereits zum dritten Mal zum Bürgermeister von Wien gewählt, doch veranlasst ihn Kaiser Franz Joseph, auf die Annahme des Amtes zu verzichten.

April 1897 – Nachdem Karl Lueger neuerlich mit großer Mehrheit zum Bürgermeister gewählt wird, entschließt sich Kaiser Franz Joseph, ihn als solchen zu bestätigen.

Frühjahr 1898 – Eine Reihe von elektrischen Straßenbahnlinien und die Gürtellinie der Wiener Stadtbahn einschließlich Wiental sind fertig gestellt.

September 1898 – Kaiserin Elisabeth von Österreich wird in Genf von einem Anarchisten ermordet.

Jänner 1900 – Statt der bisherigen Gulden-Währung wird nunmehr die Krone zum gesetzlichen Zahlungsmittel.

Die erste Nummer der Tageszeitung »Kronenzeitung« erscheint. Sie wird innerhalb weniger Jahre zur meistgelesenen Zeitung Wiens.

Dezember 1906 – Das Parlament beschließt erstmals ein Wahlgesetz, das unabhängig von Steuer oder anderen Begrenzungen das Wahlrecht für jedermann (noch ohne Frauen) durchsetzt. Kaiser Franz Joseph sanktioniert diesen Beschluss. Die Legislaturperiode wird auf sechs Jahre festgelegt, die Anzahl der Abgeordneten beträgt 516.

1907 – Bei den ersten freien, allgemeinen Wahlen führen die Christlichsozialen mit 96 Abgeordneten vor den Sozialdemokraten mit 86, den diversen deutsch-nationalen Parteien mit 81 und den tschechischen Parteien mit 56 Mandaten.

1908 – Österreich-Ungarn annektiert die bisher nur okkupierten Gebiete von Bosnien und Herzegowina und verzichtet auf Novipazar. Diese Maßnahme führt in Ungarn zu heftigen Protesten, weil der slawische Bevölkerungsanteil verstärkt wird. Gleichzeitig empören sich die Serben, weil sie diese Gebiete für sich gefordert hatten.

April 1910 – Der Präsident der USA Theodore Roosevelt besucht Wien und erklärt anschließend, ihn habe in ganz Europa außer dem Kaiser von Österreich Franz Joseph kein europäisches Staatsoberhaupt imponiert.

1914 bis 1918 – **Der Erste Weltkrieg** – Der Thronfolger Erzherzog Franz Ferdinand und seine Gemahlin werden in Sarajevo am 28. Juni 1914 durch den serbischen Studenten Gavrilo Princip ermordet. Dies führt nach vergeblichen Verhandlungen, beginnend mit der Kriegserklärung Österreich-Ungarns an Serbien am 28. Juli, zum Ersten Weltkrieg, in dem sich die Mittelmächte Deutschland, Österreich-Ungarn, Türkei und Bulgarien gegen mehr oder weniger den »Rest der Welt« im Kampf befinden.

Der wechselnde Kriegsverlauf führt relativ bald an weiten Fronten zu einem grauenvollen Stellungskrieg. Österreich mobilisiert während des Ersten Weltkrieges ca. acht Millionen Soldaten. Davon werden über eineinhalb Millionen entweder im Kampf getötet oder versterben als Kriegsgefangene. Die Gesamtzahl der österreichischen Kriegsgefangenen beträgt 1,7 Millionen, die der Verwundeten fast zwei Millionen.

Das ursprünglich mit Österreich und Deutschland verbündete Italien tritt 1915, nachdem ihm die Alliierten Triest, Dalmatien und Südtirol als Beute versprochen hatten, in den Krieg gegen Österreich und Deutschland ein.

Frühjahr 1917 – Im März 1917 bricht in Russland eine Revolution aus. Zar Nikolaus wird gestürzt, was zu einem baldigen Waffenstillstand zwischen den Mittelmächten und Russland führt. Friede von Brest-Litowsk.

Im Frühjahr 1917 versucht Kaiser Karl I., der nach dem Tod Kaiser Franz Josephs am 21. November 1916 den österreichischen Thron bestiegen hatte, Friedensverhandlungen mit Frankreich über seinen Schwager Sixtus Bourbon-Parma zu führen. Er bietet den Franzosen die Rückgabe von Elsass-Lothringen an. Nachdem die Affäre bald auffliegt, entsteht große Empörung in Deutschland über Karls »Friedensversuch«, der zu gar nichts führte.

Im Herbst 1917 gelingt es Österreich in der »12. Isonzo-Schlacht«, die Italiener bis vor die Tore Venedigs zurückzudrängen, aber am Ausgang des Krieges ändert dies nichts. Die Übermacht der Alliierten und die Erschöpfung der militärischen und zivilen Kräfte der Mittelmächte führen im Herbst 1918 zur Niederlage, auch Österreichs. Die österreichischungarische Monarchie löst sich auf. Als neue Staaten entstehen Tschechoslowakei und Jugoslawien (Serbien, Kroatien und Slowenien).

30. Oktober 1918 – Eine provisorische Nationalversammlung für Deutsch-Österreich erklärt dieses zur Republik. Damit ist die Monarchie abgeschafft. Kaiser Karl verzichtet am 11. November 1918 auf die Ausübung der Regierungsgeschäfte. Die erste Regierung der Republik, unter Vorsitz von Karl Renner, wurde schon am 31. Oktober 1918 gebildet.

31. Oktober 1918 – Die auf die Babenbergerperiode zurückgehende Flagge rot-weiß-rot wird zur Fahne der neuen »(Deutsch-)Österreichischen Republik«.

12. November 1918 – Ausrufung der Deutsch-Österreichischen Republik. Dem am 11. November verstorbenen ersten Staatssekretär für Äußeres und sozialistischen Parteiführer Viktor Adler folgt dessen Genosse Otto Bauer ins Außenamt.

31. November 1918 – Italienische Truppen ziehen in Innsbruck ein und bleiben bis Dezember 1920; sie etablieren erstmals in der Geschichte am Brenner die Staatsgrenze. Südtirol ist verloren.

5. Dezember 1918 – Das neue »Königreich Südslawien« erhebt Anspruch auf Südkärnten inklusive Klagenfurt und Villach sowie auf Teile der Steiermark (Cilli, Marburg usw.). Monatelange Kämpfe.

10. September 1919 – Unterzeichnung des Staatsvertrages in St.-Germain zwischen Österreich und den assoziierten Mächten.

7. Juli 1920 – Ende der »Großen Koalition« von Sozialdemokraten und Christlichsozialen. – Sodann »Proporzregierung« aller Parteien unter Bundeskanzler Michael Mayr.

10. Oktober 1920 – Volksabstimmung in Südkärnten. Klare Mehrheit, auch der Slowenen, für den Verbleib bei Österreich. Aber Teile der Südsteiermark gehen verloren.

21. Juni 1921 – Der parteilose Polizeipräsident von Wien Johannes Schober wird Bundeskanzler.

Herbst 1922 – »Völkerbund-Anleihe« in Höhe von 650 Millionen Goldkronen an Österreich, um die katastrophale Wirtschaftslage zu verbessern.

Die Stadt Wien beschließt das »Wiener Wohnhausprogramm«, durch das schließlich über 60.000 Wohnungen in den Wiener Gemeindebauten entstehen.

30. Jänner 1927 – Zusammenstöße zwischen »Schutzbund« und »schwarzen Frontkämpfern« in Schattendorf im Burgenland. Zwei Tote, viele Verletzte.

Im **Juli 1927** findet in der Folge der Schattendorfer Prozess im Wiener Landesgericht statt. Drei des Mordes angeklagte Polizisten werden vom Schöffengericht freigesprochen. Empörung und Aufruhr bei Sozialdemokraten und Schutzbund. Die Roten Garden stürmen den Justizpalast. Polizei ist hilflos. Bilanz des Tages: 89 Tote, 600 Schwerverletzte.

Dezember 1928 – Die Bundesversammlung wählt nach Michael Hainisch (1920–1928) Wilhelm Miklas (1928–1938) zum neuen Bundespräsidenten.

Frühjahr 1930 – Die Creditanstalt – damals Österreichs größte Bank – steht vor dem Zusammenbruch. Um eine Katastrophe zu verhindern, übernimmt die Bundesregierung eine Haftung. England und Frankreich geben einen Sonderkredit (150 Millionen Schilling) und retten damit die Bank.

Dezember 1931 – Höhepunkt der Wirtschaftskrise. 400.000 Arbeitslose plus ca. 100.000 »Ausgesteuerte« (Personen, die keinerlei Unterstützung mehr bekommen).

Mai 1932 – Erste Regierung Dollfuß–Buresch (Christlichsoziale und Landbund).

Frühjahr 1933 – Das Parlament löst sich wegen unbedeutenden Tagesordnungsdifferenzen selbst auf. Alle drei Präsidenten Renner (SP), Ramek (Christlichsozial) und Straffner (Großdeutsch) treten zurück. Damit ist das Parlament handlungsunfähig. Dollfuß sieht darin eine Chance, »ruhiger« oder wenn man will autoritär regieren zu können. Die NSDAP wird nach Sprengstoffanschlägen aufgelöst.

27. Mai 1933 – Hitler, der neue deutsche Reichskanzler, verhängt die »1.000-Mark-Sperre« gegen Österreich, die de facto den Fremdenverkehr stoppt und ein weiterer Schlag gegen die verarmte Republik ist.

Sommer 1933 – Eine große Zahl von NS-Terroranschlägen in allen Teilen Österreichs.

Mussolini verspricht Dollfuß jede auch militärische Unterstützung, wenn Hitler Österreich erobern will.

12.–21. Februar 1934 – »Februar-Putsch« – der »Schutzbund« erhebt sich in Wien, Linz und anderen Städten gegen das autoritäre Regime Dollfuß. Der Schutzbund kämpft gegen das Bundesheer (dieses setzt Artillerie ein), ebenso kommt der Heimatschutz Fürst Starhembergs zum Einsatz. Nach einer knappen Woche bricht der Putsch zusammen. Die führenden Sozialisten wie Bauer, Deutsch flüchten in die Tschechoslowakei. Insgesamt dürften ca. 1.000 Schutzbündler und zwei- bis dreihundert Regierungstruppen gefallen sein – die Sozialdemokratische Partei wird ebenso wie vorher der Schutzbund verboten.

25. Juli 1934 – Naziputsch in vielen Teilen Österreichs. Mitglieder der SS-Brigade 89 besetzen das Kanzleramt am Ballhausplatz und ermorden Bundeskanzler Engelbert Dollfuß. Der Putsch bricht dann schnell zusammen, da Hitler, von Mussolini unter Druck gesetzt, seine schützende Hand von den österreichischen Naziputschisten abzieht. Kurt Schuschnigg wird Bundeskanzler. So wie schon im Februar 1934 acht Anführer des roten Schutzbundes hingerichtet wurden, erfolgen auch nach dem Dollfußmord mehrere Hinrichtungen.

1935–1938 – Nach einer kurzen Beruhigung verschärft Hitler seinen Druck auf Österreich. Die internationale Lage hilft ihm dabei, denn Mussolini hat sich gegen den Willen der Westmächte entschlossen, das Kaiserreich Abessinien zu einer italienischen Kolonie zu machen. Hitler bietet dem Duce jede politische und moralische Hilfe an. Österreich interessiert niemanden mehr.

Februar–März 1938 – Der deutsche Druck auf Österreich wird immer ärger. Hitler verlangt Naziminister in die Regierung Schuschnigg. Dessen

Versuche, von Großbritannien, Frankreich und Italien Hilfe zu erhalten, scheitern. Nach einem vergeblichen Besuch bei Hitler am Obersalzberg entschließt sich Schuschnigg zur letzten Konsequenz: Am 12. März solle eine Volksabstimmung in Österreich entscheiden, ob sie in ihrem eigenen und freien Heimatland weiterleben wollen, oder sich lieber Deutschland anschließen möchten. Alle internationalen Vorhersagen geben Schuschnigg eine gute Chance: 65 bis 75 Prozent der Österreicher wollen selbständig bleiben. Aber Hitler lässt es dazu gar nicht kommen, er droht mit dem sofortigen Einmarsch der Deutschen Wehrmacht und sogar mit der Bombardierung Wiens. Mit dem Abschiedsruf »Wir weichen der Gewalt, Gott schütze Österreich« verabschiedet sich Schuschnigg via Radio vom österreichischen Volk. Er weigert sich zu flüchten und verbringt daher die nächsten sieben Jahre in deutschen Konzentrationslagern.

Vom Anschluss 1938 bis zu Hitlers Zusammenbruch 1945

Ab März wird Österreich als Staat aufgelöst und in sieben Reichsgaue filetiert. In den ersten Monaten werden mehr als 70.000 politische Gegner – soweit sie nicht schon in den ersten Tagen noch über die Grenze ins Ausland flüchten konnten – in Konzentrationslager verbracht.

Im Laufe des Jahres 1938 gibt es erste Widerstandshandlungen ohne Erfahrung und daher fast immer zum schnellen Verrat verurteilt.

Antijüdische Demonstrationen, »Reichskristallnacht«. Baldiges Vorgehen gegen die katholische Kirche, Schulen werden gesperrt.

Ab Herbst 1938 bis Kriegsende werden ca. 1,2 Millionen Österreicher zur Deutschen Wehrmacht eingezogen. In Österreich selbst gab es ca. 600.000 Nationalsozialisten.

Die Kriegsverluste Österreichs im Zweiten Weltkrieg betrugen ca. 250.000 gefallene Soldaten, 65.000 ermordete Juden und Roma, ferner ca. 60.000 aus politischen Gründen oder als Widerständler hingerichtete oder umgekommene Österreicher sowie schließlich 35.000–40.000 österreichische Ziviltote, die in den letzten Monaten bei Luftangriffen und Kämpfen in Österreich ums Leben kamen.

Im November 1943 erfolgt die Moskauer Deklaration, in der sowohl die Befreiung Österreichs als erstes besetztes Land wie auch die Notwendigkeit eines österreichischen Beitrags zum Freiheitskampf von den Außenministern der Alliierten USA, Sowjetunion und Großbritannien festgelegt wurden. Ab Ende 1943 wird der österreichische Widerstand besser organisiert und intensiviert. Mitte 1944 kommt es zum Zusammenschluss einer ganz Österreich umfassenden Gruppierung namens »05«.

März bis Mai 1945 – Am 29. März überschreiten Truppen der Roten Armee bei Klostermarienberg, Burgenland, die österreichische Grenze. Durch direkten Kontakt zwischen Marshall Tolbuchin, dem Befehlshaber der dritten ukrainischen Armee, und einem Emissär des Chefs des militärischen Widerstandes Carl Szokoll, gelingt es Oberfeldwebel Ferdinand Käs, die Befreiungskämpfe Wiens von Seiten der Roten Armee bzw. der von Wien angetretenen Freiheitskämpfer zu koordinieren. Die Russen greifen durch den Wienerwald von Westen an. Hitlers General Sepp Dietrich erwartet sie aber am Laaer Berg. Dadurch wird die lange geplante Verteidigung Wiens hinfällig. Einige Nazioffiziere verraten allerdings den Aufstand in der Wiener Garnison, und der österreichische Widerstandsführer Major Karl Biedermann wird mit seinen beiden Adjutanten von der SS noch in Floridsdorf am Spitz gehängt. Die Kämpfe dauern bis etwa 12. April. Die Mitglieder des 05 errichten im Palais Auersperg in Wien die erste österreichische Zivilgewalt. Am 13. April ist die Schlacht um Wien beendet. Österreichische Partisanengruppen im Höllengebirge, im Ausseerland, in den steirischen Alpen und im Osttiroler Drautal erheben sich gegen die noch vorhandenen Nazis. Am 2. Mai entschließt sich der Tiroler Widerstandsführer Karl Gruber, sofort loszuschlagen, um die Bildung einer Nazialpenfestung in Tirol zu verhindern.

Personenregister

Adenauer, Konrad 85, 198
Adler, Viktor 240, 243
Afritsch, Josef 137f.
Albrecht, Erzherzog 236, 238
Altenburger, Erwin 155
Amplatz, Louis 146
Andics, Hellmut 123, 129, 135
Androsch, Hannes 173ff.

Bacher, Gerd 108, 123f., 126ff., 133ff., 146ff., 171, 231
Balvanyi, Hans 94
Barák, Rudolf 96
Bartenstein, Martin 214
Bauer, Otto 243, 245
Bauernfeld, Eduard 235
Behrmann, Hans 121f., 126ff.
Benedek, Ludwig August 238
Benya, Anton 137, 139, 165, 175
Berchtold, Leopold Graf 42
Béthouart, Emile 24
Biedermann, Karl 247
Bischoff, Norbert 81, 170f.
Bismarck, Otto von 238
Bleyleben, Alfred 66
Böhm, Johann 130, 153
Bourbon-Parma, Sixtus 242
Brandt, Willy 168
Braunsteiner, Herbert 18ff.

Breschnew, Leonid 198
Broda, Christian 29ff., 131, 133f., 137, 139, 143, 152, 173
Bronfman, Edgar 187f.
Bronner, Ossi 108
Bulganin, Nikolai 80, 82, 88, 168
Bumballa, Raoul 102
Buresch, Karl 244
Busek, Erhard 156, 191, 203, 206, 211, 213f., 231

Canaval, Gustav 107, 121ff.
Chaloupka, Eduard 57
Chapin, Howard 59f.
Chruschtschow, Nikita 82, 88, 168, 171f., 198
Churchill, Winston 22
Clark, Mark 37f.
Coreth, Hans Graf 42
Cuellar, Perez de 185
Czerwenka, Fritz 157

Dayan, Moshe 168
De Gasperi, Alcide 55, 198
Deutsch, Julius 245
Dewey, Thomas 80
Dichand, Hans 107, 129, 132f.
Dietrich, Sepp 247
Djilas, Milovan 181

Dollfuß, Engelbert 30, 40, 162f., 206, 244f.
Dorrek, Hans 116
Dowling, Walter 79
Drimmel, Heinrich 155, 158
Dulles, Allen Welsh 78
Dulles, Joan 78
Dulles, John Foster 78, 80, 82f.

Eckert, Fritz 113, 154
Eigl, Adolf Karl 30
Einem, Caspar 216
Eiselsberg, Otto 170f.
Eisenhower, Dwight D. 80
Elisabeth, Kaiserin von Österreich 241
Erhart, John 37
Eugen, Prinz von Savoyen 39

Falk, Kurt 133
Farkas, Karl 225
Ferdinand I., Kaiser 235ff.
Figl, Leopold 5, 7, 18, 26f., 37, 41, 43, 50, 65, 80, 82f., 102, 110ff., 131, 155, 165, 206, 208f., 227
Fischer, Ernst 35, 116f.
Fischler, Franz 211
Franckenstein, Josef Frh. v. 16
Franz II. (I.), Kaiser 233ff.
Franz Ferdinand, Erzherzog-Thronfolger 42, 240, 242
Franz Joseph I., Kaiser 166, 237, 239ff.
Friedrich III., Kaiser 231
Frischler, Kurt 129

Fuchs, Martin 66, 69
Fürstenberg, Georg 143
Fürth, Vera 164

Gaddafi, Muammar 168
Gaevernitz, Gero von 59f.
Gamper, Hans 20, 25
Gandhi, Indira 168
Gatterer, Claus 129, 148
Gaulle, Charles de 198
Gehrer, Elisabeth 214
Gerö, Josef 87
Gleißner, Heinrich 26f., 30
Goebbels, Joseph 29
Göring, Hermann 23, 105
Gomulka, Wladyslaw 87, 197
Gorbach, Alfons 5, 111, 140, 153ff., 157f., 208f.
Gorbatschow, Michael 168, 198, 201
Gordey, Michel 92
Gottwald, Klement 60
Graf, Ferdinand 47, 65
Grasser, Karl-Heinz 210, 217
Gratz, Leopold 173
Grillparzer, Franz 235
Grimm, Kurt 59
Gruber, Karl 7, 13ff., 18ff., 27f., 33f., 37f., 41ff., 46ff., 55f., 65, 69f., 78, 80, 82, 115ff., 154f., 157, 165, 181, 185, 187, 247
Gschnitzer, Franz 147
Gusenbauer, Alfred 10, 196, 208f., 216, 219, 227

Haeusserman, Ernst 129
Haider, Jörg 10, 79, 104, 190, 210f., 215ff.
Hainisch, Michael 244
Hammarskjöld, Dag 180
Hartl, Karl 183
Hartmann, Eduard 113
Haydn, Joseph 76
Haymerle, Heinrich 46
Hegedüs, Andras 87
Heine, Werner 14
Heiterer-Schaller, Paul 57
Helmer, Oskar 35, 65, 116
Hetzenauer, Franz 158
Heuberger, Helmut 13, 147
Hitler, Adolf 14, 35, 40, 61, 101, 112, 145, 163, 186, 198, 206, 233, 240, 245ff.
Hösele, Herwig 230
Hofer, Andreas 234
Hofer, Franz 13
Hofmansthal, Hugo von 29
Horn, Gyula 207
Hornegg, Joseph s. Frankenstein Josef Frh. v. 15
Hurdes, Felix 18, 26f., 76, 155

Igler, Hans 66ff.
Ilg, Ulrich 23
In der Maur, Wolf 135, 148

Jedina, Stutz 29
Jellačić, Joseph 236f.
Jelzin, Boris 201
Joham, Josef 124f., 127
Johann, Erzherzog 234, 236

Kaan, Maidy 66
Käs, Ferdinand 247
Kamitz, Reinhard 153
Karl, Erzherzog 233f.
Karl I., Kaiser 242f.
Karl V., Kaiser 231
Karl der Große, Kaiser 234
Kaunitz, Wenzel Anton Fürst 39
Kennedy, John F. 79, 168, 198
Kerschbaumer, Sepp 145f.
Khol, Andreas 214
Kirchschläger, Rudolf 181, 185
Kissinger, Henry 198
Klasnic, Waltraud 156, 226
Klaus, Josef 5, 103, 108, 139, 153ff., 158ff., 166, 208f., 211
Klemperer, Clemens von 67
Klestil, Thomas 214f.
Klier, Heinrich 147
Klima, Viktor 103, 191, 208f., 214ff.
Klotz, Eva 146
Klotz, Georg 146
Körner, Theodor 44, 50, 165
Koestler, Arthur 199f.
Kohl, Helmut 198
Koref, Ernst 29f.
Kottulinsky, Kunata 66
Krainer jun., Josef 155
Krainer sen., Josef 154f., 157f.
Krasser, Willy 94
Krauland, Peter 106
Kraus, Herbert 103
Kraus, Josef 116
Kreisky, Bruno 8, 48ff., 68, 75, 80, 82, 103, 108, 137, 139ff.,

143ff., 147, 149, 151f., 156, 160, 162f., 165ff., 179ff., 184, 191, 208ff., 227
Kreuzer, Franz 171
Kristofics-Binder, Rudolf 116
Krupka, Jan 95
Kunschak, Leopold 26f., 155
Kunz, Johannes 176

Lacina, Ferdinand 176
Lassalle, Ferdinand 239
Latour, Baillet de 237
Lattre de Tassigny, Jean de 59
Leitner, Anton 123, 125ff.
Lemberger, Ernst 37, 65f.
Lenk, Georg 176
Lersch, Max 148
Leser, Norbert 231
Lindner, Monika 136
Löhr, Generaloberst 179, 182
Lueger, Karl 240f.

Malenkow, Georgij M. 80
Maleta, Alfred 131, 133, 154
Maléter, Pál 89f.
Mao Tse-tung 58
Marek, Anton 66
Marshall, George 77, 80, 110, 200
Marx, Karl 237
Maximilian I., Kaiser 16, 231
Mayer, Freddy 15
Mayr, Michael 243
Mayr-Melnhof, Familie 29
McArthur, Douglas 80
Meir, Golda 168f.
Metternich, Clemens Wenzel Lothar Fürst von 39, 167, 233ff.
Michael I., König von Rumänien 60
Miklas, Wilhelm 244
Mikojan, Anastas 88
Mindszenty, Joseph 87
Mitterrand, François 168
Mock, Alois 9, 185, 190f., 197, 205ff., 211f.
Molden, Berthold 42
Molden, Ernst 19, 35, 121
Molden, Fritz Peter 68, 96, 126, 176
Molden, Hanna 151
Molden, Otto 17ff., 32, 34f., 66, 69, 98
Molden, Paula (von Preradovic) 19
Molnár, Bohumir 96f.
Molotow, Wjatscheslaw 80f., 171
Molterer, Wilhelm 10, 196, 219, 227
Montanelli, Indro 144
Moser, Josef 14, 107, 121f., 126
Moser, Simon 18, 32
Mozart, Wolfgang Amadeus 76, 79
Müller, Josef 59f.
Mussolini, Benito 61, 145, 245
Musulin, Janko 183

Nagy, Ferenc 60
Nagy, Imre 87ff., 197
Napoleon (Bonaparte) 39, 233ff.
Napoleon III., Kaiser der Franzosen 237
Neeb, Fritz 66

Neider, Michael 151f.
Nikolaus II., Zar 242
Nixon, Richard 99, 168
Noelle-Neumann, Elisabeth 148
Nowotny, Thomas 176

Oberhammer, Aloys 147
Ockermüller, Franz 133
Olah, Franz 8, 65, 72f., 111, 130ff., 137ff., 159, 165
Ottillinger, Margarethe 65f.

Pammer, Maximilian 65
Paul VI., Papst 176
Payrleitner, Fred 123
Peinsipp, Walter 91f.
Pernersdorfer, Engelbert 240
Peter, Friedrich 159, 166
Peterlunger, Oswald 65, 148
Petritsch, Wolfgang 176
Pfaundler, Wolfgang 15, 146ff., 151f.
Piberger, Alois 132, 134
Pilz, Peter 195f.
Pittermann, Bruno 8, 131, 137, 139f., 158, 165
Pogany, Eugen Géza 85, 89f., 94, 97
Poier, Klaus 230
Polcar, Fritz 8, 123ff.
Pollak, Oscar 68, 132
Polsterer, Ludwig 107, 122, 129, 132
Portisch, Hugo 171
Preradovic, Paula von 76f., 203
Preradovic, Petar von 183

Princip, Gavrilo 242
Pröll, Erwin 156
Psenner, Ludwig 240
Putin, Wladimir 201
Puzo, Mario 126

Raab, Julius 5, 7f., 27, 80ff., 85, 99, 103, 110ff., 118f., 122ff., 135, 153ff., 206ff., 227
Radetzky von Radetz, Johann Josef Wenzel Graf (Feldmarschall) 235ff.
Raimund, Ferdinand 176
Ramek, Rudolf 244
Rauch-Kallat, Maria 214
Reagan, Ronald 168
Redlich, Josef 176
Rehrl, Josef 26f.
Reichmann, Hans 185
Reimann, Viktor 103
Reinthaller, Anton 103
Reiter, Alfred 176
Reiter, Josef 113
Renner, Karl 7, 19, 22, 28, 30, 33, 35ff., 40f., 50, 101f., 112, 208f., 243f.
Reuth-Nicolussi, Eduard 13, 25
Riegler, Josef 191, 205, 211
Riess-Passer, Susanne 215
Ronczay, Josef 20
Roosevelt, Franklin D. 78
Roosevelt, Theodore 241
Roquemorell, Luc de 59
Rudolf, Erzherzog von Österreich 240
Russ, Familie 108, 121

Sadat, Anwar-el 168
Schärf, Adolf 7, 30, 37f., 41, 49f., 65, 80, 82, 102, 116, 140, 170f.
Scharf, Erwin 116
Scheichelbauer, Bernhard 57
Schirach, Baldur von 29, 40, 44, 188
Schleinzer, Karl 155
Schlögl, Karl 216
Schmidt, Heide 213
Schmidt, Helmut 168, 198
Schmidt, Margit 176
Schober, Johannes 243
Schönerer, Georg Ritter von 240
Schüssel, Wolfgang 10, 104, 191, 206, 208ff., 217ff., 227
Schukow, Grigorij 88
Schulmeister, Otto 57, 143
Schuschnigg, Kurt von 40, 46, 49, 111, 245f.
Schwarzenberg, Felix Fürst zu 39, 237
Schwarzenberg, Karl Philipp Fürst zu 235
Seipel, Ignaz 40
Seyß-Inquart, Arthur 40
Sinowatz, Fred 103, 167, 179, 181, 189f., 208ff.
Slavik, Felix 66, 132, 134, 137
Sobek, Franz 57
Spann, Raphael 65f.
Spitz, Heinrich Otto 111
Stalin, Josef 22, 74f., 78, 92, 101, 120, 181ff., 197
Starhemberg, Rüdiger von 245

Stassen, Robert 79
Steger, Norbert 167
Steidl, Wilhelm 148
Steinböck, Johann 113f.
Steiner, Ludwig 14, 148
Stepan, Karl Maria 107f., 121
Stern, Michael 148
Steyrer, Kurt 178f., 181
Stichhaller, Franz 29
Strache, Heinz Christian 218
Straffner, Sepp 244
Strasser, Peter 91f., 148
Svatek, Zenzi 29
Szokoll, Carl 53, 247

Taaffe, Eduard Graf 166
Taft, Robert 79
Taus, Josef 156
Tegetthoff, Wilhelm Frh. v. 238
Thalberg, Hans 66, 69
Thatcher, Margaret 168, 198
Thoma, Franz 26
Thompson, Thomas 79
Thurn-Taxis, Willi 66
Tito, Josip (Broz) 60, 78, 181ff., 197
Tolbuchin, Fedor Iwanowitsch 101, 247
Trost, Ernst 114
Truman, Harry S. 22ff., 60, 80, 198
Tschiang Kai-schek 58

U Thant, Sithu 180
Ulmer, Alfred C. 16

Verzetnitsch, Fritz 218
Vogelsang, Karl von 240
Volgger, Friedl 145
Vranitzky, Franz 9, 103, 190f., 203, 205, 208ff., 216, 227

Waldbrunner, Karl 106, 131
Waldheim, Kurt 5, 9, 46f., 79, 167, 169, 178ff., 205
Walesa, Lech 197
Wallnöfer, Eduard 151f., 155
Wandruszka, Adam 57
Weibel, Max 59f.

Welser, Kurt 147
Westenthaler, Peter 218
Wiesenthal, Simon 172, 184
Wildner, Heinrich 42f.
Windischgrätz, Alfred 237
Winterstein, Gesandter 48
Withalm, Hermann 155, 157f.
Wotruba, Fritz 203
Wrabetz, Alexander 136
Würthle, Fritz 13, 117

Zernatto, Otto 114
Zimmer-Lehmann, Georg 66